U0051168

三國原來是這樣

歷史中國

西元184～西元280

上卷

目錄

滾滾長江東逝水（代序）

民間有句老話：少不看水滸，老不看三國。

「少不看水滸」，是說年輕人讀了《水滸傳》，容易激發過剩的雄性荷爾蒙，跑上梁山做「替天行道」的買賣。「老不看三國」，是說《三國演義》這部小說中到處充斥著詭詐與欺騙，成年人讀了會變成曹操那樣的老奸巨猾。

《水滸傳》和《三國演義》同是中國文學史上的絕世雙璧，《水滸傳》走的是底層路線，寫得是江湖俠客，以及仕途上的落魄不得志者。《水滸》雖然寫的是北宋末年的宋江農民起義，但內容多屬虛造，九分虛一分真。

與《水滸》同時代問世的《三國演義》走的則是高層路線，依託漢末三國的歷史架構，寫的是諸侯逐鹿，縱橫捭闔，氣勢磅礴，讓人心折！自《三國演義》問世以來，社會影響極其深遠，三國這段歷史也藉著羅貫中的那支妙筆，成為中國人最熟悉，也最親切的時代。曹阿瞞是個白臉奸雄，諸葛軍師是個半仙，周都督賠了夫人又折兵，關二爺仁義忠孝，劉皇叔哭過鼻子、摔過孩子……

因為《三國演義》的名氣響得嚇死牛，西晉史家陳壽嘔心瀝血編撰的正史《三國志》反倒不太為人熟知，更遑論南朝宋史家裴松之《三國志注》了。

《三國演義》被羅貫中寫得花團錦簇，炫爛奪目，但畢竟是一部文學作品，文學作品是允許虛構的。清人章學誠將三國演義的歷史真實度（參照正史）比為七分實，三分虛，確實很有灼見。

有個問題一直縈繞心中：同樣是大統一王朝崩潰後出現的亂世，三國和五代十國的歷史軌跡極為相似，雖然這兩段歷史羅貫中都寫了，但為什麼羅貫中要詳寫三國而略寫五代？《三國演義》是羅貫中的嘔心瀝血之作，而《殘唐五代史演義》卻寫得七零八落，不成片斷。

其實客觀來說，羅貫中的選擇無疑是正確的，五代十國（羅貫中只寫五代）雖然承盛唐之後，卻顯得暮氣沉沉，欺世盜名者如過江之鯽。正如元朝人張鳴善在《水仙子．譏時》所諷刺「說英雄誰是英雄？五眼雞岐山鳴鳳，兩頭蛇南陽臥龍，三腳貓渭水飛熊」。

五代十國能稱得上英雄者寥寥數人而已，多是一些狗熊在窮折騰。好容易出了一個英雄柴榮，卻如流星般劃過了歷史的天空，而羅貫中《殘唐五代史演義》也不過用三言兩語就帶過了柴榮。五代十國的故事雖然夠精彩，和明星如雲的三國相比，似乎少了一層「商業價值」。

三國時代從東漢末年算起，長不過百年，卻英雄紛起，豪傑遍地，「商業價值」極高。一代風流才子蘇東坡迎風高唱：「大江東去，浪淘盡，千古風流人物。」

三國和五代十國就像是一條拋物線的兩個點，三國是「往上拋」，而五代十國則是「往下掉」。自安史之亂後，中國正處在一個歷史大轉型時期，由粗豪奔放進入了縝密嚴細，五代十國自然不討人歡喜。五代十國雖然上繼盛唐，下承隆宋，但宋朝人對五代十國多半沒什麼好感，尤其是歐陽修，將五代十國罵得幾乎一無是處。

雖然三國是漢末唐初三百年天下大亂的開始，但畢竟就整個歷史發展階段而言，三國處在了歷史上升時期。三國是亂世，不過卻亂得精彩，肉麻一點說，「亂出了藝術」，三國熱自然就長久不衰。

三國熱實際上並不是從羅貫中開始的，早在隋唐時期，三國的故事就已經家喻戶曉，「得之於道路，傳之於眾口」。別的不說，三國的那些明星大腕們都有自己的「粉絲」團，最典型的是諸葛亮，他的「粉絲」遍及古今。曹操也有大量的「粉絲」擁躉。

明星不是衡量一部戲或一個團隊優秀與否的唯一標準，但卻是非常的重要標準。曹操、諸葛亮、劉備、孫策、孫權、關羽、張飛、趙雲、荀彧、呂布、馬超、周瑜、司馬懿，哪個單挑出來都是能壓住場的一線明星。誰不喜歡星光燦爛的陣容？見了明星我們一樣會尖叫，螢光棒滿天飛。我們可以理直氣壯地說，我們花錢就是要來看明星的！

當然明星紮堆容易造成劇情被弱化，但三國顯然沒有受到這個定律的影響，三國的人物層次分配得非常合理，一、二、三線都有，還有大量跑龍套的群眾演員。我們不但記住了活躍在三國舞臺的各路明星，也記住了精彩的三國故事，一張票看兩路戲，賺了。

也許是受到了《三國演義》的影響，我們心中的那個近乎完美的三國，更多的是指西元一八四年東漢黃巾起義以來，到西元二三四年諸葛亮病逝五丈原，這五十年的精彩歷史。尤其是東漢末年那二十多年時間，幾乎包攬了三國歷史最精華的部分。比如孫策平江東、官渡之戰、三顧茅廬、赤壁之戰、借荊州、馬超復仇、劉備入蜀、失荊州、失空斬、星落五丈原等。

其實要從嚴格意義上來講，三國真正開始於西元二二〇年曹丕代漢稱帝，曹操、孫策、袁紹、呂布、劉表、荀彧、荀攸、龐統、法正、郭嘉、周瑜、魯肅、呂蒙、關羽都是東漢人。

不過正因為三國的精華部分都在東漢末年，所以陳壽寫《三國志》時，也沒有嚴格拘泥於時代分界線，直接把東漢末年劃進三國時代。就比如我們現在講春秋、戰國，這兩個偉大時代實際上都應該稱為東周，可大家都習慣了春秋戰國，沒人再計較什麼東周了。

我們有幸處在舊歷史階段的終點和新歷史階段的起點，曾經的金戈鐵馬、廟堂謀略、兒女情長，都被我們收攬眼底。「以銅為鏡，可以正衣冠；以史為鏡，可以知興亡；以人為鏡，可以明得失」。用現在時髦的話說，歷史是一個大課堂，我們能從中學到許多有益的東西。

站在歷史面前，每個人都會感覺到渺小，我們應該充滿敬畏地去審視歷史。一千個觀眾就有一千個哈姆雷特，歷史也有許多角度和側面，供我們切入，去尋找自己心中的那一份感動。

我們站在歷史的新高度往回看，那一個個熟悉的身影，那一段段精彩的片段，總會在夜深人靜的時候，悄悄地走近我們的內心深處，繼續上演著他們的經典。

三國之氣勢，足以傾倒古今，嘗臨江邊，沐浩蕩之風煙，歎一身之微渺；慕鳥魚之暢情，悲物事之牽錮。滾滾長江東逝水，浪花淘盡英雄……

青山依舊在，幾度夕陽紅，不由得心潮慨然。最喜斜倚水邊樹，飲水上風，聽水中語，頓有不知今夕何夕之癡。

「幾度東風吹世換，千年往事隨潮去」，三國之事，三國之人，已越千八百載而直抵今人之前，卻無半點疏隔之感，謝陳承祚乎？謝羅貫中乎？或是謝曹劉關孫、諸葛司馬乎？天知道。

「湯湯川流，中有行舟。隨波轉薄，有似客遊。策我良馬，被我輕裘。載馳載驅，聊以忘憂」。

是為序。

一、三國的疆域劃分

在談三國的疆域之前，先把漢朝的行政區劃制度簡單地介紹一下，畢竟三國直接從漢朝脫胎而來，不講漢朝，尤其是東漢，便沒法說三國。

在中國的行政區劃史上，「九州」這個詞注定是繞不過去的，一直以來，「九州」都是古代中國的雅稱。「九州」一詞最早出現在《尚書．夏書．禹貢篇》，據說是大禹治水後設立九州。關於九州之詳指，向來說法不一，以《禹貢》為準，九州是冀州、兗州、青州、徐州、揚州、荊州、豫州、梁州、雍州。

不過從夏商周直到先秦，州都不是一個具體的行政區劃。秦始皇統一中國，廢除分封制，改行郡縣制，將秦朝疆域劃分為三十六個郡，後增為四十郡。自從吃飯賴賬的劉邦敲掉了不可一世的項霸王，建立大一統的漢帝國後，行政區劃是郡國制，即諸侯國與郡縣同時存在。

但郡國制有個最明顯的弊病，諸侯權力過大，擄有兵權和財權，最終導致七國之亂，險些砸掉了漢景帝劉啟的飯碗。劉啟也看穿了其中利弊，但真正對行政區劃進行大手術的是景帝的兒子漢武帝劉徹。

劉徹果然雄才大略，他為了解決這個問題，雙管齊下。一方面實行推恩令，讓諸侯國在內部分封成若干個小國，削弱諸侯對中央的威脅。另一方面，劉徹為了加強中央集權，元封五年，也就是西元前一〇六年，創立了刺史部制度。劉徹將天下劃分為十三個州，州長官稱為刺史。

這十三個州是：司隸（地位相當於北京直轄市，今關中地區）、并州、荊州、兗州、豫州、揚州、冀州、幽州、青州、徐州、益州、交州、涼州。西漢時的州部制度從嚴格意義來說不算正式的行政區劃，只是監察區，州刺史就是朝廷派到地方監察吏治民生的欽差大臣。

因為是巡察地方，所以西漢的刺史沒有固定治所，吃完上家吃下家，成天東遊西蕩。真正將州部制度固定下來的是東漢，從此州部制度正式成為一級行政區劃，直屬朝廷，相當於現在的省、自治區和直轄市。

東漢的十三州是：司隸（今陝西關中、河南沿黃河兩岸地區、山西西南地區）

豫州（今河南東南部、安徽淮河以北地區）

兗州（今河南東北部及山東中部地區）

徐州（今山東東南部、江蘇長江以北地區）

青州（今山東東部地區）

涼州（今甘肅、寧夏）

并州（今內蒙古沿黃河兩岸地區、陝西東北地區、山西大部地區）

冀州（今河北〔自京津以南〕南部地區）

幽州（今河北〔自京津以北〕北部地方、遼寧〔自鐵嶺以南〕大部及朝鮮西北角）

揚州（今安徽淮河以南地區、蘇南、浙江、江西、福建）

益州（今陝西漢中、四川、重慶、雲南、貴州）

荊州（今河南南部、湖北、湖南）

交州（今廣西、廣東及越南北部地方）

東漢除了以上十三州外，還有西域長史府（今新疆大部），東漢的疆域面積大體和西漢相當，幾乎就是從西漢複製黏貼過來的。

我們一般都把西漢和東漢合稱為漢朝，實際上東漢和西漢是兩個政權，因為被王莽在兩漢之間橫插了一腿，所以兩漢沒有直接的上下繼承關係。東漢的天下是光武帝劉秀歷盡千苦萬難打下來的，只不過劉秀為了鞏固統治，上承了西漢的法統而已。

在經歷了光武帝、明帝、章帝三代盛世後，在和帝劉肇的支持下，宦官勢力以迅雷不及掩耳之勢殺進了政治舞臺，成為最為矚目的一股政治力量。和帝之後至黃巾大起義之前，東漢實際上有三股勢力在權力場上角逐殺伐：宦官集團、外戚集團和清流官僚集團。尤其是宦官和外戚，成天殺來殺去，東漢帝國被搞得破破爛爛。到了桓靈之時，東漢徹底走向衰落，最終無藥可治，暴病而死。

東漢滅亡的直接起因是半仙張角發動的黃巾大起義，但實際東漢亡於藩鎮之手。東漢統治的崩潰，中央權力出現了真空地帶，各地豪強像貓兒一樣，聞到了誘人的腥味，嬉皮笑臉地湊了過來，拉胳膊拽腿揪腦袋，將東漢五馬分屍。

我們耳熟能詳的三國實際上就是從藩鎮演變過來的，東漢末年，藩鎮軍閥成群結夥地出現在中華大地上，勢力大的橫跨數郡，勢力小的也有至少一個郡的地盤。諸葛亮在他的成名作《隆中對》就說「自董卓以來，豪傑並起，跨州連郡者不可勝數」。

歷史由亂而治其實就是一部大魚吃小魚、小魚吃蝦米，對資源重新整合的過程，在搶蛋糕的過程中，不斷有競爭者被強者 **PK** 下臺，大浪淘盡始見金，勝利者畢竟是極少數。

東漢剛破敗那會兒，尤其是董卓被滅之後，形勢異常的混亂，各藩鎮之間互相廝咬，地盤犬牙交錯。這種競爭方式非常像馬拉松比賽，在比賽前，幾百位選手站在起跑線前，號令槍一響，一窩蜂地衝了出去。但跑得越遠，掉隊的就越多，最終就剩下十幾個人，開始最後的決戰。

我們對袁紹、曹操、劉備、孫策（孫權）、劉表、（劉焉）劉璋、馬騰（馬超）、呂布、袁術、張繡、公孫度這些大牌軍閥都比較熟悉，他們都是馬拉松比賽中堅持到最後的選手。其他人如李傕、郭汜、劉虞、韓馥、公孫瓚、劉岱、張燕、張楊等曾經風光一時的人物都被淘汰了。這都算知名的，比如嚴白虎、橋瑁、劉辟、楊奉、馬相這樣的小軍閥，基本上沒多少人知道了。

大部隊被甩掉了，堅持下來的這些選手就要開始近距離 **PK** 了，有些人沒堅持住，掉隊了，比如呂布、袁術、張繡。剩下的袁、曹、孫以及諸劉等人，他們都看到了不遠處的冠軍紅線……

在這些人中，最有實力爭天下的是袁紹、曹操和孫策（孫權）。袁紹是當時的天下第一人，地盤最大，據有幽、并、冀、青四州；兵力最強，有二十萬精銳部隊。曹操雖然在政治上佔有極大的優勢（挾天子以令諸侯），地盤也不算小，控制著徐、兗、豫、司和關中地區，但曹操的整體實力相比袁紹還是稍有些寒酸。

如果要為袁曹擂臺賽開盤口的話，估計押袁紹勝的最多，但結果卻給大多數人開了一個大玩笑，笑到最後的是曹操。淘汰掉了袁紹，曹操全面接手河北四州，成為天下第一軍閥。曹操的寶貝公子曹丕甚至還接手了袁紹的兒媳婦甄宓……

雖然除曹操之外，還有五六路軍閥，但真正有實力敢和曹操掰腕子的，只有江東的孫權。小說戲文說吳侯孫權據有「江東六郡八十一州」，大抵是正確的，當時孫權控制著整個揚州六郡（九江、丹陽、廬江、會稽、吳郡、豫章）的地面，六郡合共九十二城。當然孫權的天下並不完全是他打下來的，如果沒有英雄無敵的哥哥孫策夯實了地基，孫權要想當江東軍霸估計只能在夢裏了。

和曹操、孫權這樣的豪門大戶相比，那位面目慈祥的「大漢孝景皇帝玄孫」劉玄德就慘多了。雖然劉備初出江湖戰黃巾軍的時候，孫權可能還在老娘懷裏吃奶呢，但曹操有個好爸爸（有錢），孫權有個好哥哥（有勢），劉備有什麼？除了一腔熱血抱負，兩手空空。

劉備出身太低，雖然他扛著「大漢皇叔」鍍金招牌四處跑馬拉贊助，但他得到的不是白眼就是大棒子。沒人捧場，劉備只好帶著關羽、張飛幾個窮哥兒們，扛著幾桿破槍，在江湖上到處討飯吃。其實劉備也曾經闊過，在徐州當過兩任軍霸，結果都被趕了出去。

劉備早期的失敗實際上是敗在身邊沒有智囊團，曹操和孫權手下人才濟濟，謀士擠滿了屋子，劉備的破廟裏卻空空蕩蕩。簡雍、孫乾、糜竺都不是濟世命才，只能跑個腿，對個嘴（外交）什麼的。直到劉皇叔三顧草堂，連哄帶騙撬來了諸葛亮這個「賢內助」，劉備才算開了竅。

雖然「娶」了諸葛亮，但劉備的日子還是過得挺緊巴，只能躲在新野城頭上曬太陽。劉備真正發家是在劉表死後，曹操大舉南下，結果在赤壁被周瑜一把大火給請了回去。

曹操被燒跑後，荊州成了無主之地，曹、孫、劉三家開始對荊州進行殘酷的爭奪戰。這時曹操還控制著南陽、襄陽（曹操新置郡）和南郡，南郡是長江水道要衝，地理位置非常重要。

孫權雖然已經撈到了江夏郡，但又盯上了南郡，這年頭沒人嫌錢多咬手。不過守南郡的曹仁也是塊硬骨頭，東吳大帥周瑜啃了足足一年，磕了幾顆大牙，才將南郡吃下肚。

曹操和孫權在江北大打出手，雞毛亂飛，這時劉備也沒閒著。劉備看上了荊州在長江南岸的武陵、長沙、零陵、桂陽四郡，沒費多大力氣，劉備就輕鬆把江南四郡劃到自己的戶頭上了。劉備發家致富奔小康，曹操和孫權在旁邊氣得吹鬍子瞪牛眼，他們嘴裏的肥肉，嚼著嚼著居然被劉備吞下肚，簡直窩囊透了。

劉備雖然得到了江南四郡，但因為南郡被孫權控制，劉備集團被限制在長江南線，對劉備的發展極為不利，所以劉備厚著老臉去找孫權借地盤。劉備軟磨硬泡，再加上孫權從抗曹戰略考慮，最終同意把南郡借給劉備，這就是小說戲文中有名的「借荊州」。

當時的分裂形勢日趨明朗，除了曹劉孫三家大戶外，還有涼州的馬騰、西川的劉璋、漢中的張魯以及遼東的公孫度。這四家都不具備統一的能力和實力，領銜主演還是那拆不散的鐵三角。

鐵三角中，曹操據有幽、冀、徐、司、豫、并、兗、雍諸州，當之無愧的江湖老大。即使劉備吞掉了荊州，對曹操也不構成戰略威脅，真正對劉備暴富感到恐懼的是江東的孫權。

在地理位置上，荊州處在揚州的上游，孫權最怕敵人從上流順江直下，對他發起攻擊。從東吳的戰略地緣角度來看，荊州就是江東的門戶，劉備橫臥在大門前，孫權能睡踏實嗎？誰知道劉備會不會夜半三更躥到自己床邊，一刀下去……

孫權越想越覺得吃虧，自己挺聰明的，怎麼被劉備這個大耳朵賊給騙了。不能讓劉備一個人吃大頭，要求劉備至少把荊州劃一份給他，不然咱倆沒完。吃進嘴裏的骨頭再吐出來？劉備還嫌荊州不夠他七姑八婆住的呢，憑什麼給你孫碧眼？

劉備根據諸葛亮的隆中發展計畫，打起了劉璋的主意，經過兩年的拉鋸戰，陰陽手段都用上了，劉備終於如願以償地得到了西川千里肥地。這時劉備橫跨荊益二州，面積廣大，兵強馬壯，對曹操和孫權都構成了極為嚴重的戰略威脅。

當初劉備和孫權曾經達成共識，荊州算是孫權看看妹妹孫尚香的面上，借給妹夫劉備的。等劉備拿下西川後，就把荊州還給孫權。孫權見要賬的時候到了，就派人催劉備快點把荊州吐出來。

劉備裝傻，說等我拿下涼州，再把荊州還給大舅子。孫權當然不同意，雙方展開了多回合的火爆談判，就差在談判桌上拔刀對砍了。最終劉備讓步，割讓長沙、零陵、桂陽三郡給孫權。

孫權興高采烈地派人去接收三郡，沒想到鎮守荊州的關二爺一手橫著一把青龍偃月大菜刀，一手指著孫權的馬仔，氣運丹田，大吼一聲：滾！將東吳的官老爺們全都吹回去了。

聯吳抗魏是劉備軍事集團做出的重大戰略指導方針，結果被關羽生生給破壞了。孫權丟了面子，惱羞成怒，你不給我沒關係，那我就武裝接收！孫權的馬仔呂蒙連敲帶詐，從關羽嘴裏撬走了三郡。雖然吃了塊肥肉，但孫權的戰略目標是整個荊州，後來趁關羽北伐的時候，派呂蒙白衣渡江，砸掉了關羽的飯碗，驕傲的關二爺人頭落地。

孫權終於得到了荊州，孫碧眼興奮得尾巴差點翹上了天，從此西大門無憂矣！孫權是爽歪歪了，劉備卻哭得死去活來，當然不知道劉備是哭丟了荊州，還是哭他的把兄弟關雲長。

荊州的丟失，導致劉備軍事集團在戰略上全面被動，統一大業基本泡湯。幸虧劉備之前從曹操手上硬生生撬走了西川北面門戶漢中，否則劉備只能挖個坑自己往裏跳了。

曹操雖然馬前失蹄，但他依然坐穩了江湖頭號金交椅，涼州早在幾年前就被曹操劃到自己的戶頭上。只有遼東的公孫淵還在搖頭晃尾巴，但天下三分大勢已定，公孫淵無論怎麼跳大神，他都無足輕重。

西元二二〇年，偉大的奸雄曹操撒手西歸，長子曹丕不久後就踢掉了傀儡皇帝劉協，建立了大魏帝國。劉備不甘示弱，一年後劉備也坐上了金鑾殿，國號大漢，史稱蜀漢。至於孫權，稱帝比較晚，西元二二九年，孫權的大吳公司才正式對外掛牌。

三國之中，無疑曹魏是頭號強國，吳次之，蜀最弱。魏國控制著司州、荊州、豫州、兗州、青州、徐州、涼州、秦州、冀州、幽州、并州、雍州、揚州，地域廣大，人口眾多，經濟實力強勁。

在曹魏的十三州中，秦州是從涼州拆出來的，而曹魏的所謂揚州，實際上只是淮南一小片地區，正版的揚州基本上都是孫權的地盤。東吳的地盤也不算小，有揚州、荊州、交州，全都是有效控制。後面又從荊州中拆出郢州，從交州中拆出廣州，算是五個州。

蜀漢地盤最小，丟了荊州後，只有一個益州。可能是覺得一個州太寒酸，在漢中置梁州，勉強算是兩個州。雖然蜀漢還設有涼州牧，馬超就吃過這個空心大餅，沒什麼實際意義。

蜀漢要想重新佔據戰略主動，就必須奪回荊州，否則單線向曹魏進攻成本太高，風險太大。劉備稱帝後，不聽人勸，傾國之兵，殺向東吳。東吳的將軍們最善於放火，當年周瑜一把火燒跑了曹操，年輕後生陸遜也是一把火，請劉皇叔從哪來，回哪去吧。

不過因為蜀漢和東吳要面對共同的敵人曹魏，所以雙方拍完板磚後，很快就抱在一起稱兄道弟。西元二二九年，蜀漢和東吳達成了瓜分曹魏的協定，日後滅魏之後，東吳劃走豫州、青州、徐州、幽州，蜀漢捲走兗州、冀州、并州、涼州。至於司州，以函谷關為界，東屬吳，西歸蜀。實際上這紙協議一文不值，以當時曹魏的國力，要想滅曹魏，基本屬於夢裏中彩票，醒來空歡喜。

曹魏地盤不但大，而且基本都是經濟發達地區。東吳的面積雖然不算小，但因為當時的東南地區尚沒有進行大規模開發，東吳的核心地帶主要是長江中下游地區，其他地區經濟比較落後，對東吳整體實力的提升暫時起不到多大作用。蜀漢的情況更糟，益州只有四川盆地地區經濟發達，長江以南地區是「蠻人」的天堂，屬於經濟欠發達地區，蜀漢實際上只能指望盆地吃飯。

奪取荊州失敗後，蜀漢失去了由東線進入中原的通道，只能北越秦嶺，直接和強大的魏國短兵相接。諸葛丞相空有滿腔熱血，但雙方實力差距過於懸殊，老鼠啃大象，勞而無功。諸葛丞相鞠躬盡瘁，死而後已，最終遺恨千古。諸葛亮感動了歷史，但卻沒有感動他的敵人。

諸葛亮死後，他的事業繼承人姜維九伐中原，次次失敗，同時極大地消耗了蜀漢本就非常弱小的經濟實力。最終在三國的博弈中，蜀漢第一個倒下。西元二六三年，魏國的實際統治者司馬昭發兵大舉伐蜀，拉開了司馬氏統一天下的大幕。

名將鄧艾和鍾會受命西征，兩路並進。鍾會是正兵，行堂堂正正之旗，鄧艾是奇兵，偷渡陰平一戰成就了鄧艾的不朽將名。劉備的寶貝兒子劉阿斗屈膝投降，蜀漢滅亡。

按籠統的說法，十分天下，魏據其七，吳據其二，蜀據其一。而司馬昭吞併了蜀漢，實力暴漲，而且佔據了有利地形，司馬氏的統一大業已經不可逆轉。

兩年後，司馬昭在準備篡位的時候突然暴死，白白便宜了兒子司馬炎。司馬炎學習曹丕好榜樣，踢掉了傀儡曹奐，拿掉了大魏公司的招牌，在禮炮齊鳴聲中，大晉公司正式掛牌營業。

晉朝在滅蜀之後，下一個目標肯定是東吳。吳人見蜀亡了，兔死狐悲，一片風聲鶴唳，以為晉人很快就來砸他們的場子。吳人心驚膽戰地盤算哪一頓飯是他們的最後晚餐，沒想到這一等就是十五年！

西元二八〇年，大晉皇帝司馬炎一聲令下，數路虎狼之師浩蕩東下，一鼓克定建業。東吳暴君孫皓終於實現了自己「青蓋入洛」的宏偉志向，被請到洛陽喝茶去了。

轟轟烈烈的三國歷史正式拉下了帷幕，用現在的行話說，歷史翻開了新的一頁……

用唐朝詩人劉禹錫的名篇《西塞山懷古》結束本篇：

王濬樓船下益州，金陵王氣黯然收。
千尋鐵鎖沉江底，一片降幡出石頭。
人世幾回傷往事，山形依舊枕寒流。
今逢四海為家日，故壘蕭蕭蘆荻秋。

二、張讓是我爸，趙忠是我媽——東漢衰落的秘密

張讓是誰？趙忠又是誰？答案是兩個太監。

說到太監，我們都不會感到陌生，有些太監早已經「大名垂宇宙」了，比如明朝三大太監頭子王振、劉瑾、「九千歲」魏忠賢，清末孝欽皇太后身邊那位氣焰暄天的內務府總管李蓮英……

太監是中國古代政治史的一個特殊現象，因為古代都是家天下，為了保持家天下的血統純潔，只有去了勢的男人才可以進宮灑掃執役。太監本沒有資格參與軍國大事，那都是帝王將相們的事情，古代帝王歷來嚴禁太監干政，違者重懲不貸。

當然這都是紙面上的禁令，政策是死的，人是活的，活人不能被尿憋死。因為政治形勢的變化，有些帝王就利用太監為自己的政治目標服務，但養虎遺患，最終導致太監勢力尾大不掉，嚴重影響了政治穩定。

中國歷史上有三個王朝的宦官之禍最為酷烈，頭一個東漢，第二個唐朝，第三個明朝。雖然不能把這三個大一統王朝的滅亡全都算在太監頭上，但太監干政卻是導致帝國崩潰的主要原因之一。

東漢是第一個出現宦官之禍的王朝，在這裏先講一下，東漢還沒有「太監」這個名詞，到了唐朝才有的。在東漢之前，「宦官」也不全是去了勢的男人，士人也是可以入宮當差的，秦末巨賊趙高極可能不是太監。直到東漢初年，朝廷才規定入宮的宦官必須全部由「閹人」當值。

東漢出臺這個規定，是吸取了西漢皇帝身邊幸佞亂政的歷史教訓。但人算不如天算，東漢統治者沒有想到，他們的帝國被這夥閹人咬得千瘡百孔。一陣狂風過後，帝國的神像轟然坍塌，只留下一堆華麗的碎片，供後人憑弔歎息。

東漢最強盛的時代，公認是光武帝劉秀中後期、明帝劉莊、章帝劉炟、和帝劉肇時期，也就是西元三十七年至西元一〇六年。光武帝建武十三年（西元三十七年），劉秀歷經十五年艱苦血戰，消滅了最後一個割據軍閥——盤踞在西川的公孫述，華夏一統。東漢帝國開始偃武修文，開創了又一個偉大的盛世。

劉秀是歷史上最被低估的開國皇帝，他的帝國絕對不是西漢簡單的延續，劉秀上馬打天下，下馬治天下，是難得的全才型統帥。在統一後到駕崩的這二十年裏，中華大地上一片生機盎然，帝國重新煥發出青春的光澤。

之後的漢明帝劉莊雖然崇尚法術，嚴於治人，曾經弄出「楚獄」大案，株連數萬人，引發全國性的政治恐慌。但劉莊治下十八年，東漢帝國依然運行在一個正確的軌道上，史稱「明帝即位，人無橫徭，天下安寧（《通典》卷四）」。

劉莊死後，皇太子劉炟順利繼位。劉炟的性格和父親不一樣，劉莊嚴苛，而劉炟則性情溫潤如玉，待人寬和。但劉炟卻寬容過了頭，「孝章皇帝弘裕有餘，明斷不足，閨房讒惑，外戚擅寵（袁山松語）」。劉炟內寵竇皇后，外戚勢力由此大興。又廢立太子，開東漢衰落之始，王夫之就持這個觀點。

不過劉炟對權力的控制力很強，但他最大的錯誤就是他死得太早了。章和二年（西元八十八年），三十一歲的劉炟去世，十歲的皇太子劉肇繼位。實際上控制權力的是皇太后竇氏以及竇氏外戚，竇氏也是東漢第一家開張的外戚權力鋪子，雖然劉肇的生母並不是竇太后，而是梁貴人。

竇氏外戚集團雖然是靠著皇太后竇氏上位的，但他們並非都是草包飯桶，比如竇太后的哥哥竇憲，也算是一代名將。永元元年（西元八十九），竇憲率軍北擊匈奴，將匈奴人趕出了世世代代繁衍生息的大漠故土，迫降二十萬匈奴人，剩餘的匈奴人潮水般逃向陌生的西方世界。

竇憲為人將才有餘，德行不足，心胸狹窄。竇憲跟著妹妹發達之後，就開始搖頭晃尾巴，對過去的仇家進行打擊報復，猖狂至極。竇憲甚至連皇帝劉肇都不放在眼裏，甚至圖謀不軌。

劉肇是個聰明的孩子，他知道竇憲準備做什麼，可他從小生在宮裏，身邊沒有自己的勢力。劉肇唯一能指望的，就是從小陪伴他長大的宦官們。劉肇和以大宦官鄭眾為首的宦官集團結成了政治聯盟，永元四年（西元九十二年），劉肇藉助宦官的力量發動政變，一舉剷除竇氏外戚集團，奪回了最高權力。

在這場驚心動魄的權力鬥爭中，最大的贏家無疑是宦官集團，以鄭眾封侯為標誌，正式走上了歷史舞臺，上演了一幕幕歷史醜劇。其實以劉肇的能力，控制這些宦官不成問題，不過劉肇犯了和他老爹劉炟一樣的錯誤，短命！二十七歲時，劉肇就到九泉地府見祖先去了。

因為劉肇的兒子劉隆只有三月個大，雖然立為皇帝，但無法執政，只能由皇后鄧綏臨朝聽政，以鄧氏為代表的外戚勢力再一次走上前臺。不過此時宦官勢力羽翼漸豐，他們已經不單純是在宮裏灑水掃地了，開始參與政務。史稱東漢宦官「手握王爵，口含天憲」，政治力量不斷壯大，已經可以和外戚集團平起平坐了。

鄧綏的政治平衡藝術水準很高，在她治下，宦官們還都比較本分。但自從西元一二一年鄧綏死後，太監們見沒人管得了他們，又開始搖尾巴了。漢安帝劉祜雖然使用雷霆手段，廢黜了鄧氏外戚，但隨後又重用皇后閻氏的娘家人。

東漢的外戚政治從來沒有改變，只不過東家倒了換西家，風水輪流轉，看大獎砸到誰的頭上了。之前的劉肇夫婦雖然也用宦官，但他們有手段，能鎮住太監們。

但之後上臺的閻家外戚無德無行，閻皇后自己生不了孩子，就對皇太子劉保下辣手，殺死了劉保的生母李氏，並廢掉劉保，漢安帝劉祜剛嚥氣，閻家外戚就改立旁支的北鄉侯劉懿做皇帝。沒想到劉懿命短，還沒過足皇帝癮就死翹翹了。

劉懿的死，讓最近一直沉寂的宦官集團終於等到了翻身的機會，以中黃門孫程、王康、王國為首共十九個大太監，在章台門發動兵變，先殺掉和他們不一路的太監江京、樊豐，然後強行擁立劉保即位，就是漢順帝。

閻太后和劉保有殺母之仇，劉保的得勢就意味著閻太后的逍遙日子過到頭了。孫程的公公兵團直接把刀架在了閻顯的脖子上，稍一用力，閻氏兄弟人頭落地。閻太后有野心沒能力，最終被廢掉，沒多久就鬱悶死了。

宦官集團再一次在和外戚勢力的較量中取得了完勝，在賭桌上贏家通吃，孫程等十九個主事太監全都封侯，出盡了鋒頭。孫程出力最大，受封萬戶侯。

宋人劉克莊有詞云：「使李將軍遇高皇帝，萬戶侯何足道哉！」飛將軍李廣拼了一輩子老命，連個侯爵也沒撈到，而東漢的太監卻能封萬戶侯，真不知道歷史到底在諷刺誰。

其實在漢順帝看來，孫程他們再牛叉（注：厲害之意），說到底不過是自己家的高級奴才。一旦這些奴才影響到國家大事，劉保毫不猶豫下重手，孫程他們想扳倒名將虞詡，結果被劉保全部踢出洛陽城，哪涼快哪待著去。

雖然不久後劉保又把這些太監召了回來，孫程這夥強賊在官場上殺人越貨，沒他們不敢做的事情。劉保能把這些太監揉捏得恰到好處，「麾之即去，招則須來」，也是很有政治手腕的。

太監和常人不一樣，他們沒有生育能力，也沒有什麼遠大抱負，他們眼裏只有權錢二字。甚至為了自己的利益，還經常和其他派系的太監火拼，弄得雞毛滿天飛。

直到漢順帝時，東漢的太監們雖然沒少干涉朝政，但更多的是內部廝咬，他們的主要敵人是外戚集團。而外戚集團的主要敵人又是清流官僚集團，東漢這三股勢力基本沒有全盤交集，多是一對一的單挑，這種形勢一直延續到漢桓帝劉志時代。

長江後浪推前浪，一代新人換舊人，孫程那夥強賊早就變成了塚中枯骨。隨後頂上來的一撥是以單超、徐璜、具瑗、左悺、唐衡五人為代表的新興宦官勢力，他們的主要政敵是漢桓帝劉志的內兄——大將軍梁冀為代表的梁氏外戚集團。

梁氏外戚集團勢力之大，東漢諸外戚無出其右，僅梁氏一門，「前後七侯，三皇后，六貴人，二大將軍，夫人、女食邑稱君者七人，尚公主者三人，其餘卿、將、尹、校五十七人」。可以說大漢天下姓梁不姓劉。

東漢共有好幾撥外戚執政，但沒有哪一個像梁冀這麼臭名昭著。漢桓帝劉志之前的皇帝是漢質帝劉纘，劉纘自幼聰慧過人，因為看不慣梁冀那副猖狂醜惡的嘴臉，當著滿朝公卿的面說了一句「此跋扈將軍也！」梁冀丟了面子，一怒之下，毒死了年僅九歲的漢質帝。

梁冀最大的敵人是清流官僚集團，但因為梁冀在漢桓帝即位後，依然對後宮指手畫腳。加上梁皇后仗著哥哥的權勢，在宮中為非作歹，結果把劉志逼得狗急跳牆。

劉志本來和清流官僚也有過節，名臣杜喬和李固當初就反對立劉志做皇帝，得罪了劉志。但還沒等劉志報仇，梁冀就逼死了杜喬和李固，徹底得罪了天下清流。梁冀兩面樹敵，自然沒好果子吃，劉志就決定先動手。

但劉志面臨著和當初漢和帝劉肇同一個問題：手上無兵，劉志別無選擇，只能通過單超等五人來實現自己的目標。

單超等人做事果敢狠絕，一般來說太監要做大事，往往都是狠角。他們湊集了一千多武士，聯合了朝中反對梁冀的官僚勢力，以雷霆閃電之勢打掉了梁冀，威福享盡的梁冀自裁謝罪天下。

上次孫程封了萬戶侯，已經非常牛了，但和單超相比，小巫見大巫。劉志出手真闊綽，一甩手給了單超兩萬戶封邑！其他四個大太監最少的也得到一萬三千戶封邑。

在東漢歷次由太監發動的政變中，沒有哪一次比這次誅殺梁冀的後果更為嚴重。誅殺梁冀後，太監集團對朝中進行了大規模的政治清洗，阿附梁冀的太尉胡廣、司徒韓、司空孫朗這些重臣全部出局，太監們得到了他們夢寐以求的最高權力。還有就是太監們為了進一步控制朝廷，開始擔任朝中重臣職務，比如單超這個人模狗樣的就當上了車騎將軍。

不僅他們在朝廷上吃香喝辣的，他們的親戚也都跟著沾了光，在地方上擔任封疆大員。這些貓三狗四品行非常惡劣，得勢之後，「辜較百姓，與盜賊無異」。不僅是他們的親戚，他們的狗腿子也在外面欺行霸市。

本來東漢淳厚的社會風氣被他們徹底敗壞了，人心思亂，各地百姓為了活命，紛紛揭竿而起，史稱

「民不堪命，起為寇賊」。東漢帝國的牆根被這窩耗子咬得稀巴爛，在歷史的狂風中搖搖欲墜，眼看著樓就要塌了。

此外，梁冀的失敗直接導致了外戚集團的萎靡不振，雖然之後還有竇武、何進兩家外戚，但從此開始，外戚這股曾經的重要政治力量已經被邊緣化了。東漢政壇的三足鼎立變成了兩強並立，宦官集團和清流官僚集團因為沒有了外戚勢力做緩衝，直接面對面交上了火，從而導致局面更加不可收拾。

因為單超早死，其他四個太監都不具備單獨掌控權力的能力，被以司隸校尉韓縯為代表的清流官僚集團給打倒在地，左悺自殺，具瑗被廢。但宦官勢力的生存土壤早已經形成，無非阿貓死了，阿狗換了件馬甲再蹦出來。

五侯倒臺後，接下來跳出來的是以侯覽、曹節、王甫為首的公公兵團。因為形勢發生了變化，侯覽面對的不再是外戚集團，而是更佔有輿論優勢的清流官僚集團。西元一六七年底，劉志病死，繼位的是十二歲的章帝玄孫劉宏，也就是著名的昏君漢靈帝。

雖然漢桓帝劉志的皇后竇氏臨朝聽政，竇太后的弟弟竇武出面主持朝政，但竇武實際上的身分不僅代表外戚集團，而且也應算進清流官僚集團。竇武為人正派剛直，和清流往來甚密，在他身邊聚集了大量清流名士。這也引出了中國歷史上一個著名的黨錮之禍。

黨錮之禍的主角其實並不只是清流官僚，還有許多士林中人。他們雖然官職不高，有些還是白身，但他們和清流官僚同屬一個利益階層。許多清流派都是從士林中出來的，屬於清流官僚的預備隊，有些類似明朝末年的東林黨。

東漢末年的士林清流名號繁多，派系紛雜，按名望和地位劃分，有「三君」、「八俊」、「八顧」、「八及」、「八廚」。竇武就是「三君」之首，是當之無愧的士林領袖，其他比較著名的人物還有陳蕃、李膺、張儉、杜密、范滂等人。當然我們還不能忘了，在「八顧」中，還有一個劉表，後來的荊州牧，劉備的「同宗兄長」。

黨錮之爭的主要性質是奪權，因為宦官勢力長期霸佔權力的蛋糕，為非作歹，引發了清流士林的極度不滿。清流士林都是孔聖人的門生，追求的是治國平天下，哪能容得下這夥閹人。

黨錮之禍可以劃分為三個階段，第一個階段還在漢桓帝劉志末年，河南尹李膺彈劾前北海郡太守羊元群在郡貪墨，結果羊元群花錢買通了太監，竟定了李膺反坐之罪。隨後廷尉馮緄打死了因罪繫獄的山陽太守單遷（單超之弟），而大司農劉祐上書朝廷，要求限制太監的經濟掠奪。結果被太監們全都打下去了。

太尉陳蕃不服，上疏為三人喊冤，同時其他清流又集中向宦官在地方上的勢力開火，觸怒了宦官集團的利益。侯覽等人立刻反擊，因為他們處在強勢地位，很快壓制住了清流官僚集團，陳蕃、李膺等人被罷免。

看到太監們氣焰囂張，清流官僚當然沉不住氣了，決定大舉反擊，這是黨錮之爭的第二個階段。這次反擊不同第一次打嘴仗，而是以竇武、陳蕃為代表的清流官僚準備發動政變，一舉剷除宦官集團。

但竇武卻犯了打擊面過大的錯誤，他要殺盡所有太監！結果遭到了皇太后竇氏的反對。太監壞蛋多，但也有好人，比如丁肅、趙祐等人，他們人品正直，文學高深，深得士林敬重。竇武不分青紅皂白，要把太監一鍋端，結果那些本來置身事外的太監全都站在了自己的對立面。

宮中所有太監為了活命，全部抱成團，打著竇武、陳蕃謀反的旗號提前發動攻擊。雖然竇武手上有兵，但這些兵爺卻非常怵那些陰險的太監，太監們在陣前一陣恐嚇，竇武的部下一哄而散。竇武成了光桿司令，自然沒好下場，除了皇太后被廢，誅竇氏三族！

七十多歲的老太尉陳蕃率領八十多個門生橫著刀，悲壯的闖進了承明門，要和太監們決一死戰。雞蛋碰石頭，結果可想而知，陳蕃被殺，家族故舊全部禁錮，不許出仕。

黨錮之爭的第三個階段過程更為火爆，竇武、陳蕃被殺後，士林大憤。天下士大夫以被禁錮的李膺為首，拿起了輿論武器，對宦官集團展開了轟轟烈烈的輿論大批判。在輿論上徹底搞臭了宦官集團，幾如老鼠過街，人人喊打。

宦官集團被批成了臭大糞，自然極為惱火，上次出手太輕了，再不給書呆子們點顏色看看，真不知道馬王爺幾隻眼了。宦官集團決定這次將士林一網打盡，這也是黨錮之禍的最高潮。

建寧二年（一六九）十月，太監們在漢靈帝面前誣陷士林是鉤黨，年少的劉宏問何為鉤黨？太監們說士林「相舉群輩，欲為不軌，是謂鉤黨」。只要被扣上了謀反的大帽子，那肯定是沒好果子吃的。李膺被捕，下獄就義，李膺所有門生故吏全部遭到禁錮。

至於其他士林名流，宦官都沒有放過，下令在全國範圍內進行追殺。最典型的就是張儉，被宦官追得走投無路，四處敲門求救。因為張儉在士林中的名聲極好，天下人寧可自己家破人亡，也要收留張儉。這就是東漢歷史上一個著名的典故——望門投止。

張儉可以說是黨錮之禍中士林名氣最大的一個。清末戊戌變法失敗後，譚嗣同沒有逃跑，而是等著殺頭，在臨死前寫下了一首著名的《絕命詩》：**望門投止思張儉，忍死須臾待杜根。我自橫刀向天笑，去留肝膽兩崑崙！**

變態的太監們依然沒有收手，下令凡「天下豪傑及儒學有行義者」皆為黨人，全國上下頓時陷入了極度的政治恐慌中。東漢事，不可為矣！

東漢是徹底完蛋了，但太監們的好日子還沒過完。侯覽、曹節等人很快被時間淘汰掉了，頂上來的是以張讓、趙忠為代表的十二個太監頭子，史稱「十常侍」。

要說東漢的大太監從鄭眾算起，已經有好幾撥了，個個飛揚跋扈，但還沒有哪一撥太監能比張讓這一撥更牛叉。太監們雖然不能生兒子，但不妨礙他們認乾兒子，張讓的乾兒子是誰？漢靈帝劉宏！

劉宏雖然是章帝玄孫，但他這一支宗室的社會地位很低，他父親只做過亭侯。要不是劉宏中了大獎，進宮當上皇帝，他這輩子只能在社會最底層苦苦掙扎。劉宏知道這夥太監的厲害，根本不敢招惹他們，反而厚顏無恥地拜張讓做了乾爹。

搞笑的還不是劉宏拜乾爹，而是劉宏拜乾媽。劉宏的乾媽也是一個太監，就是趙忠，不知道張讓和趙忠是不是夫妻關係，呵呵。常人拜太監做乾爹已經夠丟人，何況還有個太監老娘。

劉宏臉皮夠厚，不但不以為恥，反而到處吹噓：「張讓是我公（父），趙忠是我母！」就是本篇標題。七百年後，唐僖宗李儇也拜了大太監田令孜做乾爹，就是著名的十君阿父，估計李儇就是從劉宏這得到的啟發。

張讓和趙忠有了劉宏這麼一個孝順兒子，更加的不可一世。你不服？有本事你也認個皇帝兒子！

張讓們和前幾任太監主要在政界耍橫相比，禍害更大，因為他們把賊手伸向了經濟領域。歷史已經證明，一旦經濟崩潰，離翻船的日子也就不遠了。

宦官集團打著為皇帝修建宮室的旗號提高田稅錢，公然掠奪百姓利益，他們則從中吃大頭。宦官集團縱容自己的家眷故舊在地方上掌握權力，「父兄子弟布列州郡」，「辜榷財利，侵掠百姓，百姓之冤無所告訴，故謀議不軌，聚為盜賊」。

實際上伸出黑手翻老百姓家錢櫃子的還不只是太監們，皇帝劉宏也是個歷史有名的錢迷，愛財如命。劉宏摟錢的手段多種多樣，最著名的就是劉宏開了一個權力鋪子，公開批發官帽子。按官場老規矩，出價高的當大官，出價低的當小官，一毛不拔的樹上涼快去。

劉宏和太監們合夥做生意，狠賺了一筆，吃得滿嘴流油。他們都爽了，老百姓可都被逼得沒活路了，官逼民反，民不得不反！這是千古不變的定律。

中平元年（一八四）春，平地一聲炸雷：巨鹿人張角舉起了武裝反抗漢朝統治的大旗！張角和兩個弟弟以「太平道」為掩護，以「蒼天已死，黃天當立；歲在甲子，天下大吉」為聯絡口號，旗下彙集了數十萬憤怒的百姓。他們頭裹黃巾，扛著鋤頭，怒吼著衝州撞府。官府不給百姓們一個公道，老百姓只能自己去討還公道，這就是歷史上大大有名的黃巾大起義。

黃巾大起義規模空前，天下震動，更差點沒把漢靈帝和太監們嚇得屁滾尿流。雖然明事的中常侍呂強勸朝廷立刻對被禁錮的黨人進行大赦，不然黨人和黃巾萬一合流，大勢去矣。

劉宏雖然也照做了，同時官軍大舉出動，「剿殺」黃巾軍。但不除作惡萬端的十常侍以及宦官專政制度，根本不可能解決任何問題。在宦官問題還沒有解決的情況下，藩鎮問題又開始突顯。因為地方藩鎮通過鎮壓黃巾起義，開始暗中坐大，形成強大的獨立藩鎮，曹操、劉備、孫權最終埋葬了東漢王朝。

宦官集團專權作惡是黃巾大起義的直接誘因，郎中張鈞憤怒地彈劾張讓等人，結果可想而知。但自黨錮之禍後，清流士林已經不成氣候，在朝中完全是宦官集團在唱獨角戲。在地方上，由於藩鎮力量的強勢崛起，他們成了東漢歷史舞臺上最後一撥和宦官集團抗衡的力量。

至於外戚方面，中平六年（一八九）漢靈帝劉宏死後，長子劉辯繼位。因為劉辯的生母是何太后，所以何太后的異母哥哥何進當上了大將軍，這也是東漢最後一支外戚勢力。

但以何進為代表的這支外戚實際上只是個花架子，名為大將軍，實際上兵權都控制在宦官集團手上，這是漢靈帝劉宏安排的。何進有名無權，自然不甘心被太監騎在頭上，準備除掉宦官集團。而宦官們又不喜歡皇帝劉辯，想除掉劉辯，改立劉宏的次子陳留王劉協。

雙方的矛盾不斷激化，不過天下輿論基本上都站在何進這一邊，比如隨後在三國史鼎鼎大名的人物袁紹、袁術、董卓、曹操、逢紀、荀攸等人。

形勢對何進很有利，但何進為人少謀寡斷，做事猶豫不決。席下首謀袁紹勸何進先發制人，由於妹妹何太后的反對，何進不知所措，白白浪費掉了好機會。

何進這邊還在磨磨蹭蹭，宦官集團已經開始下手了。張讓等人趁何進進宮的時候，埋下伏兵，一舉擊斬何進。不過因為何進的軍隊並不是宮中人馬，所以宦官們控制不了。以袁紹為首，何系人馬開始絕望的反撲。

雖然最終結果外兵集團大獲全勝，袁紹率兵闖進宮中，對太監勢力進行血洗，「宦者無少長皆殺之，凡二千餘人」。隨後張讓、段珪脅迫劉辯和劉協外逃，但被反對派的軍隊逼得走投無路，橫豎是個死，甩掉小皇帝，投河自盡了。

至此，禍害東漢整整百年的宦官勢力徹底覆滅，但陪太監們下地獄的，還有光武帝劉秀一手打拼下來的東漢帝國。之後的故事我們很熟悉了，各路諸侯為了能搶到最大的那塊蛋糕，開始了火拼。大浪淘沙，最後站在決賽場上只有三個人：曹操、劉備、孫權。

三、曹操的智庫

這個世界上什麼東西最貴？答案肯定是五花八門的。有人會說是糧食，有人會說是資源，也有人會說是關係，當然肯定也會有人說是人才。

人才現象在當今社會裏是個非常熱門的話題，隨著競爭的日益加劇，人才的流向越來越受到重視。因為社會分工的不同，人才的種類很多，作為一個管理者，物盡其能，人盡其用，就可以無往而不勝。

細節決定成敗，還是管理決定成敗？都對！但同時我們還要認識到，人才同樣能決定成敗！古往今來的所有勝利者，且不說他們的人品香臭，也不說他們的手段能否拎上臺面，但他們無一例外都是會使用人才的高手。尤其是用智力型的人才，說得通俗一點，就是智囊，古代稱為謀士，現在比較流行的說法稱為智庫。

在楚漢戰爭中為什麼笑到最後的是吃飯賴賬的草根劉邦，而不是氣宇軒昂的貴族項羽？原因很簡單，劉邦沒別的本事，但他就會用人，對人才捨得下本錢，人人都願為劉邦效死，比如張良、陳平。項羽什麼都會，就是不會用人，好容易有一個亞父范增還不能善用，結果兵敗身死。

項羽本是秦末漢初當之無愧的NO.1，劉邦只是配角，但劉邦卻頂翻了項羽，當上了主角。在西漢和東漢之際，江湖老大非劉秀莫屬，王莽只是個墊場的，而公孫述之流只能做井底的蛤蟆頭子。

而在轟轟烈烈的三國時代中，誰是男一號？劉備和孫權都是牛人，但他們偏安一隅，在氣勢上就弱了很多。三國的NO.1，非曹操莫屬。

雖然曹操最終也沒有統一天下，但不是曹操無能，而是劉備和孫權都是狡猾的頂尖梟雄，曹操生不逢時，時也！命也！如果曹操和劉秀調換一下，憑王郎、隗囂、公孫述這些蔫瓜爛菜，早就被曹操剁碎下鍋了。

三國各不統屬，互相拍板磚，雞毛滿天飛。不過無論是講塊頭還是講整體實力，曹操建立的魏國都是最強大的。曹魏橫跨中原，「十分天下據其八」，蜀吳兩國都沒有單獨和曹操叫板的實力，只能兩弱聯合對抗一強。

曹操之所以能成為三國頭號梟雄，他本人的雄才大略、詭譎多謀是重要原因，但不是唯一原因。曹操能成大事業，除了他的大腦，還有兩件趁手的兵器。左手名將如雲，神擋殺神，鬼擋殺鬼；右手謀士如雨，連橫合縱，為曹操解疑釋惑，提供智力支援，曹操想不成功都難。

曹操不但用兵如神，在用人方面也是絕頂高手，千里馬和伯樂兩種角色，曹操一肩雙挑。曹操的智庫一般來說有個粗略的劃分：一線智庫和二線智庫。

所謂一線智庫，主要是指曝光度最高的核心謀士團，有荀彧、荀攸、郭嘉、程昱、劉曄，號稱五大天王。後來郭嘉早亡，一代奸雄司馬懿補了郭嘉的缺，但曹操不太放心司馬懿，一直不予重用。

所謂二線智庫，當然是指曝光度不太高的那些謀士，比如董昭、蔣濟、陳群、毛玠、袁渙、何夔、滿寵這些人。二線智庫的星光雖然不如一線的燦爛，但他們往往都有點石成金之妙。一線和二線的區別也許並不在於實力，而在於機會。

二線智庫我們相對來說都不是特別熟悉，但一線的五位天王我們都不會陌生，不過相對來說，荀彧和荀攸、郭嘉是真正的一線，而程昱和劉曄的地位則稍弱一些，介於一二線之間。

可以把曹操和劉備的智庫作一個泛泛的比較，荀彧是曹操的智庫頭牌，類似於諸葛亮；荀攸類似於龐統，郭嘉類似於法正，程昱類似於馬良，劉曄類似於黃權。至於另一個大牌賈詡，要論名氣和實力屬於一線，但賈詡是投降過來的，並不是曹操的核心智囊，有些類似於劉巴。

我們都知道三國謀士群的代表性人物是近乎半仙的諸葛亮，諸葛亮與龐統、法正這些以戰術謀略為主的智囊不同，他主要負責大戰略的謀劃。在曹操的陣營中，與諸葛亮的作用和地位相類似的就是荀彧。諸葛亮對劉備有多重要，荀彧對曹操就有多重要。

荀彧出身東漢著名大族潁川荀氏，據《後漢書》記載，荀彧是戰國大思想家荀子的第十三世孫，家族地位要比諸葛亮高一些。潁川荀氏在東漢名臣輩出，荀彧的祖父荀淑是一代大儒，名臣李固和李膺都師事之。

荀淑有八個兒子，各有才學，號稱荀家八龍，荀淑的次子荀緄於漢桓帝延熹六年（一六三）生下了荀彧。荀彧生的時候，東漢帝國已經出現了破敗的跡象，等到荀彧長大成人後，東漢在宦官、黃巾以及藩鎮各方勢力的聯合拉扯下，已經被大卸八塊，天下分裂格局不可避免。

宦官和黃巾軍都只是歷史的匆匆過客，他們提前被 **PK** 掉了，活躍在東漢末年歷史舞臺上的是從廟堂草野中殺出來的各路梟雄，也就是藩鎮。開東漢藩鎮專權的是董卓，除董卓之外，中原地區還有許多軍閥，但公認的兩大明星是河北的袁紹和山東的曹操，呂布只是個攪屎棍子。

荀彧雖然和曹操魚水情深，但荀彧的第一選擇卻是袁紹，不過荀彧和袁紹接觸過一段時間後，就發現袁紹外強中乾，用人不明。荀彧跟著袁紹恐怕沒有多少展示才華的空間，所以荀彧倒戈跟曹操泡在了一起。

曹操正處在事業的起步階段，手下武將不少，但謀士卻寥寥無幾。一個團隊如果沒有自己的智庫，打拼的難度會非常大，劉備就是個明顯的例子。曹操聽說荀彧來投，仰天大笑：「我的張良終於來了！」曹操本人就是個智多星，再加上荀彧，如虎添翼，可直干青雲而高翔了。

荀彧的加盟是曹操事業的一個重大拐點，從此曹操有了明顯的戰略目標，最終完成霸業，荀彧居功至偉！荀彧給曹操制定了兩大戰略目標，第一步先效法漢高祖劉邦佔關中，漢光武劉秀據河內，經營兗州作為根據地，不能四處打游擊。

根本固後，再俟機效法晉文公納周襄王，迎漢獻帝劉協，從而尊奉天子，號令天下，取得政治上的主導權。關於挾天子以令諸侯的戰略方針，曹操也想到了，只是他還在猶豫，如果不是荀彧苦勸，或許曹操就放棄了。

後來的形勢發展證明了荀彧的戰略遠見，當北方只剩下袁紹和曹操準備決戰的時候，曹操才體會到荀彧的重要性。因為袁紹在軍事上要比曹操佔優勢，如果不是袁紹優柔寡斷，放棄了迎還獻帝，曹操連政治上的優勢都無法獲得，曹操會更加的被動。

荀彧不愧是第一流的謀士，他料人很準，在袁曹決戰前夕，孔融勸曹操不要輕易和袁紹開火。孔融的理由是袁紹地廣兵強，手下多虎將謀臣，不易卒取。

荀彧駁斥了孔融的觀點，荀彧曾經在河北待過一段時間，他對袁紹的底細摸得很清楚。袁紹兵雖多而不善用，謀臣雖眾而各懷其私，內部有派系之爭，武將皆匹夫之勇，一戰可擒之。人人都喜歡預測，猜得準的叫神仙，猜不準的叫烏鴉，荀彧的功力近乎於神。

不過荀彧這個人正統觀念非常強，在荀彧眼中，東漢政權才是正統。荀彧和曹操之間也不是主僕關係，而是事業上的合作夥伴。荀彧以為曹操想做齊桓、晉文，那自己就是當仁不讓的管仲，九合諸侯一匡天下。

但荀彧後來發現曹操的野心越來越大，有篡位的野心，這就衝破了荀彧的底線。荀彧勸曹操盡忠漢室，不要行大逆不道之事，由此得罪了曹操。曹操在南征孫權的時候，暗示他已經不需要荀彧了，請荀公自行了斷吧。荀彧知道他和曹操的緣分盡了，面色平靜地仰藥自盡。

曹操平生在政治棋盤縱橫殺伐，無所不克，但也有下臭棋的時候，逼死荀彧無疑是最臭的一步棋。荀彧的死對曹操的損失不可估量，荀彧不僅是當時官場上的頭牌花旦，能鎮住場子，而且智力絕人，試想如果劉備逼死了諸葛亮，會是什麼樣的結局，真為荀彧感到可惜。

好在曹操身邊還有許多一流謀士，死了一個荀彧，至少還有荀攸。荀攸是荀彧的侄子，不過荀攸卻比荀彧大了八歲，荀攸出道要比小叔早。靈帝末年大將軍何進謀誅宦官張讓們的時候，荀攸就參加了何進的智囊團。

後來何進敗了，董卓專權，荀攸又謀劃剷除董卓，結果事機洩密被捕。幸好不久董卓敗死，荀攸大搖大擺地出獄。荀攸見中原板蕩不寧，準備去相對比較穩定的西川發展。只是天下多事，道路多艱，荀攸沒去成，蹲在荊州等買家。

一個很有趣的假設，如果荀攸真到了劉璋手下，受到了劉璋的重用，劉備和諸葛亮能打贏荀攸嗎？如果荀攸不受重用，劉備收西川後，又如何安排荀攸。荀攸的身價可不比諸葛亮低，一山能否容下二虎？當然這樣的假設毫無意義，畢竟荀攸沒去西川。

荀攸後來跟了曹操，曹操激動得滿世界吹喇叭：「公達（荀攸字）歸我，天下不足定也！」荀攸在曹操手下，一直處在小叔荀彧的陰影之下，荀彧的星光太亮了，荀攸難免有些黯淡。但荀攸和荀彧的作用不同，荀彧更適合玩大戰略，而戰術則是荀攸的強項。

荀攸最經典的一次演出是救白馬之圍，建安五年（二〇〇），袁紹派大將顏良南下攻白馬（今河南滑縣），曹操率兵迎戰。當時袁強曹弱，如果兩軍正面交戰，曹操幾無勝算。

荀攸給曹操出了一個絕招，派一支輕兵假裝偷襲袁紹的大本營，誘使袁軍回撤救援。曹軍趁白馬袁軍空虛之際，一舉可斬顏良。曹操依計而行，果然成功地解除了白馬之圍，同時也成就關雲長於萬人陣中斬顏良的不世英名。

由於職能分工的關係，曹操是董事長，荀彧是總經理，總鎮後方，而荀攸則是企劃部長，在前線籌謀劃策。《三國志》稱荀攸總共替曹操「畫奇策十二」，可以說荀攸是曹操身邊的首席政治分析師，所以曹操對荀攸異常的敬重，讓長子曹丕事荀攸如父。

荀攸同小叔荀彧一樣，死在了征討孫權的前線，曹操聞攸死，痛哭流涕，如折一臂。荀攸的人生軌跡和成就與後來的「鳳雛先生」龐統非常地相似，只是曹操要比劉備幸運，多用了荀攸十幾年。而劉備重用龐統，只有短短的五六年，劉備實在是虧大了。

講過了荀氏叔侄，下面講的這個人物可以說是曹操智庫中最傳奇的一個謀士——郭嘉。說到郭嘉，不能不讓人聯想到劉備的「新寵」法正，郭嘉和法正簡直就是絕配。法正是劉備「保荊跨益，橫踞漢中」戰略中的關鍵人物，可以說沒有法正，就沒有劉備的霸業，郭嘉同樣如此。

其實郭嘉本來是潁川智士戲志才的替補，戲志才是曹操早期的重要謀士，可惜早亡。曹操找荀彧推薦人才，荀彧推薦了郭嘉。郭嘉和推薦人荀彧一樣，都曾經在袁紹的地頭上混過，但郭嘉發現袁紹不足以成大事，就炒了袁紹的魷魚，跳到曹操的槽裏撈飯吃。

郭嘉的料人眼光極其毒辣，他剛拜了曹操的門子，就給曹操提出了著名的《十勝十敗論》。郭嘉通過對袁紹集團和曹操集團的對比，講出了袁紹必敗，曹操必勝的十條理由。

歸納來講，郭嘉認為曹操類似漢高祖劉邦，「用人無疑，唯才所宜」。做事果決，略小節而重大事，同時曹操具有政治優勢。而袁紹正好相反，多謀少決，用人猶豫不定，略大事而重小節，假寬實忌。袁紹不過是項羽的翻版，取之雖不易，但曹操一定能取得最後的勝利。

不過曹操有時也容易犯猶豫的毛病，所謂「用兵之害，猶豫為大；三軍之災，生於狐疑」。曹操在東征呂布的時候遇到了困難，曹操有畏難情緒，想撤，幸好被郭嘉及時勸止。曹操強打精神，終於在白門樓滅掉了呂布，剷除了一大禍患。

袁紹雖然是曹操的頭號敵人，但呂布則虎臥榻旁，是曹操的心腹大患。不除呂布，一旦袁曹交兵，曹兵主力必然北上，而東線空虛，這就給了呂布機會。如果呂布趁虛直搗中原，曹操腹背受敵，那曹操的人生就可以結束了。

一個團隊在激烈的競爭中要有一個明顯的自身定位和發展方向，在實力不如戰略敵人的情況下，應該先解決戰術敵人，就是戰略上以守為主，戰術上為攻為主。主攻戰術實際上也是為日後主攻戰略服務的。就比如兩個實力相當的棋手下象棋，在沒有吃掉對方的車馬炮之前就想一口吞掉對方的老帥，幾乎是異想天開。

曹操雖然解決了呂布，而且坐鎮中原，並擁有一定的政治優勢，但曹操的生存空間依然不大。除了北邊的袁紹極大地牽扯了曹操的精力，南線據有江東的孫策也是曹操的大患，孫策對曹操的威脅，較之呂布有過之而無不及。

呂布只是一個草頭王，亂世中渾水摸魚的。而孫策集團則是一個軍政合一的正規團隊，有嚴密的組織體系和明確的政治訴求，孫策的存在對曹操的壓力極大。曹操一直擔心等到他和袁紹決戰的時候，孫策在背後狠插他一刀。

不過郭嘉卻笑著告訴曹操：「主公勿憂孫伯符！盡可以放心地和袁紹周旋，直接無視孫策的存在。」

郭嘉的理由很簡單，孫策的優點是為人雄悍，大度能容人，人皆願為之效死。但孫策最大的毛病是對人無防備之心，什麼樣亂七八糟的人物都能接近孫策。孫策在江東大塊吃肉，肯定會得罪人的，以孫策的這種待人方式，要殺孫策，一匹夫之力。孫策果然不久後被吳郡前太守許貢的三個門客刺殺。

孫策死後，江東由孫權接手，但孫權需要一個緩衝時間來穩定局勢，暫時不會對曹操構成威脅，曹操可以集中全力和袁紹決戰。西元二〇〇年，決定歷史走向的官渡之戰開始了，笑到最後的是曹操，袁紹因慘敗吐血而死。

曹操手下諸將欲攜官渡大勝之威，一鼓剷除袁紹的殘餘勢力，統一河北。郭嘉頭腦很冷靜，他微笑著告訴諸位將軍：「百足之蟲，死而未僵，袁紹雖死，但袁紹的兩個兒子袁譚和袁尚手握重兵。二袁兄弟向來不和，如果我們把他們逼急了，他們會聯手與我們死戰到底。如果我們暫時收手，二袁沒有了外部壓力，自然就會互相內耗。彼為鷸蚌相爭，我為漁翁。等到二袁都殺殘了，我們再收拾他們，易如反掌。」

人都有一個共通的弱點，就是「生於憂患，死於安樂」。當面臨生死劫的時候，人往往會爆發出極為驚人的求生欲望。但一旦危險消失，會立刻陷入小富既安的狀態，郭嘉就深諳人性的這個弱點。

因為荀彧在許都主持政務，曹操身邊的主要謀臣也就是荀攸和郭嘉，荀攸對二袁的觀點和郭嘉相差不大。曹操對荀攸和郭嘉百分百的信任，曹操善納良言，果然一舉解決二袁，徹底肅清袁氏在北方的殘餘勢力，一統北方。

郭嘉通過一連串的組合拳，奠定了他在曹操心中新晉一哥的地位，因為在曹操諸謀士中，郭嘉年齡最小，不到四十歲。所以曹操把郭嘉視為曹家第二代的核心智囊，「欲以後事付之」，沒想到郭嘉因病早逝，把曹操心疼得死去活來。

曹操南征荊州慘敗於赤壁後，痛定思痛的曹操不由得想起了郭嘉，鬚髮花白的曹操痛哭流涕曰：「郭奉孝在，不使孤至此！」英雄惜才之心總是共通的，十五年後，劉備西征荊州，同樣敗於孫權之手，諸葛亮長歎：「法孝直若在，則能制止主上東行；就復東行，必不傾危矣。」

郭嘉的早逝使曹魏集團智庫直接出現了可怕的斷裂層，荀攸、賈詡、程昱他們雖然個個神機妙算，但畢竟年齡太大，不具備輔佐曹家第二代的條件。郭嘉如果能活到曹丕建立魏國，也不過五十歲，正是事業發展的黃金年齡。隨著郭嘉的遺恨離世，一切都成了泡影。

當然即使郭嘉多活二十年，曹魏也不可能統一天下，要知道諸葛亮和孫權都不是吃素的。但郭嘉至少可以保證曹魏不走彎路，在和吳蜀的對抗中不至於吃那麼多的啞巴虧。

我們也不能把曹操建立的霸業都算在郭嘉一個人的頭上，就比如不能把諸葛亮過分神化一樣，他們都是普通的人。作為一個成熟的團隊，不能把未來發展的成敗都繫於一人之身，這是非常危險的。

在曹操發展壯大的過程中，另一位奇士程昱的作用不可小視。郭嘉向稱「鬼才」，以用計膽大著稱，而程昱論智力論膽量，都不遜於郭嘉。程昱和郭嘉這種文雅方正的純謀士相比，身上還多了一層俠氣和痞氣，和同樣痞裏斜歪的曹操正好臭味相投，深得曹操信愛。

要以年齡而論，程昱比曹操大了十四歲，應該算是曹操的長輩。程昱不僅腹有良謀，而且他的軍事能力也非常突出。曹操離開大本營兗州，南下攻徐州的時候，被呂布偷襲兗州，幾乎全面崩潰。只有程昱守住三座城池，扛住了呂布集團劈頭蓋臉地暴打，為曹操保住了老本。

程昱的智庫生涯中，最漂亮的一仗是程昱守鄄城期間，袁紹兵臨黃河，準備南下吃掉程昱。當時程昱手上只有七百個大頭兵，顯然不夠袁紹吃的。曹操很著急，立刻要給程昱增兵二千，無論如何也要頂住袁紹。

按常理來說，軍隊多多益善，但程昱卻笑著拒絕了曹操的好意。程昱分析了他為什麼拒絕接受援兵，因為袁紹手上有雄兵十萬，自視甚高，袁紹的目標是殲滅曹操的主力部隊。

如果袁紹知道鄄城只有七百曹軍，會覺得以自己這樣的大塊頭吃這點小蝦米太寒磣。但曹操要是增了兵，袁紹就會認識到鄄城對曹操的重要性，而且二千曹軍不算少，袁紹反而會大舉圍攻鄄城，到時程昱真是死透了。

事態的發展也在程昱的預料之中，袁紹聽說鄄城兵少，頓時失去了興趣，程昱這隻狡猾的老鼠成功在貓的眼皮底下溜掉了。曹操知道程昱玩的生死賭後，激動地告訴賈詡：「程仲德膽子真夠大的，孟賁、夏育（戰國秦的兩位勇士）不過如此！」

程昱和郭嘉一樣，都是精通人情世故的謀略高手，當然最重要的是程昱摸清了袁紹的為人脾性。兵聖孫武子說：「知彼知己，百戰不殆。」從曹操到手下謀士，個個都對袁紹瞭若指掌，袁紹幾乎被對手招招算定，失敗是必然的。

在袁曹決戰前，輿論比較偏向袁紹能笑到最後，因為袁紹實力超強，但曹操卻拿走了所有的蛋糕。究其原因，根子還是出在用人上。論智力資源，袁紹不比曹操弱，他手上有重量級謀士田豐，此人智藪不在諸葛亮、荀彧之下，但袁紹就是不信他，結果自食其果。

反觀曹操，他贏就贏在最大限度地開發了身邊的智力資源。兩人身邊都有豐富資源，曹操懂得開發經營，袁紹卻直接無視，二人優劣高下立判。王夫之對曹操善於用人大加稱讚：「曹孟德推心以待智謀之士，而士之長於略者，相踵而興。孟德智有所窮，則荀彧、郭嘉、荀攸之徒左右之，以算無遺策。」

用人說難也難，說容易也容易，人才就是拿來用的，人才浪費是世界上最大的浪費，尤其是智力型人才。為人主者，可以獨斷專行，但前提是要集思廣益。有些競爭者之所以失敗，並非身邊沒有一流謀士，而是有其人而不得其用，比如項羽對范增，袁紹對田豐，楊玄感對李密。

北宋人秦觀在《袁紹論》中提出過待士六條，非常有見地，即「師士者王、友士者霸、臣士者強、失士者辱、慢士者危、殺士者亡」。秦觀這裏所提到的士，主要是指智力型人才。曹操、劉備師士，故能成王成霸，項羽、袁紹失士殺士，自取滅亡。

讀書人謀求治國平天下，他們需要一個平臺，誰能給他們這個平臺，他們就會竭盡其智，最終受益的還是領導者。惹毛了讀書人，他們會文縐縐的埋汰人。

講個小笑話，元末大鹽販子張士誠本名張九四，發達之後，覺得這名太土，想換個雅名。有位讀書人可能是沒得到張九四的重用，懷恨在心，就給張九四起名「士誠」。

沒讀過書的張九四覺得這名好聽，可他哪知道，這名出自《孟子．公孫醜下》，原文是「士誠小人也」。可笑張九四扛著「小人」的招牌，四處跑馬介紹自己：本王名叫張士誠，是個小人……

自古都說馬上打天下，這話對了一半，有馬未必能勝，有智有馬才能贏天下。歷代開基創業，往往只看到將士們在前線浴血拼殺，卻容易忽視帷幄之中謀士的作用。隱藏在戰場背後的那群謀略家，他們更能決定歷史發展的方向。

當然如何判斷謀士提出的方案是否合理可用，這需要領導者自身有相當高的謀略判斷能力。曹操本人就智力殊絕，所以帳下謀士用智的起點比較高，劉邦和朱元璋都是大老粗，但他們至少能信任張良和劉基，用人不疑，是一門學問。

四、劉備和關羽、張飛的一生糾葛

人在江湖飄，哪能不挨刀。

為了少挨刀，最穩妥的辦法：一是少得罪人，與人方便，與己方便；二是多結交江湖好漢，在家靠父母，出門靠朋友。江湖上經常能看到好漢們成群結夥的在各大山頭扯旗子，什麼「賈家樓三十六義」、「陷空島五鼠」、「亂石山七雄」，規模最大的是水泊梁山，一百零五個男人和三個女人喝雞血拜了把子。

不過要說江湖名號最響亮的把兄弟，我們張口就能說出：劉關張桃園三結義，《三國演義》頭一篇就講東漢末年天下大亂，三位好漢劉備、關羽、張飛在桃園起誓結拜兄弟，共同闖蕩江湖的精彩故事。

這年頭，不知道《三國演義》的人不多，劉關張三雄結義更是深入人心，影響非常大。賣草席的落魄皇族劉玄德、殺人亡命的綠豆販子關雲長、殺豬賣肉的個體戶張益德，結成了史上最牛的超級三人組合。

劉皇叔善使一對雙股劍、關二爺扛著一柄八十二斤重的冷豔鋸，張三爺手執丈八蛇矛槍，兄弟三人聯手在江湖上殺出了名堂。劉備後來稱漢中王，拜封五虎上將：關羽、張飛、趙雲、馬超、黃忠，關羽和張飛當仁不讓地坐上了前兩把交椅。

關羽和張飛對劉備來說，不僅是打天下的從龍舊臣，更重要地兄弟三人穿過一條褲子，打死都不分家的。兄弟三人的關係親密到了什麼程度？劉備曾經深情地說過：「兄弟如手足，妻子如衣服。衣服破，尚可縫；手足斷，安可續？」

因為這句話，劉備經常被扣上「歧視婦女」的大帽子。實際上劉備是被冤枉的，這話並不是劉備發明的，劉備說這句話之前還有三個字：古人云。當然最重要的是，劉備愛兄弟勝過愛妻子是小說家言，《三國演義》美化劉備到了無以復加的地步，但畢竟不是正史。

桃園三結義顯然是羅貫中杜撰出來的情節，但羅貫中寫三國，雖然有些是向壁虛造，但基本上都是從史料上的相關記載引申發揮出來的。羅貫中拉出桃園拜把子的橋段，肯定是從《三國志・蜀書・關羽傳》這句話得到的啟發：「先主與二人（關張）食則共器，寢則同床，恩若兄弟。而稠人廣坐，侍立終日，隨先主周旋，不避艱險。」

其實不看《三國演義》，從正史這段史料上來看，劉關張的關係也非同一般，不是兄弟勝似兄弟。至於三人同睡一張床，同學們不要想歪了，古人經常睡在一起的，比如晉朝名將雙璧劉琨和祖逖。他們就曾經搭夥睡過覺，天還沒亮，劉琨就一腳踹醒祖逖，二人對著公雞翩翩起舞。

但在《三國志・魏書・劉曄傳》中，劉曄卻說：「關羽與備，義為君臣，恩猶父子。羽死不能為興軍報敵，於終始之分不足。」意思是說關羽和劉備是父子關係，劉備如果不為關羽報仇，就對不起當年的父子情分。

劉備和關羽到底是「恩若兄弟」還是「恩若父子」？雖然關羽的年齡據考證要比劉備還要大一些，但年齡並不能說明什麼，一來劉備是主，關羽是臣；二來乾兒子比乾爹年齡大的也不是沒有，比如千古一帝石敬瑭……

其實不必糾纏於劉關張的關係，不論是兄弟，還是父子，感情好，才是真的好。劉關張親如兄弟（父子），但「稠人廣坐，侍立終日」，說明關張和劉備還是上下級的關係。劉備坐著，關張站著；劉備吃著，關張看著，他們的任務應該包括對劉備貼身保護，類似於保鏢的角色。

關於劉備的出身，其實並沒有羅貫中說的那麼寒磣，什麼家窮吃不上飯，織草席子叫賣糊口。劉備家境是比較低，但從正史的記載來看，劉備應該出身小市民階層。因為同族劉元起的資助，劉備還拜大儒盧植為師，讀了兩年私塾。

劉備的青少年時代，喜歡和街上的豪俠少年結交為友，「善結交」。交朋友是要花錢的，平時喝個小酒，賭點小錢，這都是拉攏人的手段，劉備的交友錢估計都是從劉元起給的零花錢中省下來的。

當然劉備的家世和曹操、孫權相比，確實寒磣了不少，曹操的老爸曹嵩是大財主，家資巨萬，孫權是個含著金鑰匙出生的富家少爺。劉備討伐黃巾的出場費，還是中山大戶張世平、蘇雙贊助的，「多與之金」，所以才能拉起一支隊伍，沒錢誰跟你玩啊。

亂世中競爭，實際上就是在燒錢，誰燒得多誰就離勝利越近。劉備的這兩個小錢很快就燒完了，再加上劉備朝中無人，雖然破黃巾有功，但只撈到了安喜縣尉這樣的末品小官，曹操卻高遷至濟南相（郡守），這時劉備不一定知道曹操是哪路尊神。

劉備只混到小縣尉，身邊的弟兄們見老大兜裏沒錢，早晚都要餓瘦，都一哄而散了。但無論誰來誰走，劉備的身後永遠站著關羽和張飛。

《三國演義》說張飛字翼德，實際上張飛字益德。當然張翼德也不是羅貫中改的，北宋人張預在《十七史百將傳》中就寫成「張翼德」。羅貫中之所以用「張翼德」，應該是翼字比益字更具有畫面的動感，取如虎添翼之意。

羅貫中說張飛「豹頭環眼，燕頷虎鬚」，彷彿從煤堆裏爬出來的。實際上這是誤解，張飛是個白面儒將，還有書法問世，擅寫「八分書」。評話類小說往往會根據具體的需要來對歷史真實人物進行再創造，不過張飛的武力值並沒有下降，曹操都知道關羽和張飛是「萬人敵」。

在演義中，張飛出場早期最精彩的一場戲是「怒鞭督郵」，寫得暢快淋漓，好不痛快！這場戲在歷史上確有其事，情節絲毫不差，唯一的改動就是抽鞭子的主角並不是張飛，而是張飛的大哥劉備。

據《典略》記載，劉備素有「武勇」，也是個吃江湖飯的練家子。可羅貫中卻把劉備美化過了頭，成天哭鼻子，江山甚至都是哭出來的。不過一般老大是不拎刀上陣的，劉備的武功估計只是票友級別，唬唬外行還可以。真正上陣砍人，還是要看關羽和張飛。

其實關羽張飛真正感動後人的並不是他們的絕世武功，而是他們的忠誠。在這個現實的世界裏，忠誠往往只是神話，聽得見看不到。以關羽張飛的本事，如果跟著曹操或孫權，混個正號將軍完全不是問題。可他們跟著劉備，只有受苦吃窮的份，要換成其他意志不堅定的人，早就撂挑子另尋山頭去了。當時的劉備要地沒地，要錢沒錢，要槍沒槍，有的只是一個虛幻而迷茫的未來，所謂「志在四海，兩手空空」。

在看不到彼岸的情況下，關張並沒有跳下劉備這條破船，另攀高枝，而是與劉備同生死、共患難。有苦兄弟們一起吃，有難兄弟們一起扛，不離不棄，這才是男子漢大丈夫所為！羅貫中神化關羽不是沒有原因的，歷史上真實的關羽已經足夠讓我們感動。

最能表現關羽忠誠本質的是建安五年（二〇〇），曹操攻克徐州，劉備倉皇北逃河北，找袁紹避難，關羽被曹操俘獲。雖然曹操極力拉攏關羽入夥，但關羽面對名利，絲毫不為所動，堅持要北渡黃河，尋找劉備的下落。

這段歷史在史書不過寥寥數語，卻被羅貫中演繹得盪氣迴腸。關二爺騎著赤兔馬，奉著兩位皇嫂，掛印封金、千里走單騎，過五關斬六將，是演義神化關羽的第一個高潮。

關羽給後人留下最深刻的印象是四個字：仁、義、忠、孝，這正是傳統儒家思想的精髓所在。和劉備更注重「仁」的形象相比，關羽主要的思維行為更突出了一個「義」字，通俗一點講，就是重情重義，這是一個好男人最應該具備的品質。

江湖和官場是兩個截然不同的社會層面，不管官場中人品質如何，「仁」字是必須天天掛在嘴邊的。誰要說不愛老百姓，公開說要發百姓財，在官場上是很難混下去的。

而狹義江湖的社會道德體系沒有官場那麼嚴密，江湖的核心價值就是一個「義」字，古人拜把子都稱為「結義」，沒聽說過有「結仁」的。水滸中好漢的聚會窩點就叫「聚義廳」，講義氣，是一個江湖中人是否可交的重要衡量標準。

關羽就很夠義氣，他雖然「身在曹營心在漢」，無時無刻不想回到劉備身邊。但關羽知道曹操待自己如國士，關羽不忍就這樣一走了之，必須在報答完曹操的厚遇後，才能心無愧疚地離開。

關羽不愛榮華富貴嗎？當然愛！但左右關羽思維的是「君子愛財，取之有道」，正如演義中關羽回絕曹操收買時說得那句話：「吾固知曹公待吾甚厚。奈吾受劉皇叔厚恩，誓以共死，不可背之。吾終不留此。」關羽是在為曹操解白馬之圍時，於萬軍陣中襲斬袁紹大將顏良之後，才「拜書告辭而歸先主」的。

我們在歌頌關羽「義」的同時，不應該忘記曹操的「義」，曹操的大度寬容同樣令人敬佩。如果說曹操不聽郭嘉等人相勸殺劉備，是顧及自身光輝形象的話，那曹操殺關羽實際上有很多可以在理論上站住腳的藉口。

曹操並沒有這樣做，只是平靜地告訴手下人「彼各有主」。曹操沒有得到關羽是一種遺憾，但這種遺憾恰恰讓關羽和曹操的光輝形象得到了昇華。

無論是真實的三國歷史中，還是《三國演義》中，能用好關羽的也只有劉備。因為關羽的作用對窮困半輩子的劉備非常重要，身邊本就沒什麼人才，再放跑了關張，劉備只能被歷史淘汰掉。

關羽從自身角度來講，他不可能選擇曹操，劉備雖然落魄無著，但跟著劉備就能突顯自己的柱石作用。如果跟了曹操，不過是和張遼、徐晃這些人一個級別，曹操手下的名將一大堆，這個考慮同樣適用於張飛。

「寧為雞口，毋為牛後」，在職場上進行前途的選擇，在盯著大公司外招職位的同時，可以適當地對小公司多加考察。有些小公司同樣有發展前景，小公司人才稀缺，大公司有時可能還要面臨內部競爭。而小公司一旦發展壯大，第一批創業者就是「開國元勳」，名利雙收。諸葛亮所以選擇劉備，也是這個原因。

關羽確實很有眼光和膽識，用股市來打個比喻，關羽一開始就把所有的本錢都押在一支小股票上。無論這支股票小漲還是暴跌，關羽死咬著不鬆口，最終因為各種原因，這支小股突然大牛起來，關羽自然就賺了個盆滿缽溢。

劉備在江湖上蹚了大輩子，一直處在打游擊的狀態，今天在曹操這裏喝頓酒吃幾個梅子，明天就跑到袁紹那裏吃了頓大餐，說得難聽些就是個要飯的。但草根中藏龍臥虎，要飯的叫花子也不是沒有成就大業的，請看朱元璋。

劉備真正翻身是在赤壁之戰後，通過各種手段，盤下了荊州，一躍成為日享萬鍾的諸侯，有資格和曹操、孫權平起平坐了。關羽和張飛跟著劉備落魄江湖近二十年，終於苦盡甜來，不說名位富貴這些浮名虛利，更主要的是體現了自我的人生價值。

「患難之中見知己」，在劉備窮酸破落的時候，關張始終對劉備不離不棄，即使打散了，不遠千里也要找到大哥。前途雖然凶險萬分，但兄弟們抱成團在刀山火海中打天下。

蜀漢射聲校尉楊戲在其所作的《季漢輔臣贊》中對關羽和張飛的評價是「濟於艱難，贊主洪業」。關張把自己的一生都毫無保留地交給了劉備，甚至肉麻一點講，關羽和張飛的存在價值就是為劉備奉獻一切。

劉備是個非常重感情的男人，關張對自己忠心可鑒日月，劉備當然待關張如親骨肉。關羽和張飛已經刻進了劉備的生命裏，成為劉備人生的一部分。

劉備雖然非常尊敬他的首席智囊諸葛亮，但劉備和諸葛亮的關係是事業上的聯盟，是一種英雄的惺惺相惜。要論感情，劉備未必把諸葛亮當自己人，不然也不會臨死前在白帝城費盡心機地玩托孤，傻子都知道劉備對諸葛亮不放心。

劉備對關羽和張飛則已經不單純是友情，更有一種刻骨銘心的親情。人與人的交往就是這樣，越是關係疏遠的越是客氣，越是關係死鐵的越是隨意。

如果以劉備的感情傾向來論，真正屬於劉備集團核心的只有關羽、張飛、麋竺、法正。麋竺在劉備當年最窮酸的時候，不僅把妹妹嫁給了劉備，而且把自己的家財奴僕全都獻給劉備。

麋竺雖然沒有什麼本事，但因為他完成了人生中最重要的一次感情投資，讓劉備對他一輩子感恩戴德。劉備平蜀後，在權力分配上基本沒麋竺的份，不過劉備對麋竺「賞賜優寵，無與為比」。獨一份，沒有之一，麋竺在劉備心目中的地位甚至可能還略高於關張。

麋竺文不能文，武不能武，劉備在做事業的時候也指望不上他。劉備在荊州已經基本形成了人才儲備骨架，文有諸葛亮、龐統、馬良、殷觀，武有關羽、張飛、黃忠、趙雲、魏延、霍峻，事業的發展即將迎來大井噴。

從劉備集團的戰略考量來看，荊州只是劉備的跳板，他真正的目標是奪取劉璋統治下的益州。但劉備對益州虎視眈眈，同時必須防備曹操和孫權在背後對荊州下黑手，尤其是孫權。

在劉備的益州戰略中，實際上戰略核心還是荊州，劉備絕對不敢冒丟失荊州的危險去賭益州，從這次劉備的人事安排上就能清楚地看出來。劉備去益州，只帶了龐統、黃忠、魏延，基本上都是劉備集團的二線儲備力量。一線力量諸葛亮、關羽、張飛悉數留在荊州看家。

劉備西去後，負責荊州軍政的主要是諸葛亮和關羽，此時關羽的防線在江北，主要防禦目標是曹操。劉備留下家底守荊州，這樣的安排確實非常穩妥，曹操和孫權基本沒機會下嘴。

但隨著劉備的軍隊在益州陷入困境，前線首席智囊龐統又被亂箭射死，劉備面臨著死棋的危險。萬般無奈之下，劉備只能調動家底，諸葛亮、張飛、趙雲全部入川進剿劉璋，荊州交給關羽全權負責。

龐統死後，劉備身邊沒有智囊，諸葛亮必須入川，幫助劉備進行戰略規劃。選擇關羽守荊州，客觀來說，關羽並不是合適的這方面專才。關羽「剛而自矜」，驕上憫下，不善於處理人際關係，包括外交關係。

如果劉備調走關羽還留下張飛呢，又如何？也不妥。張飛是個「莽撞人」，張飛愛敬君子而不恤士伍，「暴而無恩」，比關羽在軍中下層更不得人心。劉備對張飛這個弱點瞭若指掌，所以兩害相權從其輕，劉備只能選擇關羽。

至於小說戲文中的「四將軍」趙雲，實際上趙雲在劉備集團中的地位並不高。《三國演義》說西川五虎上將的排序是：關張趙馬黃，而《三國志》的排名卻是關張馬黃趙，趙雲倒數第一。

趙雲雖然地位略低，但趙雲卻是劉備集團中少有的謀略型將領，比關羽張飛都夠穩重。從後來趙雲擺空營計，勸劉備不要搜刮西川百姓，最後從政治角度分析伐吳戰略的錯誤，都可以看出趙雲的出眾才能。

趙雲雖然優秀，而且也跟隨劉備多年，但不知出於什麼原因，劉備一直不重用趙雲。趙雲對劉備忠心無二，甚至還救過劉阿斗，劉備卻不太信任趙雲，自然不可能把事關身家性命的荊州交給趙雲。

劉備讓關羽坐鎮荊州，或者是出於萬不得已之舉，但確實是劉備平生最臭的一步棋。劉備西進益州，荊州的安全係數就在於能否穩住對荊州垂涎三尺的孫權。而關羽在「東和孫權」的戰略上屢犯大錯，最終釀成大禍，徹底粉碎了劉備統一天下的夢想。

因為劉備曾經和孫權達成過一份君子協定，荊州在名分上算是劉備借孫權的，等到劉備吃掉西川後，就把荊州還給孫權。劉備伐蜀期間，孫權因為要獨自面對來自曹操的打壓，還沒有能力偷襲荊州，再加上自己不佔理，所以也暫時管不了劉備。

但當劉備成功拿下劉璋後，孫權立刻向劉備索要荊州的統治權。吃到嘴裏的，萬沒有再吐出來的道理，劉備開始扯皮耍賴，說「吾方圖涼州，涼州定，以荊州相與。」孫權見劉備要吃黑賬，當然大怒，準備武力攻佔荊州。

孫劉聯盟出現了嚴重裂痕，夾在孫劉中間的關羽就成了能否解決荊州爭端的關鍵點。劉備智庫建議劉備應該適當給孫權一點甜頭，讓孫權分擔來自曹操的強大壓力，不然孫權天天上門要賬，小日子就沒法過了。

劉備最終同意將長沙、零陵、桂陽三郡劃給孫權，果然就穩住了孫權。劉備棄小保大的戰略雖出自無奈之舉，但也不失為明智。只是好端端的吳蜀聯合大計卻偏偏壞在性格高傲的關羽手上，關羽拒絕分三郡予吳，並對孫權出言不遜。結果惹惱了孫權，通過武力強行接收三郡，狠狠地打了關羽一個響亮的耳光，劉備臉上估計也沒少發燒。

但吳蜀爭端到此並沒有解決，因為三郡不是劉備給的，而是孫權自己搶回來的，孫權絲毫不領劉備的人情，雖然這場禍端是關羽惹下的。關羽平生唯劉備馬首是瞻，老大說打狗，關羽絕不攆雞。但唯獨這次關羽不聽話，平白得罪了孫權，差點要了劉備的老命。

劉備這時已經隱約感到了不安，尤其對關羽的狂傲作派。但劉備一來要和曹操拼漢中，無暇過問荊州事務，二來劉備憑對關羽的了解，認為關羽能吸取失三郡的教訓。

一個人的性格一旦形成，是極難改變的，關羽實際上並沒有吸取教訓，依然老子天下第一的派頭。在劉備拿下漢中，自封漢中王之後，關羽不善於處理集團高層之間人際關係的弱點暴露無疑。

關羽得知劉備封的「五虎上將」有老將黃忠，立刻甩了臉子，說什麼「大丈夫終不與老兵同列」。關羽的態度其實早就在劉備和諸葛亮的預料之內，前來賜封的前部司馬費詩好話說盡，關羽看在老大的面子，這事才算完。

關羽善於下而驕於上的毛病一直改不過來，這點張飛做的就比關羽好，張飛義釋嚴顏，傳為歷史佳話。黃忠應該知道關羽瞧不起自己的事情，黃忠為人淡泊，從來不計較這些。

關羽對自家人耍小性子，人家不和他一般見識。可孫權是外人，孫權不是認你關羽是哪根蔥，得罪了孫權，孫權肯定要報復關羽的，這正是關羽的悲哀之處。

漢建安二十四年（二一九），孫權趁關羽率主力北伐曹操，荊州空虛之際，開始對荊州下黑手。最終的結局我們都知道了：呂蒙和陸遜玩了一齣漂亮至極的白衣渡江，一舉拿下關羽，全盤黑掉荊州。一代名將關羽就此告別人間，成就了一段可歌可泣、可悲可歎的歷史。

關羽是和劉備血雨腥風一起闖蕩出來的，關羽的死和荊州的丟失對劉備來說幾乎就是塌天的災難。再加上守上庸三郡的孟達等人叛蜀降魏，致使蜀軍連接失去了兩條進攻中原的捷徑，劉備一夜之間幾乎面臨著破產。

不知道劉備心裏是不是痛恨關羽驕傲誤事，但幾十年的兄弟情分還在，劉備最該恨的不是關羽，而是三國歷史上的頭號攪屎棍子孫權。當年聯合抗曹的時候，孫權雖然出了大力，但不能說劉備一點功勞沒有，孫權卻全盤抹殺劉備的功勞，為自己霸佔荊州尋找理論根據。

荊州是江東的西大門，孫權一日不得荊州，一日睡不安穩。但荊州同樣是蜀漢北伐中原的重要戰略通道，劉備是絕不甘心丟掉荊州的。劉備於西元二二一年稱帝後，第一件事就是傾蜀中之兵，大舉伐吳，奪回荊州。

劉備伐吳的真實原因，無論是《三國志》《華陽國志》還是《資治通鑒》，提到的都是為關羽復仇，至少從字面上是可以這樣理解的。陳壽說劉備「忿孫權之襲關羽」，常璩說劉備「將東征，以復關羽之恥」，司馬光說劉備「恥關羽之歿」。關羽之死對劉備的刺激極大，《三國演義》為了美化關羽的魅力和劉備的仁義，把劉備攻吳寫成了純粹是為二弟關羽報仇。

當然如果死摳字眼的話，也可以把關羽當成荊州的代名詞。但從「恩若兄弟」和「恩猶父子」這兩句評價來看，劉備和關羽的感情極深，可以理解劉備這種憤怒而絕望的心情。周瑜死的時候，孫權不也是哭得死去活來麼。

人都是有感情的，何況是幾十年患難與共的熱血兄弟！關羽之死不僅讓劉備悲慟欲絕，對張飛的心理打擊也是毀滅性的。雖然史書上沒明說張飛對關羽之死的感情反應，但三國志張飛傳開篇就說張飛「少與關羽俱事先主，羽年長數歲，飛兄事之」。關張二人已經成了名將的代稱，關不離張，張不離關，就如同楊家將中的孟（良）不離焦（贊），焦不離孟。二哥死了，張飛的痛苦可想而知。

劉備對張飛向來是非常疼愛的，大哥往往都對么弟有特別的感情。劉備很了解張飛的為人脾性，和關羽正相反，善於上而嚴於下。劉備經常勸張飛對身邊的下人不要太狠，如果下人一旦被逼急了，張飛隨時就有生命危險。

張飛也是頭強驢，對劉備的善言警告當成耳旁風，依然我行我素。都說劉備料人眼光不如曹操，其實未必，曹操也有看走眼的時候。當初呂布偷襲兗州，曹操很自信地告訴手下：「兗人皆可叛我，唯獨魏种不會拋棄我。」結果第一個叛變的就是魏种，差點沒把曹操羞死。

劉備看人很準，張飛要是聽劉備的，哪怕是稍稍收斂一下，也不至於在即將出兵為關羽報仇的前夕，被手下人憤怒地殺掉。關羽被殺後，張飛成了劉備僅有的心靈依靠，從某種角度來說，劉備是在為張飛而活著。

張飛的死對劉備來說是又一次沉重的感情打擊，當年三兄弟一起快意恩仇，在江山湖野縱橫飛馳的場面，永遠留在了劉備的記憶深處，將陪伴著劉備一起消失在蒼天大地之間。

隨著劉備兵敗夷陵，不但關羽之仇沒報成，劉備也因為這場大慘敗而心力交瘁，最終在白帝城撒手人寰，時年六十三歲。

五、小霸王孫策

在東漢三國時代，有許多英年早逝的英雄人物，他們如流星一般劃過了歷史的天空。歷史並沒有給他們太多的演出時間，但就是這幾場戲，被他們演繹得轟轟烈烈、盪氣迴腸。

在這張流星名單上，如果英年早逝定義為四十歲以下，有郭嘉、龐統、典韋、周瑜、曹丕、孫堅等人。如果放寬一些，五十歲以下也可以。這個年齡段早逝的有法正、魯肅、呂蒙、馬超、霍峻、田疇等人。

但在三十歲之前早逝的不算多，真正算得上一流人物的也許只有一個，那就是下面我們要講的孫策。

孫策生於漢靈帝熹平四年（一七五），卒於漢獻帝建安五年（二〇〇），年僅二十六歲。古人計算年齡都是按虛歲算的，在實際年齡上再加一歲。二十六歲放到現在，也只是年輕人事業剛剛起步的階段，或者還在校園中讀書深造。

孫策雖然死得早，但孫策十七歲就開始在江湖上闖蕩，縱橫殺伐，最終在江東創建了孫家的霸業。在三國東吳的創建過程中，孫家父子兩代三人，真正起到決定性作用的是孫策。

孫堅為孫家的江山開了個好頭，但事業基礎因為孫堅的戰死而幾乎崩潰。是孫策在父親戰死後，擦乾眼淚，縱槍上馬，奉著老母和幾個年幼的弟弟，在虎狼堆中殺開了一條血路。三國各自頭牌梟雄中，孫權的起點最高，直接做大國諸侯，而曹操和劉備都是白手起家的。

雖然孫權在赤壁大敗曹操，隨後智取荊州，接著又在夷陵放火燒跑了劉備。但孫權並不是在創業，而是在守業，孫權之所以能看得這麼遠，是因為他站在了巨人的臂膀上。

孫策臨死前在孫權面前自誇，說舉賢任能，孫權比他強；但要萬人陣上取敵首級，爭雄天下，孫策比孫權強N倍。孫策這話絲毫沒有誇大，他所說得這些都在他和孫權的人生軌跡中得到了印證。

自古創業難，亂世中創業更難。現代意義上的創業，是建立在一個相對公平、公正的大環境下，有社會輿論和法律進行監督。在古代可沒有這麼多講究，那時講的就是人吃人！大魚吃小魚、小魚吃蝦米。亂世中的生存原則，歸納起來一句話：有本事吃人，沒本事被人吃掉。

人類社會的發展其實就是一個人吃人的過程，過去是吃掉別人的血肉，現在則是吃掉別人的生存空間，很殘酷，很魅力。

不否認孫策在創業的過程中，雙手沾滿了敵人的鮮血，但孫策也只是按亂世中的江湖規矩玩遊戲，誰身上沒背著一筆血債？曹操還因私怨屠城洩憤，也沒有影響曹操在世人心中的光輝形象。

在亂世中不殺人就能發家致富的幾乎就是笑談，孫策要是心存半點善念，早就被人砍翻在地，一家老小都要陪著下地獄。歷史很殘酷，但這正是歷史的魅力所在。

孫策十七歲的時候就過早地蹚江湖，實際上也是殘酷的現實逼出來的，如果孫堅不早死，也許孫策日後事業的起點不會比孫權低。但歷史是沒有如果的。

孫堅很有本事，因為破黃巾有功，在中平三年（一八七），三十二歲的孫堅就當上了長沙太守，隨後又封烏程侯。這時孫堅已經拉起了自己的隊伍，成為東漢江湖上響噹噹的方面諸侯，盛名在外。

孫堅在諸侯討伐董卓的軍事行動中出盡了鋒頭，卻也因此遭到了袁術等人的猜忌。雖然孫堅是掛靠在袁術名下闖蕩江湖的，畢竟不是袁術的嫡系。袁術野心勃勃，但他要征服江東，有兩個大障礙，一是荊州的劉表，二就是孫堅。

袁術派孫堅去攻劉表，意在一石二鳥，同時削弱劉表和孫堅的勢力，自己好渾水摸魚。孫堅未嘗不知道袁術的心思，但如果能得到荊州，自己也有了離開袁術單飛的本錢。結果孫堅用兵不慎，被劉表大將黃祖設埋伏亂箭射死，時年只有三十七歲。

孫堅的意外戰死對孫家來說幾乎就是塌天的災難，作為孫家的長子，十七歲的孫策必須站出來，用他尚顯稚嫩的雙肩，來承擔家族復興的重任。孫堅死的時候，沒能留給兒子太多的遺產，孫堅的本部人馬都被袁術扣了下來。

好在孫堅集團的骨幹人員都願意繼續跟著孫策闖蕩，比如吳軍早期四巨頭程普、黃蓋、韓當、朱治，四人在孫策創業過程中起到了非常重要的作用。四人雖然在後期沒有太多表現的機會，但他們順利地幫助孫策在血雨腥風中茁壯成長，就是對孫家作出最大的貢獻。

孫策接手這樣一個爛攤子，還要面對身邊許多強敵，創建事業的難度可想而知。孫策名義是第二代人，實際上孫策才是江東吳國的創始人，名為守成，實同開創。

白手起家最需要的是什麼？需要錢，也需要槍，但最需要的還是人才。孫策僅有程、黃、韓、朱是不夠的，孫策需要進行自己名下的人才儲備，真正渴望建功立業的是不會嫌人才多的。

要說孫策旗下拉到的最重量級的人才，非周瑜莫屬。其實早在孫堅剛發家的時候，因為孫策和周瑜同年，所以他們成為最要好的朋友，後來還成為連襟。

扯句閒話，我們都知道連襟是親姐妹各自丈夫的統稱，連襟有時還被稱為「連喬」。這個典故和孫策、周瑜有關，孫策娶了大喬，周瑜娶了小喬，「連喬」也就成了連襟的雅稱。

當時江東人才濟濟，再加上還有大量從北方逃難到江東的人才，孫策選才的寬度很大。孫策為人勇悍，善於待士，加上自身形象非常陽光，票房號召力很強，江東文武兩界精英大多都聚到了孫策的大旗下。

孫策時代是吳國完成人才儲備的最關鍵時期，在孫權時代大放光彩的那班精英，至少一大半都是孫策留下來的。比如文班張紘、張昭、孫邵，孫策早期還有兩個謀士：秦松、陳端，早卒。武班除了程、黃、韓、朱，還有周瑜、魯肅、呂蒙、蔣欽、周泰、陳武、凌操（子凌統）、賀齊、朱然等。

當然這些人才並不是在同一時間被孫策拉來的，人才儲備是需要時間的。人才要經得起競爭的考驗，投奔孫策的肯定不只以上這些人，還有很多人。除了早逝的，大多數人因為能力不足，而被歷史自然地淘汰掉了。

孫策當然知道歷史殘酷的生存法則，古代可不比現在，輸了，擦乾眼淚再爬起來繼續奮鬥。古代一人賭輸，整個家族都要陪著挨刀，就是族誅制度。

關於族誅，有誅三族、誅五族、誅九族等幾種不同的說法。明成祖朱棣為了報復政敵，發明了誅十族，甚至還搞出了瓜蔓抄，整座村鎮被誅盡殺絕。

當然朱棣從來沒有對一個民族進行血洗屠殺，誅十族、瓜蔓抄只能說明他的私德不好，並不能證明明朝存在的錯誤。歷史已經部分證明、將來還會完全證明，明朝是偉大的時代。

孫策在收復父親失地的時候，有一個人是孫策無法繞過去的，就是淮南大軍閥袁術。雖然孫策非常討厭袁術為人，但因為袁術掌握著孫策的未來，孫策要找袁術借兵，就要學會低頭裝孫子。自古做大爺易，裝孫子難，會裝孫子的，往往能成大事，比如給夫差吃屎當馬鐙的勾踐。

孫策是個粉面小生，唇紅齒白，虎背熊腰，所以深得以貌取人的袁術的好感。借兵如借錢，要低眉順眼地拍金主的馬屁，拍得舒服了，錢自然就好借了。不過雖然孫策好話說盡，但袁術一直沒答應孫策的請求，這年頭兵員稀缺，袁術沒捨得給。

身無分文，不敢橫行，孫策再有本事，好漢雙拳還難敵四手。孫策碰了一鼻子灰，只能靠著隨手招來的幾百號散兵游勇打天下，結果可想而知。孫策的烏合軍很快就被強人給殺散了。

孫策要想創業，必須要靠父親留下來的那一千多精銳部隊，孫策只能繼續給袁術裝孫子。孫策的脾氣非常火爆，但為了前程，孫策能做到如此的隱忍，這才是成大事者必須具備的功夫。人活著需要尊嚴，但尊嚴不是無價的，這個世道只要尊嚴不要生存的人肯定有，但絕對少見。

孫策的苦苦哀求最終還是感動了袁術，把孫堅的人馬悉數還給孫策。孫策借來了投資創業的第一筆熱錢，在江湖上幹了幾票大買賣，比如攻克廬江（今安徽合肥）。

袁術之前對孫策有過承諾，孫策若拿下廬江，就委孫策做太守，不過袁術後來食了言。孫策雖然胸中怒火熊熊，但他現在還得罪不起袁術，逞英雄容易，逞完之後怎麼辦？衝動容易誤大事。

孫策不但忍功好，而且頭腦靈活，他把自己攻克江東的戰略意圖和袁術的江東戰略拴在一起。袁術無法分清自己和孫策的利益界限，孫策打著為袁術打江東的旗號，袁術只能順著孫策的杆往上爬。

袁術放手讓孫策去江東發展，徹底釋放了孫策心中那股巨大的能量，「潛龍騰淵，鱗爪飛揚」，等待孫策的將是美好的未來！

孫策把母親吳氏安頓好，帶著弟兄們瀟灑地闖世界去了。孫策為人驍勇善戰，軍令嚴整，連戰連捷，史稱「渡江轉鬥，所向皆破，莫敢當其鋒」。

孫策第一桶金不應該算是攻克廬江，因為果實被袁術給吃了。孫策真正意義上的第一桶金，是興平二年（一九五）的秣陵之戰，秣陵就是今天的江蘇南京。

孫策攻破盤踞在秣陵的薛禮（肯定不是薛仁貴）和笮融等人，盤下了秣陵周邊大片地塊。生意都是由小做大的，邁過了人生路上的第一個生死局，接下來的路就是一片坦途。這和打牌是一個道理，胸中那口氣提了上來，打什麼牌都順手。大郡丹楊（今安徽宣城）、會稽（今浙江紹興）、豫章（今江西南昌）、吳郡（今江蘇蘇州）相繼落入孫策的口袋。

東漢郡的面積非常大，比如會稽郡就相當於現在浙江和福建兩省面積的總和，原豫章郡是現在的江西全境。隨後孫策自領會稽太守，從豫章郡南部析置廬陵郡，再加上不久後就打跑了袁術的馬仔劉勳，奪回了本就該屬於孫策的廬江郡。

孫策的地盤擴大為六郡，也就是小說戲文中經常提到的「江東六郡八十一州」。要成就大事業，就必須有自己的戰略根據地，不像學黃巢、李自成那樣四處流竄打游擊。根據地的意義就在於可以培養自己的死忠，再不濟也有個退路。

在亂世中要想出人頭地，僅有一身好功夫是不行的，看看有頭無腦的呂布就知道了。一定要有長遠的戰略規劃，包括穩定根據地，進行人才儲備，發展經濟，穩定人心。能不能做好這些要求，就看統治者的智商高不高了。不論亂世還是盛世，只要有競爭存在，拼的都是智商。

孫策的智商非常高，他雖然在江東稱王稱霸，但他知道自己只是東漢帝國的外藩。大家出來混，都要遵守一個潛規則，就是奉東漢皇帝為正朔，大家只做諸侯。真正有頭腦的競爭者是絕不會在乎虛名的，誰破壞了這個潛規則，就會在政治上嚴重失分，受到天下人的唾棄。

孫策的運氣很好，第一個破壞江湖潛規則的袁術稱帝是在孫策拼下江東之後，孫策已經基本不需要袁術了，所以孫策敢和袁術決裂，同時還撈到了大量的政治分數。如果孫策在有求於袁術的時候，袁術鬧出稱帝醜劇，孫策就左右為難了，也許這是天意。

孫策和袁術劃清界限，也抹掉了自己曾經是袁術馬仔的髒名，孫策從挾天子以令諸侯的曹操那裏領到了一根大骨頭：討逆將軍、進爵吳侯。有了這塊朝廷頒發的金字招牌，孫策在政治上大獲成功，愚蠢的袁術就這樣成為孫策的一塊墊腳石。

其實從曹操的角度來看，孫策的勢力發展壯大絕不是什麼好消息，孫策雄悍難制，是個聞名江湖的刺頭。曹操早就有奪取江東的戰略考慮，這樣才不至於兩線受困，只是曹操在北線被袁紹死死壓制，實在無力南下，只能眼睜睜看著孫策在江東耍威風。

孫策和孫權兩兄弟一直以來就是曹操的心頭大患，當然曹操要慶幸他最終面對的是孫權，而不是孫策。雖然曹操曾經說過「生子當如孫仲謀」，稱讚孫權的能力，但這種稱讚只是一種人生如寄的感慨，不傷大雅。

對於孫策的評價，曹操也是一句話「此兒難與爭鋒！」這句話包含的更是曹操對孫策的恐懼和不安。曹操知道孫策對中原的野心，曹操現在最怕的就是孫策在背後給他捅刀子。

為了穩住孫策，曹操不惜自降輩分，和孫策結為姻親。曹操把自己的侄女嫁給了孫策的同母弟孫匡，同時又為自己的兒子曹璋娶了孫策堂兄弟孫賁的女兒。這兩次婚姻的輩分有點亂，前者曹操還是孫策的長輩，後者曹操就成了孫策的平輩。

古代高層通婚主要還是一種政治行為，輩分不輩分的不太講究。後來孫權把妹妹嫁給劉備，可絕不是孫尚香仰慕劉皇叔，甘願獻身的，無非是政治拉攏。曹操賠著笑臉和孫策攀親戚，個中原因孫策自然也清楚，不過孫策從來就沒把曹操當成親戚看，孫策眼裏只有萬里江山。

孫策要想爭衡天下，最重要的一步就是消滅曹操，取得中原的統治權。並奪過漢獻帝劉協這塊世界上最昂貴的「橡皮圖章」，挾天子以令諸侯，先與袁紹決戰，消滅袁紹後，再逆江西進，掃掉荊州劉表和益州劉璋，完成統一大業。

曹操的實力孫策也是知道的，相對曹操，相鄰的荊州劉表實力要更弱一些，但孫策先強攻曹操的戰略無疑是正確可行的。如果孫策先攻下荊州，但同時袁紹和曹操二人之間決出一個勝利者，那孫策的統一夢想基本破滅，只能畫江而守。

曹操這塊骨頭很硬，但曹操要準備和袁紹決戰，主力部隊都調往北線，南線就相對空虛。一旦曹操陷在袁紹的泥潭裏拔不出來，孫策的機會就來了，這正是曹操最害怕的。孫策的戰略眼光相當老辣，也許是背後高人給出的招，但孫策能知善而用，這也是真本事。

當時在曹操南面的各路諸侯中，提出在袁曹決戰時從南線出兵偷襲許都的只有兩個人，一個是孫策，另一個是劉備。劉備的偷襲和孫策基本無二，但劉備當時只是客居荊州，劉備處處受人敵視，劉表也不信任他，加上劉表胸無大志，也不敢輕易得罪曹操。

孫策就不怕什麼曹操，他偷襲許都的計畫並不是紙上談兵，而是實實在在的軍事行動。對孫策來說，這將是他爭霸天下的最佳機會，一旦錯過，後悔無及！孫策做事不像袁紹、劉表瞻前顧後，優柔寡斷，孫策性格果決，他決定了的事情，會在最短時間內開始運作。

史稱孫策「策陰欲襲許，迎漢帝……密治兵，部署諸將」。孫策即將做好偷襲曹操的準備。如果孫策大舉北上，必然和袁紹結成戰略聯盟，將曹操擠在中間狠狠地打。曹操兵力有限，腹背受敵，難說沒有崩盤的可能。

就在歷史即將改寫的時候，江東突然發生了一場重大變故：孫策被人刺成重傷，臥床不起。孫策出了事，江東形勢不穩，孫策不敢貿然北上。孫策自己想做曹操的背後黃雀，江東同樣有人希望自己做那隻有頭無腦的螳螂，手上的飯碗千萬不能砸了，否則連個要飯的傢伙都沒有。

孫策是被當年吳郡太守許貢三個門客刺殺得手的，當初許貢密謀誅殺孫策，但事機不密，孫策知道後，立刻騙殺了許貢。許貢死後，這三個門客自感受許貢厚遇，準備刺殺孫策報恩。孫策身邊防範甚嚴，三人一直找不到下手的機會。前不久孫策外出射獵，沒帶多少護衛，三人等待這個機會已經好多年了，果然刺殺得手。

雖然孫策當時沒被刺死，但傷勢比較重，需要安心靜養，老話說得好：傷筋動骨一百天。孫策還在盤算等傷好之後，繼續縱馬橫戟，爭衡天下。只是歷史並不準備再給孫策機會，建安五年（二〇〇）四月，二十六歲的孫策在眾人的哭泣聲中撒手人寰。

孫策在死前，把江東軍政大權順利地移交給了二弟孫權，孫策向來就非常欣賞孫權，認為孫權是個守成令主。但孫權的弱點也非常明顯，就是小富即安，他沒有哥哥那麼宏大的志向，只想做個江東王。無論是赤壁之戰，偷襲荊州，夷陵之戰，孫權的戰略底線都是「保境安民」。

如果說曹魏的統一戰略結束於赤壁慘敗，蜀漢的統一戰略結束於關羽失荊州，那麼東吳的統一戰略就結束於孫策之死。孫策死後，東吳軍事集團改變了之前外向型的進取戰略，而逐漸形成了內斂型的防守戰略。

孫策實在太年輕了，上天要是多給孫策二十年的時間，他不一定能滅掉曹操，但完全有可能消滅荊州的劉表集團。或者孫策再進一步吃掉劉璋，與北方的曹操或袁紹隔江抗衡。

局勢真要發展到了這一步，那劉備基本沒戲演了。以孫策的做事風格，一旦認為劉備有威脅，他會立刻對劉備下手，順手收拾了諸葛亮。孫權之所以要借荊州給劉備，是因為孫權沒有能力單獨對抗曹操，所以必須拉劉備這個墊背的。孫策則不一樣，有他在，完全可以直接和曹操掰腕子，根本用不著劉備來做戰略支點。

許貢那三個不知名的門客在無意中改變了歷史，如果不是他們這幾刀，東漢末年之後出現三國鼎立局面的可能性極小，反而極有可能提前出現南北朝。

如果歷史能穿越……

六、從劉備看東漢三國士、庶分野

俗話說得好：物以類聚，人以群分。自人類進入階級社會以來，由於社會地位的千差萬別，開始出現以社會地位或生活習慣區分的群體，也就是我們常說得階層或小圈子。

古代社會等級體系非常森嚴，王公貴族只在自己的小圈子裏蹚來蹚去，升斗小民只能蹲在牆腳聊天磨牙：「今天您啃了幾個窩頭？」唐人劉禹錫在名作《陋室銘》（一說作者是崔沔）中寫道：「談笑有鴻儒，往來無白丁。」白丁想擠進鴻儒圈子，只有一個可能：端茶送水。

當然這種等級森嚴的小圈子從來只對社會地位，不針對具體的人。鐵打的營盤流水的兵，如果升斗小民草雞變了鳳凰，就有資格擠進精英堆裏，談笑風生。而如果王公貴族不幸落了難，或者子孫後代淪為草根，對不住，這裏不是您待的地方，哪兒涼快上哪去。

落魄貴人或其子孫，即使頭上戴著龍子龍孫的大帽子，照樣沒人買你的賬，最典型的就是三國劉備。劉備是扛著「大漢孝景皇帝玄孫、中山靖王之後」的鍍金招牌，大搖大擺登上歷史舞臺的，可劉備得到他想要的了嗎？

按《三國演義》的說法，劉備是漢高祖劉邦的第二十一代孫，羅貫中還煞有介事的捏造了一份世系表，按輩分漢獻帝劉協還要叫劉備一聲族叔。實際上劉協是劉邦的第十七代孫，也就是說劉協足足比劉備高了四輩！估計羅貫中在造假之前忘記按史書的記載算輩分了。

雖然後世有許多人對劉備自稱是漢朝宗室表示懷疑，比如裴松之說劉備「世數悠遠，昭穆難明」。司馬光認為劉備「族屬疏遠，不能紀其世數名位」。不過劉邦建國以來四百年，宗室派系極為龐雜，龍子龍孫成千上萬，劉備是劉邦的後人也沒什麼好奇怪的。

和劉備恩怨極深的荊州牧劉表、益州牧劉璋都自稱是「漢孝景皇帝玄孫」，魯恭王劉餘後人，卻沒見有多少史家質疑劉表和劉璋的宗室身分。最不可思議的是，孫權還是兵聖孫子的後人，從孫武子到孫權隔了多少年？六百年！基本上很難聽到對孫權身分的質疑。

先不說孫權對劉備來說是個外人，同宗劉表、劉璋同樣「昭穆難明」，可他們卻穩做一方諸侯，當時的荊州和益州冠蓋如雲，士林清流擠滿了大街。為什麼劉備卻不招人待見？四處被人攆著要飯，當時名流多數都對劉備有一種莫名其妙的優越感，他們從骨子裏瞧不起劉備。

為什麼劉表和劉璋對士林清流有這麼大的吸引力？而劉備沒有？其實道理很簡單，二劉之所以有票房號召力，主要原因並不是他們的出身如何「高貴」，而是他們有較高的社會地位，最重要的是，他們和士林淵源非常深，這點是劉備無法相比的。

劉表就不用說了，當年的「八顧」之一，本身就出自士林。劉表文化素質很高，加之待人謙和，又有錢有勢，自然受人尊重。劉璋是前益州牧劉焉的兒子，劉焉也是士林出身，「精學教授」，在官場上地位顯赫，人脈很廣，所以被劉焉父子吸引到益州的名士有很多。

劉備有什麼？不過是個賣草鞋的，名義上是宗室，實際上是標準的底層草根，難怪豪門清流嫌憎劉備的出身。曹操雖然是「太監」的乾孫子，但曹操是個富家子弟，加上本人文才飛揚，和名流打得火熱。孫權的父親孫堅和哥哥孫策都是一路諸侯，社會地位高，更不用說袁紹和袁術四世五公了。

劉備集團其實是由底層文士和武人組成的，不算許靖這些花瓶，除了諸葛亮和龐統可以稱為清流名士，馬超是貴胄子弟，其他人出身都非常低。這樣的流浪軍事集團，對清流名士來說根本沒有吸引力，嫌棄還來不及呢，哪敢上劉備的破船？

世家名流之所以不接受劉備，人嫌貧愛富的本性起到了相當大的作用，在現實的世界中，誰不想攀高枝？另外，還有一個更深層次的社會原因，就是從東漢開始，上流社會開始有明顯的士族化傾向，士族和庶族的社會等級逐漸明晰，門第觀念基本形成。

對於士族和庶族這兩個名詞，我們並不陌生。自從曹魏初年，陳群提出了「九品中正制」的用人制度而被曹丕採納之後，直到隋朝建立這三百多年裏，士族壟斷了政治、經濟、文化資源，將庶族排斥在統治核心層之外。

中國迄先秦以來，至清亡為止，這兩千多年來的政治體制一直反覆循環。先秦之前是貴族世襲政治，西漢中後期以及東漢中前期是士大夫政治，錢穆先生稱之為「士人政府」。而東漢中後期以降，士閥制度大行其道，又回到了貴族世襲政治的舊窠。

當然士族地位在魏晉南北朝時因為歷史的大環境，每個時代都有會升有降，士族在政治上最輝煌的時期是東晉，東晉十一帝幾乎全是傀儡皇帝，掌握最高權力的是高級士閥集團。

除了東晉，其他幾個朝代，如魏、（西）晉、南北朝和隋唐，士族們都沒有獲得最高權力，但他們的經濟、文化地位卻處在社會金字塔的頂端。

隋唐開始實行了比「九品中正制」更為合理、公平的科舉制度，但士閥的影響還非常大，比如唐朝幾個有影響的豪門大院如京兆韋氏、聞喜裴氏、清河崔氏、博陵崔氏、京兆杜氏，都是從魏晉時代就發達的老牌士族。真正廢除這種「貴族政治」的是宋朝，宋朝的「士大夫政治」最終獲得了統治地位，從根本上也剷除了士閥制度生存的土壤。

士族門閥制度從一開始就公開地維護豪門大院的各種利益，尤其是政治利益。各家士閥們幾乎瓜分了重要職務，堵塞了賢路，將大量庶族出身的人才排斥在統治核心之外。

西晉左僕射劉毅曾經提出過一個著名觀點：上品無寒門，下品無勢族。而同時代的大詩人左思更是激烈地批判士閥制度：「世胄躡高位，英俊沉下僚。」

在「九品中正制」正式推行之前，也就是西元二二〇年以前，社會等級雖然還沒有魏晉那般森嚴，滴水不進，但也已經出現了「士」、庶分野的苗頭。可以把高級門閥制度的興起衰亡用太陽升落的時間座標來比喻：

東漢——早晨八九點鐘的太陽
三國——上午十點鐘至十一點鐘的太陽
兩晉——中午十二點鐘至下午兩點鐘的太陽
南北朝——下午三點鐘至四點鐘的太陽
隋唐——下午四點鐘以後至太陽落山

也就是說，高級士閥制度萌發於東漢，形成於魏，極盛於兩晉，享餘威於南北朝，殘存於隋唐。

我們經常提到「士族」這個名詞，士族有時也稱為世族、勢族、甲族，但「士族」的使用率比較高。「士族」的出現，和「士」有著極為密切的歷史淵源，實際上「士族」主要就是從「士」這個階層衍變發展過來的。

「士」是先秦史上的重要社會階層，雖然在先秦諸侯國中，「士」只是統治集團的最底層，一等為卿、二等為大夫、三等為士。在古代，階級的劃分就是社會資源的分配，這個社會資源包括政治、經濟和文化上的地位，「士」作為統治集團的一部分，當然也可以享受到這些特權。

這三種社會資源都對「士」的發展壯大起到了非常大的作用，但其中以文化資源對「士」的影響最大。古代統治階級為了保障自己江山的千秋萬代，都實行文化愚民政策，即限制底層百姓（奴隸）讀書的權利。讓老百姓變得愚蠢無比，大字不識，這樣統治者才能騎在老百姓的頭上作威作福，所謂「民可使由之，不可使知之」。

在先秦時代，「士」已經衍生出了許多種定義，比如勇士、巧士、技藝之士、商賈之士。我們這裏所說的士，是特指通曉六藝（禮、樂、射、御、書、數）的那些人。

「士」作為兵頭將尾，被高層統治者視為「自己人」，「士」在經濟上有一定特權，有了錢自然就可以讀書，「士」逐漸成為社會文化層面的主導者。先秦時代我們熟悉的「諸子」，他們絕大多數人都是出身於「士」，比如管仲、孔子、孟子、老子、荀子。還有一些出身於貴族，但他們的社會身分已經變成了「士」，比如商鞅。

「士」在漫長的歷史進程中，社會身分逐漸由統治階級的末端轉化為讀書人階層，即「學士」。這一轉變始於先秦，成於西漢。西漢是由平民集團建立的，打破了貴族對權力的世襲，平民百姓通過讀書和選舉推薦，也可以進入統治核心。

比如公孫弘，他家貧無業，卻精讀《春秋》，最終封侯拜相。公孫弘的飛黃騰達讓天下士子歡欣鼓舞，「天下學士靡然鄉風矣」。從此之後，西漢講學之風盛行，直接影響了東漢的學風。

東漢是「士史」中特別重要的一個階段，東漢的士重名尚節，以清流自許，蔑視權貴。當然除這部分狂士外，還有相當多的士進入了統治體系，成為清流派官僚。錢穆先生將東漢的士稱為「書生貴族」，並認為自東漢末年起，「門第世家已露頭角，世代書生變成了世代官宦。」

晉朝以來那些高級士閥的祖上，大多數都在東漢做過清流官僚。比如琅邪王氏的祖上王仁任東漢青州刺史，陳郡何氏的祖上何夔在東漢安帝時任車騎將軍，聞喜裴氏的祖上裴茂是東漢獻帝的尚書令（親曹派），太原王氏的祖上王柔仕東漢為匈奴中郎將，泰山羊氏的祖上羊續是東漢南陽太守，京兆杜氏的祖上杜畿也是清流官僚之後，等等。

不說晉後，只說晉前，三國時代著名的清流名門個個家世顯赫。潁川荀彧是戰國大思想家荀子的後人，東漢大儒荀淑的孫子；潁川鍾繇的祖父是大儒鍾皓，潁川陳群的祖父是東漢超大號的名流陳寔，弘農楊修的父親是漢太尉楊彪，祖上是「關西孔子」楊震；山陽王粲的曾祖父王龔和祖父王暢都位至三公，零陵劉巴的父親劉祥是江夏太守，吳郡顧雍的曾祖父是潁川太守顧奉，魯郡孔融的祖上是孔子，等等。

東漢「書生貴族」的世襲化已經非常明顯，這對日後高級士閥集團形成起到了至關重要的作用。陳寅恪先生也說過：「所謂士族者，其初並不專用其先代之高官厚祿為其惟一之表徵，而實以家學及禮法等標民於其他諸姓。」魏晉以降的高級士閥集團之所以對庶族寒人擁有巨大的優越感，主要還是源於世家傳承的家學基礎，也就是文化上的優越感。

除了少數清流名門之外，同時代的大多數人家境一般，但通過自己的努力也擠進名流行列。這些清流名士不論是家世顯赫的，還是家世衰微的，只要讀了書，就屬於士林中人。

而在東漢時代，士林無論再清高尚談，他們都不可能和官府劃分界限，實際上士林就是朝廷清流官僚的預備隊。兩者之間這種極深的淵源就決定了清流不可能脫離「修身齊家治國平天下」這個思維範疇。

讀書人窮困的時候才想到獨善其身，要出仕，當有機會兼濟天下的時候，他們絕大部分人是不願意錯過的。士林要想「奉時以騁績」，需要的就是機會，誰能給他們這個機會，他們就和誰合作。

當這些士林名流看到袁紹、曹操、孫策（孫權）能夠給他們提供兼濟天下的機會，自然一窩蜂地都跑來了。至於劉表和劉璋雖然才具平庸，不足成大事，但他們治下的荊州和益州在戰亂時代受到衝擊較小，加上二人本屬士林集團，也能拉來不少清流。

劉備之所以在早期混得一團漆黑，重要的原因就是他的政治起點太低太寒酸，他無法給清流們提供實現夢想的舞臺，清流們自然就看不上劉備。劉備身邊在早期幾乎就沒有清流，簡雍、孫乾和糜竺都不能劃進士林，糜竺還是個做生意的，更和士林扯不上關係。

劉備真正開始對士林具有吸引力，還是在劉備佔領荊州之後。劉備有了錢袋子和槍桿子，自然不比過去窮酸落魄的時候，這時才斷斷續續有清流願意和劉備合作，比如龐統、馬良、殷觀等人。到了劉備拿下益州後，生產規模也就越來越大了。

當然，話說回來，有些人之所以願意和劉備穿一條褲子，並不是仰慕劉備，而是身不由己，被逼出來的。比如劉備得蜀後，得到了兩大名士許靖和劉巴。

許靖本是中原名士，後因避戰亂來到了益州。雖然劉備圍困成都的時候，許靖想縋城投降劉備，但許靖也是無奈之下的二選一。如果讓許靖在曹操和劉備之間選擇，許靖毫無疑問會選擇曹操，劉備對名士的吸引力遠遠不及曹操。

劉巴更有意思，劉巴和劉備簡直就是上輩子注定的孽緣。也許是出身士林，清高的劉巴特別鄙視劉備這個「老兵」，當初劉備在荊州南下的時候，許多人都跟著劉備逃難，只有劉巴單獨北上投降曹操。

後來劉巴回到江南，但隨後劉備在赤壁之戰後連取三郡，劉巴回歸曹操的路被劉備給堵上了，只好繼續南下跑到了交州，輾轉又到了益州。劉備做了西川王後，劉巴就落到了劉備的手上，不過劉備雖然得到了劉巴的人，卻一直沒有得到劉巴的心，劉巴和劉備保持著相當遠的距離。

劉備的三弟張飛不知道發什麼神經，突然闖到劉巴的家裏，要和劉巴同床共寢，遭到了劉巴的拒絕。後來諸葛亮責怪劉巴太不給張飛面子，劉巴就說了一句話：「大丈夫處世，當交四海英雄，不可與兵子共語。」劉備聽說了這事，又羞又惱，他知道劉巴瞧不起自己。

在劉巴的潛意識裏，只有曹操這樣的才算是「四海英雄」，劉備之流的草根只能算是兵頭子。雖然劉巴也參加了蜀漢統治集團，但主要還是身不由己。如果劉備同意劉巴離開，劉巴早就跑得沒影了。

劉巴拒絕和張飛同床的事情很快就傳到了孫權的耳朵裏，後來孫權對張昭談了自己對這件事的看法。張昭認為張飛是當世名將，又是劉備心腹手足，劉巴做得有些太絕情了，應該給劉備留一點面子。

張昭本是士林出身，卻有些不理解劉巴的舉動，但孫權卻能站在士大夫的角度看待這個問題。孫權告訴張昭，劉巴要是順著劉備的杆子往上爬，低眉順眼地做劉備的奴才，和張飛這等兵子為友，那劉巴就沒有資格再做名士了。

劉巴這件事很好地說明士林清流對劉備這樣的低層武人集團是一種骨子裏的鄙視，瞧不起劉備，羞辱劉備，才算沒給士林抹黑，可見當時的士庶之分到了何種嚴重的程度。

自東漢分裂以來，天下士林主要分為幾個大集團：袁紹的河北士林集團、曹操的中原士林集團、劉表的荊州士林集團、孫策（孫權）的江東士林集團、劉璋的益州士林集團，另外還有一些名士散落於隴西（如侯瑾）、遼東（如管寧）、交阯（如劉熙、薛綜）等地。

這五大士林集團的政治領袖，要麼是家世顯赫，比如袁紹、劉璋；要麼才華橫溢，比如曹操；要麼出身名將世家，比如孫策（孫權），要麼直接就是士林出身，比如劉表。

五大士林集團的著名士林人物粗略計列如下：

袁紹：田豐、審配、沮授、王修、崔琰、陳琳……

曹操：荀彧、荀攸、孔融、鍾繇、袁渙、華歆、楊修、司馬朗、阮瑀……

劉表：王粲、韓嵩、宋忠、傅巽、蒯越、劉先、裴潛、潘濬……

孫權：張昭、張紘、顧雍、諸葛瑾、嚴畯、虞翻……

劉璋：樊敏、高頤（見全後漢文卷一〇五）、許靖、劉巴、法正、秦宓、杜瓊、許慈……

再看劉備旗下：白板

士林要出來做事，一般會要求買家具備三個條件，一是家世好，二是有自己的地盤，三是與士林有淵源。以上五人都完全具備這三個條件，所以士林趨之若鶩。而早期的劉備，這三個條件完全不具備。

士林中人很少有人願意跟這樣一個流浪的低層武人集團，因為這會自降身價。大家都是在士林中玩的，跟什麼樣的老大混江湖，事關自己的體面和前程，半點馬虎不得。

至於諸葛亮選擇劉備的時候，劉備也只是寄居劉表門下，前途非常的不明朗。諸葛亮是響噹噹的士林出身，他跟著落魄的劉備，不怕掉身價嗎？這個話題隨後會專門進行講解。

有一個值得注意的歷史現象，就是高級士閥享盡威福的魏晉南北朝時代，出現過兩個由底層武人和寒人聯合組成的政權。一個是劉備建立的蜀漢，另一個是陳霸先建立的陳朝，巧合的是，這兩個政權正好處在魏晉南北朝的一頭一尾。

蜀漢的出現標準高級士閥制度開始成型，之後三百多年，無論各朝皇帝出身有多低寒，其政權主流還是士閥集團，特別是南朝中前期。梁朝末年，侯景發動叛亂，導致南朝統治徹底崩潰。

侯景幾乎殺盡了以王謝為首的高級士閥集團，南朝士族勢力一蹶不振，以陳霸先為代表的庶族寒人勢力成為了南朝政治舞臺上的主角。士族對中國中古時代的統治，從某種角度來說，始於蜀漢，終於南陳。

至於隋唐的士閥，自隋文帝楊堅創建科舉制度以來，隋唐的政治體制開始了由「貴族政治」向「士大夫政治」第二次轉變。雖然這種轉變起初不是很明顯，豪門大族還是比庶族寒人更有機會進入權力核心。但終唐一朝，時間越往後，士大夫政治的跡象越明顯，直到宋朝最終完成。

七、劉備的用人之術

在《三國演義》第四十一回《劉玄德攜民渡江 趙子龍單騎救主》中，羅貫中給我們講了一個極其精彩和感人的故事：常山趙子龍在曹操萬馬軍中殺了個七進七出，最終救出主公劉備的獨苗兒子劉阿斗。

劉備因被曹操追得幾乎走投無路，兩手空空，沒有東西賞賜趙雲，就把阿斗摔在地上，激動地曰：「為汝這孺子，幾損我一員大將！」趙雲感動地淚流滿面。這個故事就引出了一個著名的歇後語：劉備摔孩子——刁買人心。

歷史上的劉備是否真的摔過阿斗，阿斗一腦袋的漿糊是否就是老爹在長阪坡摔出來的，已經與史無考。估計這段精彩至極的《長阪坡》是羅貫中天馬行空想像出來的，我們在這裏不糾纏史實和演義的真偽之分，而是要藉「劉備摔孩子」這個典故來討論一個話題：劉備的用人藝術。

在《三國演義》這部巨著中，羅貫中著重刻畫了四個人物：曹操、諸葛亮、關羽、劉備。諸葛亮、關羽、劉備被嚴重神化，而曹操又被嚴重醜化。至於孫權，在羅貫中看來，孫權不過是三國的頭號攪局者，永遠也當不了主角，可以直接無視。

現在爭議的主要焦點倒不是諸葛亮和關羽，因為針對他們的爭議不算太大，歷史上他們的所作所為也確實有資格讓羅貫中傾心演繹。讓羅貫中飽受非議的是醜化曹操和美化劉備，曹操是偉大的政治家、軍事家、文學家，難得的性情中人。

曹操的這種性格非常符合近現代人的審美標準，而劉備卻因為個性不太突出，加上羅貫中把劉備美化過了頭，引發了強烈的逆反心理，劉備現在成了厚黑學的二師祖（大師祖是劉邦）。

歷史上的劉備遠沒有演義中那般完美，劉備真要用事如神，早就統一天下了，也不會被曹操滿大街追打。雖然劉備最終沒有成為第二個劉秀，但能據兩川之險，盡人才之用，成就偏霸之業，沒兩把刷子是不行的。袁紹當年比曹操闊多了，結果又如何？

劉備能和曹操、孫權鼎足三分，絕不是只依靠兩川地利艱險，否則公孫述、劉禪、李勢、譙縱、王衍、孟昶、明理這些兩川王也不會被人滅掉。吳起說過人君成事「在德不在險」，這個所謂的「德」，當然不僅包括君主的人品私德，更重要的在於君主會不會用人。

善用人者，興；不善用人者，亡。這是千古不變的大道理。通俗一些講，用人制度是否完善，決定了一個團隊的未來發展空間，也就是在《曹操智庫》那一篇中講到的用人決定成敗。

用人一般分為兩個層面，一是人盡其才，也就是好鋼用在刀刃上。二是管理者要會治人，也就是用人的手腕，或曰權術。人才要服服帖帖地順著管理者的指揮棒轉，首先要對管理者心服口服，這點最重要。荀彧和郭嘉為什麼拋棄袁紹而選擇曹操，一句話，他們不服袁紹。

做老大的要有相當的人格魅力，才能讓弟兄們死心塌地地跟著自己打天下，再苦再難也不離不棄。老大不能服眾，弟兄們就會三心二意，一遇到大挫折，全都做鳥獸散了。

都說曹操有人格魅力，確實如此，但劉備的人格魅力並不遜於曹操，只不過二人的魅力風格不相同而已。曹操是一種外張型的魅力，而劉備則是內斂型的。

最能體現劉備人格魅力的有兩件事，一是關羽張飛對劉備的忠誠不二，二是劉備攜民渡江。

關羽和張飛為什麼死心塌地跟著劉備，最終為劉備而死，原因很簡單，劉備待關張以國士，親如兄弟，在感情上就打動了關張。人是非常容易被感動的，一旦感情上有了依賴感，刀山火海，在所不辭！如果劉備像中行氏把豫讓當等閒人看的話，關羽和張飛早就撂挑子跑了。

劉備攜民渡江在《三國演義》中被演繹得盪氣迴腸，感人至深。但這不是羅貫中的無中生有，史上確有其事。劉備自從被曹操從徐州趕出來後，無家可歸，只好寄居在「同宗兄長」荊州牧劉表的地盤上。西元二〇八年，劉表死後，次子劉琮獻荊州降於曹操。曹操為除掉劉備這個心腹大患，親率大軍來取劉備的人頭。當時劉備駐紮在樊城，為了躲避曹操的追殺，劉備不得已率部南下。

因為平時劉備在荊州廣施仁德，極得民心，等逃到當陽時，劉備身邊聚集了十多萬拖家帶口的老百姓。如果曹操面臨這種生存絕境，估計早就拍馬狂逃了。

而劉備卻在明知行軍緩慢肯定會被曹操大軍追上的情況下，還是帶著百姓悲愴地向南行進。有人勸劉備不要犯傻裝純潔，劉備卻說了一句足以感動歷史的話：「夫濟大事者必以人為本，今人歸吾，吾何忍棄去！」

劉備的逃難大軍每天只能前進十幾里，很快就被曹操的五千騎兵追上。劉備毫無意外地慘敗，險些喪命，劉備為他仁德的承諾而付出了極為慘重的代價。

歷代史家對劉備危難之際不忘百姓給予了高度的讚美，「以人為本」，歷代成大業者莫不以人為本，劉備說得出，做的得到，他最後的成功是他應該得到的。

當然，劉備這個人很會作秀，善於自我炒作，有時分不清他是在演戲，還是真情流露。比如在逃難時路過劉表墓，劉備在墓前痛哭流涕，難說其中沒有演戲的成分，以此來加強自己在世人心中仁德的好印象，收攬人心。

不過初唐詩人王勃卻認為劉備攜民渡江，是「坐以十萬之眾，而無一矢之備，何異驅犬羊之群，餌豺虎之口」，因此認為劉備「應變將略」不如諸葛亮，實在是小瞧了劉備。

不要說劉備，隨便找一個混江湖的，都知道老百姓的命再金貴，也不如自己的命值錢。劉備不是沒考慮過棄百姓而逃，至少不會被曹操追上，但劉備的政治人品決定了劉備不可能這麼做，或者說不忍這麼做。劉備也許能力上有些不足，但絕對是個好人，這點比曹操和孫權都要好。

炒作是一種正常的宣傳手段，無可非議。但無論怎麼炒作，都要有一個底線，就是炒作的目的要為自己的核心利益服務。很顯然，劉備攜民渡江不是把老百姓當人質。劉備即將面對死亡的絕境，在這種情況下，炒作名譽還有什麼實際意義？以劉備的梟雄之姿，他才不會為了空頭名譽搭上老命，劉備沒那麼傻。

還有一點，劉備面對的是曹操，所以拉百姓做人質注定起不到作用。曹操當年因洩私憤而屠城的醜史，劉備不可能不知道，老百姓在曹操心中其實沒什麼地位，劉備沒必要和犯有前科的曹操搞什麼民心戰。當陽之役也證明了曹操對百姓是個什麼樣的態度，如果曹操真的愛惜百姓，劉備也不可能輸得這麼慘。

劉備雖然善於籠絡人心，但有句老話說得好：做一次好事不難，難的是做一輩子好事。劉備也是這樣，即使劉備是在裝一輩子好人，那也是非常不容易的。

劉備是有些虛偽，這個世界上要找到像盧梭那樣赤裸裸地批判自己人性弱點的（見盧梭《懺悔錄》），很難。人或多或少都有些虛偽，這是人「自我保護」的本性，不能作為否定劉備的依據。

當然劉備也知道，僅會拉攏民心是遠遠不足以成大事的，老百姓也不可能對劉備打江山有最直接的幫助。劉備真正能依靠的，還是身邊那些文臣武將，他們才是劉備「以人為本」的核心。

劉備在投靠劉表之前窮酸落魄，身邊沒幾個趁手可用的人才，窮光蛋一個，沒人跟他玩。奪荊州之後，劉備和曹操、孫權的人才儲備競賽才真正開始。攻下益州後，劉備的勢力達到了極盛，在用人方式選擇的餘地越來越大。

人才越來越多，劉備不能用以前的那種作坊經營模式，以感情拉攏人心。必須要實行公司化管理模式，不能大家一個鍋裏撈肉吃，用人一定要有層次感。水滸一百零八人表面上稱兄道弟，人人平等，實際上梁山的等級非常森嚴，除了二三十個核心人物，其他都是跑龍套的。

因為領導者性格的不同，每個人的管理方式也各有特色。曹操性格張揚，魅力十足，所以有資格俯視自己手下的人才。孫權性格溫和，他手下的人才和孫權是一種朋友間的關係。而劉備因為出身低，加之性格內斂，所以劉備往往會仰視身邊的人才，特別是對諸葛亮。

正如劉備對龐統說得那樣：「操以急，吾以寬；操以暴，吾以仁；操以譎，吾以忠。」劉備的「寬、仁、忠」有一部分是他的性格基因所固有，另一部分則是劉備根據曹操這個反面教材刻意做作出來的。

劉備因為是後起力量，他各方面都不如曹操。曹操本人就是個智囊，人才對曹操來說，只是「智窮」時的智力補充。劉備本人智力（不是智商）有所欠缺，所以他對人才（主要是謀士）的依賴遠大於曹操。打個比方，人才是曹操的營養液，飯後喝兩瓶，可以大補。而人才對劉備來說卻是饅頭大餅，一頓不吃就餓得慌。

不過即使如此，劉備由於也是當時梟雄，在他身上也有霸氣強勢的一面。荊楚巴蜀的人才因為特定的歷史原因，很難去投奔星光燦爛的曹操，再加上曹操身邊人才濟濟，去了也只是二線，不如選擇劉備這個潛力股。

而且劉備對帳下功臣絕不吝嗇，在即將攻克成都之前，劉備就承諾破城後允許中下層軍官吃空府庫財物。進入成都後，劉備又大賞高層文武，通過兩方面的籠絡，弟兄們對劉備死心塌地，幾無二心。

當然這些人主要是劉備在荊州的原從集團，屬於嫡系，而益州新降文武和劉備並沒有什麼淵源，如何用好益州集團是劉備面臨的最大問題。如果一旦處置不當，極有可能發生大亂，瞬間崩潰不是沒有可能。

益州集團雖然不是劉備的嫡系，但荊州集團本來也不是劉備的嫡系，嫡系是可以培養的。劉備現在不敢得罪益州集團，唯一的選擇就是將益州集團中的精英納入親信系統。比如劉備對法正、董和、李嚴、費禕、龐羲、吳壹等人。

以上這幾位都是看到即將發達時，主動投降的，劉備用他們理所當然的，但凡有點頭腦的都會這麼做。難能可貴的是劉備對政敵的態度，比如黃權和劉巴。

當初劉璋聽從張松的建議，準備請劉備入蜀抵禦張魯時，就遭到了黃權和劉巴的極力反對，認為這是請狼入室。這時的劉璋已經鬼迷心竅，聽不進去。

劉備在益州有耳目，黃劉二人的事情劉備肯定是知道的。劉備得蜀之後，二人閉門不出，等待劉備的殺手闖進宅子。不過讓黃權和劉巴意外的是，劉備下令部下嚴禁侵擾二人，違者族誅。劉備的大度很容易就感動了二人，二人決定出山給劉備打工。

劉巴在荊州的時候就深深地得罪了劉備，把劉備恨得咬牙切齒。劉備這次義釋劉巴，不排除有深層次的戰略考慮，比如拉攏蜀中人心。但劉備能以德報怨，不能不說劉備胸懷是很寬廣的。

人才的可貴之處在於「才」，人才的品德未必都是好的，或多或少有人格上的缺陷。但統治者在打江山的時候，需要的是智力的彙集，而不是品德的堆積。劉備是做大事業的，劉備恨的是劉巴的「人」，而不是劉巴的「才」。

事實也證明劉備眼光的正確，黃權和劉巴在得到劉備的重用後，皆傾其智囊，為劉備服務。劉備的軍隊進入成都之後，搶空了府庫，劉備頓時陷入了經濟窘境，兜裏沒錢花了。

劉巴給劉備出了一個好主意，「鑄造以一當百的大錢，由官府直接經營，一切搞定」。劉備按照劉巴說的去做，果然「數月之間，府庫充實」。劉備重用劉巴，很快就嘗到了甜頭。當然劉巴的大面值貨幣無異是對本就不富裕的蜀中百姓的經濟掠奪，但對劉備來說卻能解燃眉之急。至於老百姓罵大街，裝聾作啞就行了。

當然劉備也不是什麼神明，用人看走眼的情況也不少。龐統當時因為傳說中的面貌醜陋，明明懷經天緯地之才，卻不受劉備重用，只當個小縣令。龐統心懷不滿，以酒消愁，從每天早上雞打鳴一直喝到凌晨狗睡覺。

要不是魯肅和諸葛亮屢屢舉薦，說不定劉備就錯過了這位鬼才。龐統對劉備的入蜀戰略有多重要？龐統戰死後，劉備一提到龐統就痛哭流涕。能讓劉備天天哭鼻子的，恐怕也只有龐統和法正了。

不過好在劉備雖然少了一個龐統，卻多了一個法正，論智力水準，龐統和法正是一個級別。劉備攻克益州，及後來收取漢中，法正可以說都起到了決定性的作用。

法正是劉備集團中罕見的高智商人才，法正對劉備的重要性，就相當於郭嘉對曹操的重要性，價值不言而喻。郭嘉和法正用智，貴在於「奇」，加上性格爽直，深得曹操和劉備的喜愛。

郭法二人與各自旗下智囊不同的是，他們不僅是主公的用智之士，還是主公的朋友。君臣關係往往等級森嚴，但如果大臣能和君主建立私人交情，那效果就不一樣了。劉巴就因為不是劉備的嫡系，所以退朝之後，絕無私交，他知道劉備和自己永遠是兩條不相交的平行線。

法正因為對劉備立下奇功，加上二人很投脾氣，所以他們的私交極好。法正在劉備心中的地位早就超過了諸葛亮，諸葛亮只是劉備聘用的總經理，難說是劉備的知己朋友，而法正則是劉備的私人顧問，受寵程度高下立判。

法正的智力沒得說，他最大的問題是個性太強。法正恩怨分明，當他成為劉備手下第一紅人之後，法正就開始對過去得罪他的仇家進行打擊報復，「擅殺毀傷己者數人」。

有論者批判法正這是小人得志，其實大不必對法正指責苛刻，法正報復仇家，也報了恩主的情分。以德報怨是一種道德上的讓人尊敬的選擇，並不是唯一的道德選項。法正殺人必須給予批判，但無須上綱上線，曹操得志之後，不也滿世界地追殺仇家劉陽的兒子嗎？（見《魏書．王朗傳》）

法正時任蜀郡太守，「天子腳下」，法正做的這些事情，劉備肯定是知道的。但劉備明知法正殺人犯法，卻視而不見，隨便法正怎麼折騰。有些人沒看透劉備的心思，就請諸葛亮勸劉備敲打一下法正，別把事做得太絕。

諸葛亮見法正受寵，心裏雖然打翻了醋罈子，卻拒絕出面說話。諸葛亮知道劉備當初困居荊州時，北有曹操，東有孫權，身邊還帶著孫尚香這顆定時炸彈，日子過得非常憋屈。而劉備得蜀之功，首推法正，所以讓劉備出面敲打法正，幾乎是不可能的事情。

劉備坐視法正殺人，諸葛亮裝傻，其實都是不想得罪法正。法正心胸如針尖，容易記仇，劉備現在正是用人之際，犯不著為幾個平頭百姓的冤屈而治法正之罪。老百姓和有功文武在統治者心中的分量孰輕孰重？螞蟻和大象的差距。

因為曹操和孫權提前瓜分了中原和江東的人力資源，留給劉備選才的餘地非常小。正如王夫之所言：「及其（劉備）分荊據益，曹氏之勢已盛，曹操又能用人而盡其才，人爭歸之。蜀所得收羅以為已用者，江、湘、巴、蜀之士耳。」

選材面相對比較窄，劉備沒有和人才討價還價的本錢，對方無論出什麼價，劉備都必須接受。在這種情況下，劉備寧可背著假仁假義的罪名，也絕不會和法正這樣的高端人才翻臉。在這個世界上，人才是不能用有形的價值來衡量的。

劉備用人非常實際，他從來都是奉行雙重標準的。對於一線的人才如法正，劉備視如掌上明珠，百依百順。而對於那些多一個不算多，少一個不算少的二線人才，劉備就沒那麼客氣了。

曾經對劉備攻取益州有過一定貢獻的彭羕，和法正一樣都是狂徒，但法正受寵，而彭羕則不受劉備、諸葛亮的喜歡，被發配到外郡。彭羕沒撈到好處，就密約馬超謀反，結果被馬超告發。雖然彭羕在獄中悔過，但劉備還是殺掉了彭羕。

彭羕的悲劇就在於他不是法正，法正可以一朝得志，形色囂然，而彭羕就不行。劉備殺彭羕，表面是因為彭羕犯的是謀逆大罪，於法當誅。但真實的原因還是劉備並不認可彭羕的才能，至少沒到法正這個檔次。

劉備用人有時很情緒化，在得蜀之後，繼續留關羽守荊州是個明顯的戰略失誤，但劉備一直不換人，最終釀成大禍。關羽因自身原因導致失敗，劉備卻把賬算在了養子劉封和孟達的頭上，最終逼死了劉封，孟達以上庸三郡降魏，致使蜀漢在北伐戰略上遭到了嚴重的損失。

蜀漢中後期的人才凋零，劉備要負上一定責任，黑鍋不能由諸葛亮一人背著。不過綜合來看，劉備也是個用人的一流高手，在用人手法上不比曹操、孫權遜色多少。

陳壽說劉備「弘毅寬厚，知人待士，蓋有高祖之風」。因為陳壽本是蜀人，對故主的評價略有誇張，但大抵是公允的。

八、諸葛亮的職業生涯規劃

因為《三國演義》的空前影響，蜀漢丞相諸葛亮在中國歷史上已經成為智慧的化身，笑稱諸葛半仙。《說唐》《薛仁貴征東》中的半仙徐茂公、《明英烈》中的半仙劉伯溫，都是以《三國演義》中的諸葛亮為原型塑造的。

通常認為羅貫中是神話諸葛亮的第一人，其實早在西晉，神話諸葛亮的運動就達到了高潮。從陳壽開始，張輔、李興、尚馳、習鑿齒、袁宏等人鋪天蓋地地吹捧諸葛亮。到了唐朝，李白、杜甫、劉禹錫、裴度、呂溫、溫庭筠、李商隱繼續給諸葛亮搖旗吶喊，諸葛亮想不出名都難。

在這幾撥耍筆桿子的傑作中，影響最大的應該是杜甫的那首《蜀相》：

> 丞相祠堂何處尋？錦官城外柏森森。
> 映階碧草自春色，隔葉黃鸝空好音。
> 三顧頻煩天下計，兩朝開濟老臣心。
> 出師未捷身先死，長使英雄淚滿襟。

在這首詩中，「三顧頻煩天下計，兩朝開濟老臣心」寫得最為動情，諸葛亮「鞠躬盡瘁，死而後已」的精神躍然紙上。諸葛亮為了報劉備三顧之恩，拼了一輩子的老命，為劉備父子做牛做馬，最終累死在戰場上，悲劇性的結局更讓諸葛亮贏得了千秋萬代的感慨和同情。

諸葛亮二十七歲時被劉備夥同關羽和張飛強行劫出茅廬，開始了他波瀾壯闊的一生，直到五十四歲病逝於五丈原。在這漫長二十七年的江湖闖蕩中，諸葛亮雖然沒有給歷史交出一份多麼漂亮的答卷，但至少他盡力了。成功，其實也就是一個自我證明的過程，有勇氣去證明自己，就是一種成功。

諸葛亮生於漢靈帝光和四年（一八一），祖籍是琅邪陽都（今山東臨沂沂南附近）。諸葛亮生活在士族和庶族開始分野的東漢末年，但諸葛亮顯然不是庶族出身，而是出身清流名門。

諸葛亮的祖上是西漢元帝時的司隸校尉諸葛豐，司隸校尉相當於現在的首都衛戍司令，在官場上屬於一線職務。諸葛豐是元帝時官場有名的刺頭，為人剛直，不畏權貴，加之出身士林，歷史口碑很好。世代傳承下來，到了諸葛亮這一代，諸葛氏的清流名門地位已經非常鞏固了。

東漢末年，士林已經基本形成了一個特定的社會圈子，想讓士林中人和你交朋友，要麼世家出身士林，要麼官位顯赫，要麼本人身屬士林，不然他們是瞧不上你的。諸葛亮的父親諸葛珪雖然只任過太山郡丞，而且死得早，但諸葛亮的叔父諸葛玄卻是官場上的紅人，官場和士林兩路都能吃得開。

有了叔父這株大樹，諸葛亮自然可以躲在樹蔭下乘涼，不用天天曬太陽。諸葛玄後來雖然丟掉了豫章太守的位子，但因為他和荊州牧劉表是至交好友，諸葛玄就帶著侄子來到荊州地界安營紮寨。

劉表有兩層身分，一是荊州的政治、軍事領袖，一是荊州的士林（文化）領袖，有了諸葛玄做階梯，諸葛亮很容易的就擠進了荊州的士林圈子。

當時天下大亂，荊州正處在南北彙集之地，大量士林中人在荊州進進出出。諸葛亮通過和他們的交往，可以「秀才不出門，便知天下事」，這對諸葛亮日後的職場發展起到了非常重要的作用。

對於太平時代的中下級軍官或者草頭兵來說，他們要想謀取富貴，最方便的捷徑就是生逢亂世，不然他們出頭的概率極小，對謀臣智士來說也是一樣。

這些文人雖然在士林圈中混得有頭有臉，但基本都被排斥在官場主流之外，當然不是說他們都渴盼亂世，但至少他們在亂世中出人頭地的機會更大。

如果東漢的太平盛世能多維持一百年，三國時代的那幫清流中，也就是袁紹、荀彧、荀攸、孔融、楊修等少數人進入官場一線的可能性更大，畢竟他們不僅出身一等清流名門，在官場人脈也極廣。

諸葛亮在官場沒人脈，當時在士林中名望也不算太高，「亮每自比於管仲、樂毅，時人莫之許也」。這個「時人」只能是士林中人，鄉間的草頭百姓知道誰是管仲、樂毅？能知道姜太公就不錯了。諸葛亮要是生活在盛世時代，不是說一定不能出頭，但概率並不算太大。

諸葛亮自小讀聖賢書，成天孔子云孟子曰，標準的儒家知識份子，滿腦袋的「修身齊家治國平天下」。雖然諸葛亮後來在《出師表》中說過「苟全性命於亂世，不求聞達於諸侯」，但明眼人都知道諸葛亮這是自抬身價，他甘心老死草野之間？鬼都不信。

讀書人求仕是一種文化上的慣性，嚴光、管寧這樣甘願隱於草野的畢竟是極少數看透紅塵的。當然讀書人要求仕進，不能說他們是熱衷名利，大多數讀書人還是希望通過在政界的一番作為來實現自己的人生理想，諸葛亮自然不會例外。

東漢選人制度主要是舉秀才和舉孝廉，要求各級官員推薦人才，由朝廷選擇任用。本來這種制度可以最大限度地發現士林清流的可用人才，但隨著東漢朝政的日益腐朽黑暗，權貴子弟往往憑著裙帶關係上位，察舉制度名存實亡。

黃巾起義以來，四海分崩離析，各路軍閥橫州跨郡，地域被人為地割裂。諸侯們用人往往是「拔出蘿蔔帶出泥」，也就是通過任用一個人才，然後這個人才再推薦其他人才。比如荀彧向曹操推薦戲志才和郭嘉，周瑜向孫權推薦魯肅。

除了領導者由上而下地考察人才，人才也可以由下而上的考察領導者，如果感覺這個領導者不適合人才，立刻捲舖蓋走人。荀彧、郭嘉都是這樣炒了袁紹的魷魚。也就是東漢名將馬援說的：「非獨君擇臣也，臣亦擇君矣。」

諸葛亮即將出山的時候，天下形勢已經日漸明朗，北有曹操，東有孫權，西有劉璋，本地還有劉表，再加上離諸葛亮不遠處的劉備，諸葛亮可以選擇也就這幾家而已。

現在大學生畢業之後，四處投簡歷找工作，這實際上也是一個互相選擇的過程。當然因為就業壓力太大，現在人才市場基本是供大於求的局面，所以用人者的選才面比較大，往往佔據著主動。

諸葛亮差不多也面臨著這樣的就業形勢，他應該選擇哪一路諸侯做東家呢？有比較才有選擇，諸葛亮應該早就開始對這幾家諸侯進行暗中考察，並一一對比這幾家公司和領導者的優劣，做出一個相對準確的就業評估。

諸葛亮在進行模擬選擇的時候，事先給自己做了一個定位，就是他去了新東家，必須是這間公司的NO.1。諸葛亮自視甚高，平時自比管仲、樂毅，跑龍套的角色諸葛亮不會接單。

有了這個定位，問題就來了。

先說投奔曹操，曹操本人智力殊絕，再加上身邊已經有荀彧、荀攸、郭嘉、程昱、劉曄、賈詡這些一線智囊。如果諸葛亮去了，曹操肯定會歡迎，曹操喜歡搜集人才是出了名的。但曹操不可能讓諸葛亮這個年輕人做NO.1，不然置荀彧這些人於何地？

另外，曹操的為人諸葛亮應該是有一定了解的。阿瞞兄野心勃勃，早就對漢朝的天下垂涎三尺，這和諸葛亮這類正統知識份子的政治思想有衝突。諸葛亮跟了曹操，即使曹操讓諸葛亮做首席智囊，一旦二人在政治思想上發生矛盾，荀彧的下場就是諸葛亮的下場。

再看孫權，要說諸葛亮跟孫權是比較方便的，因為諸葛亮的同胞大哥諸葛瑾就在孫權手下任長史，很得孫權信任。諸葛瑾當然希望弟弟能來江東和他一起做事，互相也有個照應，估計諸葛瑾沒少在孫權面前給弟弟吹喇叭。

諸葛瑾應該是給諸葛亮寫過信的，請弟弟到江東發展。即使確有其事，諸葛亮也不太可能選擇孫權。理由是和對曹操的考慮幾出一轍，孫權旗下的頭牌花旦是周瑜，周瑜是孫權嫂子的妹夫，關係極鐵，諸葛亮不可能撼動周瑜的地位。諸葛亮去了，最多也是就和張昭同等地位，與其這樣，還不如不去。

要說諸葛亮最方便投靠的，肯定是荊州牧劉表。劉表是叔父諸葛玄的舊交，諸葛亮這些年在隆中種地讀書，沒少得到劉表的照應。如果劉表天天派人來搗亂，諸葛亮早就被折騰跑了。

諸葛亮就在劉表身邊，對劉表的為人能力再清楚不過了，劉表「外寬內忌，好謀無決，有才而不能用，聞善而不能納」。最要緊的是，荊州有兩股勢力在明爭暗鬥，一邊是劉表的合法繼承人長子劉琦，一邊是劉表最喜歡的次子劉琮。

劉琮的娘家蔡氏在荊州勢力很大，劉琦已經被擠到了牆腳邊，一旦劉表掛了，荊州內部肯定發生奪嫡的重大事件。荊州要亂了，曹操和孫權肯定會下黑手撈外快的，荊州必然成為亂戰中心。在這種情況下，諸葛亮更不敢把自己的身家性命輕易押在劉表的盤口上。

劉表不合適，劉璋呢？要說劉璋為人寬厚，如果劉璋能讓諸葛亮當上首席大軍師，諸葛亮未必沒有大的發展空間。但問題是，劉璋會重用諸葛亮嗎？基本沒可能。

因為諸葛亮是外來戶，要想擠進土著勢力佔據主流的益州政壇，難度非常大。要是只做二線角色，那去了又有什麼意思？再者，諸葛亮的法術思想和劉璋的中庸無為思想完全不搭調，諸葛亮要限制打擊豪強利益，劉璋根本不可能點這個頭。

盤來盤去，四大諸侯都不太適合諸葛亮的職場發展規劃，只剩下一個沒地盤、沒錢糧、沒槍桿子的劉備了。選擇劉備？諸葛亮肯定曾經考慮過，但可行性又有多少呢？

劉備是建安六年（二〇一）被曹操暴打後，走投無路，這才找同宗劉表要飯吃的，寄居在新野。諸葛亮在荊州也住了好多年，加之他的暫住地離新野也不算很遠，諸葛亮的許多朋友都應該是和劉備有過來往的，劉備早年的「英雄事蹟」，諸葛亮或多或少也了解一二。

要說劉備這大輩子活得真是不容易，為了討生活四處流浪，別人高興了賞他碗飯吃，比如袁紹；不高興了掄起大棒子照頭就打，比如曹操。現在逃到荊州避難，說好聽些是劉表的兄弟加客人，實際上在劉表的心裏，劉備和要飯的叫花子沒什麼區別。

劉備早期逐鹿中原的失敗，最大的原因他身邊沒有一流的智囊。劉備本人智力不太發達，再沒有高級謀士的幫襯，失敗在所難免。呂布再不濟，身邊還有個一流謀士陳宮。

劉備要想在殘酷的競爭中生存下來，就必須建立一套完整的人才儲備體系，這一點前面也講到了。之前是家庭作坊式的零敲碎打，自己身兼董事長和總經理的職務，明顯不是劉備的能力所能勝任的。現在的劉備急須聘請一位職業經理人，給自己提供最大限度的智力支援。

至於這位職業經理人具體應該聘用誰，劉備本來打算由徐庶來扛大旗的。《三國志》無徐庶傳，徐庶的智力等級無法具體界定，徐庶後來仕魏，任過御史中丞這樣的高級職務。再從諸葛亮日後對徐庶的推崇來看，徐庶雖然沒有羅貫中吹的那麼神通廣大，但應該是個一流人才。

不過徐庶並沒有接受劉備的邀請，而是向劉備推薦了諸葛亮：「我的朋友諸葛亮有經天緯地之才，江湖人稱臥龍，足堪與將軍共圖大業，將軍要不要見見諸葛亮？」不知道徐庶拒絕劉備，是確實自認才智不如諸葛亮，還是瞧不上劉備。

劉備在寄居荊州期間，和當地名士司馬德操（水鏡先生）有些交情，司馬德操經常在劉備面前提及諸葛亮，另外捎帶著推銷鳳雛龐統，劉備應該是知道諸葛亮的。

只是劉備並不認識諸葛亮，天知道他是不是個書呆子，東漢末年士林中出得最多的就是這種書呆子，未必能成大事。劉備覺得自己雖然做人挺失敗，但好歹也算是江湖上有頭有臉的人物，就大大咧咧地告訴徐庶，請徐先生把這個什麼臥龍帶到寒舍一敘，我要面試。

徐庶笑著告訴劉備，諸葛亮這等級別的人物，可不是劉將軍隨便叫喚來的，您要親自去請。劉備也確實能放下架子，去就去吧，人才難得嘛。不過劉備第一次去的時候，卻沒見著諸葛亮，嘟嘟囔囔地回來了。

《三國演義》說劉備一顧茅廬時，諸葛亮正好外出遊山玩水去了，所以劉備沒碰著。史書上也沒說諸葛亮在一顧的時候跑哪去了，但最大的可能應該是諸葛亮已經提前知道劉備要來，故意躲到外面。

諸葛亮和徐庶是至交好友，徐庶在劉備面前推薦了諸葛亮，極有可能在第一時間就把這事通知了諸葛亮。諸葛亮在求職規劃中，已經基本踢掉了曹操、孫權、劉表和劉璋，只剩下劉備有待考察。

當諸葛亮開始做跟隨劉備闖天下的準備時，估計心裏會非常的矛盾。劉備現在四大皆空，要地沒地、要人沒人、要錢沒錢、要槍沒槍，跟著劉備是要冒極大風險的，弄不好會同歸於盡。

但諸葛亮是優秀的職業經理人，他並沒有拘泥於劉備現在的窘況，而是看得更遠。劉備是窮了點，但意志堅定，志向遠大，具備相當的領袖氣質。人是第一生產要素，只要人在，陣地就在，風險和收益並存，但不冒風險，談何成功，曹操當年也是拎著腦袋從刀山火海中殺出來的。

而且如果諸葛亮以智力入了劉備的股，還有一點非常讓諸葛亮動心，就是他只要過去，肯定能成為劉備身邊的頭牌花旦。寧為雞口，不為牛後，劉備因智力不足，必然會依賴於諸葛亮，這樣諸葛亮就有很大的空間，來展示自己的絕代才華。

在小公司工作肯定沒有大公司風光，每天進出高檔寫字樓，屬於高級白領，甚至金領大班。小公司的創業起點比較低，但正因為是一張白紙，畫家才有著墨的空間。當然大公司起點高，只要人才有突出的能力，照樣能創出一番大事業，這個要因人而異，不能搞一刀切。

諸葛亮這次考察劉備，不考慮劉備的物質條件，諸葛亮知道劉備兜裏也沒幾個錢。主要還是考察劉備的人品和應對困難的能力，諸葛亮應該知道劉備「弘毅寬厚，知人待士」這些優點，但畢竟他和劉備素昧平生。所以諸葛亮有必要考察一下劉備，看看劉備是不是真的愛才惜才。

這和求婚是一個道理，如果女方有意拒絕了男方的第一次求婚，男方就徹底放棄了，女方肯定會認為男方沒有誠心。諸葛亮就是這樣考驗劉備耐心的，諸葛亮也許在想，如果你劉老大真的想娶我，那就多跑幾趟吧。

不知道過了多長時間，劉備又去了第二趟茅廬，結果又沒見到諸葛亮。羅貫中說這一次諸葛亮是受好友崔州平的邀請，結伴旅遊去了。這有可能真有其事，史書記載崔州平是諸葛亮可以交心的密友，朋友一起遊玩是很正常的。

諸葛亮第二次躲著劉備，依然是要考察劉備的耐心，尊重人才可不是嘴上說出來的，要看你的實際行動。但問題是諸葛亮為什麼會偏偏在劉備來的時候出門，他難道在劉備身邊有內線？極有可能是徐庶或司馬德操等人事先把劉備的出行日期捅給了諸葛亮，諸葛亮提前躥出門了。

諸葛亮現在已經基本確定要把自己的未來交給劉備，不然根本沒必要和劉備這麼兜圈子，直截了當地告訴劉備「我們之間是不可能的」，一切就都結束了。劉備是個聰明人，他不可能想不到這是諸葛亮有意試探他，因為之前徐庶也說了諸葛亮是要請出來的。

兩次都沒見到諸葛亮，劉備心裏或多或少會有些不快，我放下面子來給你裝孫子，你倒真上竿子裝起大爺了。不過劉備打了太久的智力光棍，急需一名智力老婆，所以劉備他沒有選擇餘地，硬著頭皮第三次提親。

果然這次諸葛亮沒再打著旅遊的旗號開溜，臥在草堂上等著心上人的到來，臥龍嘛，當然要臥著。至於媒嘴子徐庶是不是同行，不得而知。這是劉備和諸葛亮平生第一次相見，也許他們心裏都明白，對方將陪伴著自己走過一個不可預知的未來。

用《詩經．邶風．擊鼓》篇來形容劉備和諸葛亮的天作之合再貼切不過了：

擊鼓其鏜，踴躍用兵。土國城漕，我獨南行。
從孫子仲，平陳與宋。不我以歸，憂心有忡。
爰居爰處？爰喪其馬？于以求之？于林之下。
死生契闊，與子成說。執子之手，與子偕老。
于嗟闊兮，不我活兮。于嗟洵兮，不我信兮。

二人在剛見面的時候稍有些羞澀拘謹，但他們的結合是前生修來的緣分。短暫的沉默後，劉備開始對諸葛亮掏心窩子，並懇請諸葛亮出山，做他的職業經理人。劉備發誓要用一輩子的時間來證明他對諸葛亮的感情，諸葛亮終於作出影響歷史的決定：接受劉備的邀請，一起在腥風血雨中打拼。

隨後諸葛亮拿出了應該是準備已久的事業發展規劃書，即垂名青史的《隆中對》，給在黑暗中悲壯徘徊的劉備點亮了明燈。諸葛亮對天下大事瞭若指掌，他知道現在再打曹操或孫權的主意非常的不現實。唯一的出路就是先奪荊州，再以荊州為跳板，進入益州。橫跨荊、益，鞏固孫劉聯盟，兩路狂攻曹操。攻克中原後，大漢雄師渡江南下，擒下碧眼小兒，統一中原。

諸葛亮的事業規劃很完美，只是他沒有想到，以後的路會那麼的艱難。也許是諸葛亮太高估自己的事業規劃，或者是高估了劉備，創業計畫最終宣告失敗。

但諸葛亮至少敢於去挑戰失敗，不斷的失敗，不斷的努力，其實這就是成功的過程。

九、諸葛亮為什麼不篡位

接著上一個話題，繼續談諸葛亮的職場規劃。

諸葛亮被劉備三顧茅廬的誠意所打動，同意出山擔任劉備集團的首席智囊，在激烈的競爭中為劉備集團做大做強提供智力支援。

劉琮投降曹操後，劉備被曹操滿大街地追殺，幾乎走投無路。是諸葛亮挺身而出，單舟赴江東，力勸孫權聯合劉備抗曹。雖然孫權在魯肅的勸導下，已經決定和曹操刀兵相見，但如果沒有諸葛亮出色的外交藝術，孫權未必肯拉絕路上的劉備一把，大不了孫權單獨抗曹。

赤壁之戰後，劫後餘生的劉備應該感到慶幸擁有諸葛亮，否則一旦孫權不肯幫忙，劉備早就見閻王去了。諸葛亮也通過聯孫抗曹這次大手筆徹底征服了劉備，在劉備手上的牌面中，諸葛亮是當仁不讓的「二王」，一人之下，萬人之上。

劉備攻下益州後，諸葛亮的地位雖然因為法正等新貴的介入而略有下降，但依然是劉備的當家大總管。劉備每逢外出辦事，都要留下諸葛亮坐鎮成都，在後方籌辦糧草軍需，史稱「足食足兵」。劉備的家業能搞得這麼大，不能說諸葛亮是最大的功臣，最起碼也是最大的功臣之一。

法正在西元二二〇年去世後，諸葛亮在劉備的權力架構中又恢復了一哥的地位。太傅許靖在名義上是蜀漢君臣之首，不過許靖只是裝點官場的漂亮花瓶。

雖然兩年後劉備東征孫權慘敗，蜀漢官場精英損失了不少，比如馬良、黃權、張南。馮習、傅彤、程畿等人，但蜀漢的人才儲備的基礎還在。當然蜀漢精英死得越多，諸葛亮之於劉備的重用性就越突顯，尤其是這場慘敗之後。對於這一點，劉備和當事人諸葛亮心知肚明。

因為夷陵之敗，劉備本已日漸衰老的精神遭受了極為沉重的打擊，幾近崩潰。劉備知道上天留給自己的時間已經不多了，為了保障蜀漢權力運轉的正常，劉備不得不開始準備後事了。

皇太子劉禪這一年只有十七歲，性情庸和，不具備單獨挑大樑的能力，劉備必須找一個霍光式的總管家來代理執政。至於人選，劉備開始時未必只有諸葛亮一個選擇，但選來選去，再沒有人比諸葛亮更合適，劉備決定托孤於諸葛亮。

劉備死後，諸葛亮不出所有人意外的成為蜀漢帝國的「相父」、沒有帝號的皇帝。真正屬於諸葛亮的時代，在他羞澀地走出草堂十六年後，才姍姍來遲。諸葛亮從踏進職場的第一天，他的角色就是劉備這家小公司的總經理，十六年來一直沒有改變過，雖然劉備的小公司早就發展成為大財團。

諸葛亮跟了劉備這麼多年，也基本得到了以他的地位所能得到的物質滿足。劉備克定蜀川後，賞了諸葛亮黃金五百斤、銀千斤、錢五千萬、錦千匹（《華陽國志》作萬匹），諸葛亮一夜暴富。但諸葛亮出來混江湖，並不單純是為了賺錢養家，而是轟轟烈烈做一場大事業。

現在諸葛亮的機會來了，劉備把蜀漢的軍政財大權全部交給了諸葛亮，諸葛亮是否考慮過拿掉蜀漢劉家的招牌，換上諸葛家的門臉？諸葛亮要是成為公司法定擁有人，他也許會有更大的鬥志來經營自己家的產業，如果能統一天下，諸葛家就可以坐享千秋萬代的尊榮。

至於奪位手段，學習王莽這個假道學「堯舜禪讓」，流著鼻涕將小主子劉禪踢下臺，隨便賞個窩頭，就算對得起老主子劉備了。這年頭講忠誠的不多了，千古一帝趙匡胤發動陳橋兵變時，可沒想過當初老主子柴榮是如何厚待他的。

在諸葛亮的事業規劃中，奪位的念頭不可能沒有，這是人的本性，諸葛亮不可能例外。只是改朝換代是天大的事情，事關方方面面的利益，絕對不能頭腦發熱。

諸葛亮擅長戰略謀略，而且為人謹慎，在進行一件事的前景規劃時，他會通盤考慮其中的利與弊。這樣的方案可不可行，如果要做的話，有可能遇到什麼樣的阻力，如何解決這些阻力，都是諸葛亮面對的大問題。

以諸葛亮的智商，他很快就能夠對是否改朝換代作出準確的判斷。這樣做的政治風險極大，「諸葛一生唯謹慎」，他不會輕易去拿九族性命賭這一把，萬一要賭輸了，一切都沒了。諸葛亮用智，都會在百分之一百的肯定之後才會出手，百分之〇．〇一的失敗可能性等於百分之九十九．九的失敗可能。

雖然劉備臨死之前，就舉國託付諸葛亮，並和諸葛亮進行了二人各自人生中最重要的一次談心。劉備滿臉真誠地告訴諸葛亮：「君才十倍曹丕，必能安國，終定大事。若嗣子可輔，輔之；如其不才，君可自取。」從字面上的意思看，劉備給了諸葛亮一張權力通行證，也就是諸葛亮可以自己決定是否改朝換代。諸葛亮對劉備的作用不需多講，但劉備也並沒有虧待諸葛亮。劉備除了老婆沒捨得給諸葛亮，該給的都給了，兒子也交給諸葛亮撫養，從劉備的角度來看，他已經仁至義盡了。

但人都是有私性存在的，絕對大公無私的人物，幾乎就不存在。在權力私有化的時代，劉備不可能有這份胸襟氣度，曹操也沒有。劉備創業極其艱苦，一生大起大落，好容易積攢了這份不算太大的家業，怎麼會輕易讓給外人？

劉備和諸葛亮在茅廬相識以來，他對諸葛亮一直是「敬鬼神而遠之」。他們在事業上是幾近完美的結合，但在感情上，很難說他們是鐵杆的知心朋友，諸葛亮知道他和劉備到底是什麼樣的關係。

正基於這種感情上的距離，劉備在托孤時，重點有兩個，一是讓諸葛亮盡心輔佐劉禪，二是提前在諸葛亮的頭上套了個政治金箍。劉備知道諸葛亮這樣的正統儒家知識份子最重名節，如果諸葛亮真的變心，那劉備的這句話就將在諸葛亮的道德禁地中折磨他一輩子，讓諸葛亮永遠生活在背叛和內疚之中。

諸葛亮知道劉備和他之間若隱若現的存在一條難以逾越的感情鴻溝，但他也許沒有想到劉備會把這種犯大忌的話挑得這麼直白。諸葛亮跪在地上痛哭流涕，《三國演義》說諸葛亮汗流遍體，叩頭流血，確實能反映出當時諸葛亮的人格恐慌。劉備說話的時候面容慈祥，可話中句句帶刀見血，諸葛亮當然會反應過度。

諸葛亮畢竟不是司馬懿這樣的梟雄，曹丕死後，司馬懿在魏國的政治地位和諸葛亮有些相似之處。首先他們都是各自國內的軍政頭牌，都以軍事為主。其次，司馬懿也受魏明帝曹叡托孤，當上了輔政大臣。

當然，曹家三代從來都不放心過為人奸雄的司馬懿，尤其是曹叡托孤時，在權力分配上為了限制司馬懿，又拉出親戚曹爽與司馬懿共同輔政。在司馬懿和曹爽的雙巨頭格局中，曹爽的戲份要更多一些，後來司馬懿就被曹爽等人給架空了，成了一隻政治花瓶。

在蜀漢方面，諸葛亮也要面對大大小小的掣肘因素，即使諸葛亮有心篡位，他未必能戰勝朝中的保皇派。除了諸葛亮自身的政治品格之外，這也是諸葛亮沒有動手的兩個原因之一。

下面講講蜀漢的權力分配，我們看看諸葛亮都在哪些方面受到了制約。

首先是輔政大臣的選擇，諸葛亮並不是唯一受遺詔的輔政大臣，諸葛亮之外，還有一個輔漢將軍李嚴（後改名李平）。李嚴本是荊州人，後投降劉璋，劉備攻蜀時又轉換了門庭，從嚴格意義上講，李嚴雖受劉備賞識，但也不算是劉備的嫡系。

劉備為什麼要用李嚴輔政？劉備不放心諸葛亮，難道就放心李嚴嗎？這正是劉備政治手腕的高明之處。在對所用人選的政治忠誠度不放心的情況下，用一個人單獨執政，政治風險太大。而如果用兩個或兩個以上，他們之間就會自然形成一種權力的制約，你不服我，我不服你，這樣反而有利於權力平衡。最安全的權力一定是最平衡的，劉備用李嚴基本上就是這種考慮。

李嚴雖然是荊州人，但從派系上來說，卻是原屬劉璋的益州新附集團，和諸葛亮所在的荊州系基本沒什麼瓜葛。劉備這樣安排也是精心考慮過的。如果所有的輔政大臣都屬於一個派系（利益集團），那將對皇權造成更嚴重的威脅，更何況這樣的局面在皇帝年少無知的情況下。

再來談談劉備旗下的幾大派系和他們之間的關係。

大略來說，蜀漢統治集團（劉備去世前後）由三個較大的派系組成，一是劉備的原從親信集團，也就是陪劉備早期浪跡天涯的那撥老人，比如關羽、張飛、簡雍、糜竺（糜芳，叛降孫權）、孫乾、趙雲、劉琰、陳到等人。

二是荊州集團，主要人物有諸葛亮、龐統、劉封、馬良、馬謖、黃忠、魏延、蔣琬、費禕、廖立、伊籍、陳震、霍峻、楊儀、向朗、胡濟、廖化、輔匡、賴恭、黃柱、馮習、張南、傅彤（死於夷陵之戰）等人。

三是益州新附集團，主要人物有法正、董和（董允）、李嚴、黃權、劉巴、吳壹（又稱吳懿）、吳班、孟達、龐羲、嚴顏、費觀、鄧艾、秦宓、王連、張裔、張翼、楊洪、費詩、李恢、王謀、何宗、李邈、馬齊、姚伷、程畿（死於夷陵之戰）等人。

除了這三大派系之外，還有一些無法劃分派系的重要人物，比如許靖、馬超、馬岱、王平等人。因為劉備的原從親信集團中的大多數人在劉備托孤時都不在人世了，比如關羽、張飛等，勉強還有趙雲和陳到，孤單零落得不成氣候，真正在蜀漢政治格局中角逐廝殺的是荊州系和益州系。

如果以劉備去世時為界，在此之前的蜀漢官場的權力分配中，荊州系和益州系是平起平坐的。《蜀書·伊籍傳》記載劉備得蜀後造蜀科（法律），參與此事共五人：諸葛亮、法正、劉巴、李嚴、伊籍，荊州系兩個，益州系三個。

劉備在安排後事時，由於他對諸葛亮的忠誠心存疑慮，所以他要在諸葛亮身邊安插一些益州系的大牌精英，作為牽制諸葛亮的力量。益州系的老大是法正，劉巴因為是天下名士，在益州系的聲望也較高。法正和劉巴都先於劉備去世，黃權降魏，董和雖然夠級別，但他是文臣，所以不便立為輔政大臣。而牽制諸葛亮的這個人物，最好是益州系的武將，李嚴是再合適不過的人選。

劉備雖然把蜀漢軍政交給諸葛亮打理，但李嚴卻領重兵坐鎮永安。劉備這樣的安排是在下一個冷棋子，劉備相信諸葛亮變心的可能性並不大，但萬一要變心了，即使李嚴從自身的利益考慮，他也不會坐視諸葛亮篡位。當然，李嚴駐防永安主要還是防備孫權對益州下黑手。

如果從感情上來講，益州集團的這些精英人馬更親近於劉璋，他們投降劉備，是萬不得已而為之的。他們對劉備都不陰不陽，更何況對本就是外來戶的諸葛亮了。諸葛亮和益州系的關係一般，甚至因為剛入蜀後，嚴法治蜀，得罪了許多蜀中權貴。

除了李嚴，劉備還在諸葛亮身邊安插了吳壹和吳班，雖然二吳也是標準的益州系出身，和劉璋還有親戚關係。但更重要的是，二吳還是劉備的大舅哥，吳壹的妹妹後來嫁給了劉備，也就是吳皇后。

吳皇后嫁給了劉備，自然就是劉家的女人，同時還是皇帝劉禪的嫡母，從吳皇后的利益角度講，她更不可能讓諸葛亮對皇位有什麼非分之想。雖然史書沒有她干預朝政的記載，但有吳壹和吳班這樣的軍界高層在外撐腰，她在蜀漢官場的勢力還是很強的。

二吳和益州系人馬關係非常密切，從蜀中百官勸劉備納吳壹的妹妹為夫人這件事就可以看得出來，包括益州系的頭牌法正。二吳是絕對忠於蜀漢的人馬，吳壹的地位有些類似於北魏的曹爽。

劉備在諸葛亮身邊布滿了棋子，內有吳皇后，外有李嚴、吳壹、吳班以及其他益州系人馬。雖然表面上諸葛亮大權獨攬，但蜀漢文武跟著諸葛亮的指揮棒轉的前提，是諸葛亮不能打破目前的權力均衡態勢，他們不會允許諸葛亮越過雷池半步。

如果諸葛亮真的要決定改朝換代，就必須先剷除這些異己勢力，否則只能癡人說夢。司馬懿就是在徹底剷除了曹爽、桓範等反對派之後，才開始經營自己的家天下。當然司馬懿專權之後也沒有稱帝，經營司馬家兩代三人的苦心經營，大晉帝國正式建立於西元二六五年，距司馬懿誅曹爽已經過了十六年。

以諸葛亮的智商，他不至於愚蠢到吃燙手山芋的地步，他應該清楚這麼冒險的後果是什麼。成功了還好說，一旦失敗，不僅九族俱毀，而且身敗名裂、遺臭萬年。

不知道是出於什麼心態和動機，李嚴曾經給諸葛亮寫信，勸諸葛亮自加九錫，封王，過一把皇帝癮。李嚴的「好意」立刻被諸葛亮婉言謝絕了，李嚴和諸葛亮交情不深，突然冒出這一齣，恐怕和當年孫權勸曹操稱帝一樣，是挖個坑請諸葛亮往下跳，諸葛亮可沒這麼傻。

其實從諸葛亮的角度來看，且不說貿然改朝換代的政治風險太大，而且這麼做也不符合諸葛亮的政治理想和追求。有句老話說：「秀才造反，三年不成。」歷史上純知識份子出身的開國皇帝並不多，勉強算上王莽和之後的劉秀。

雖然有些開國皇帝自身的文化水準非常高，比如開兩晉霸業之始的司馬懿，但司馬懿並不算是純粹的儒生，而是生有「狼顧相」的梟雄。司馬懿為人好權術、多機變，氣質更接近於曹操，諸葛亮顯然不具備這種氣質。

漢光武帝劉秀倒是個俊秀書生，但劉秀是從新莽帝國的周邊通過武力反抗一步步成功的，諸葛亮也不具備這個客觀歷史條件。而且就軍事能力來說，劉秀要強於諸葛亮，偉大的軍事家行列中，注定是要有劉秀一席之地的。劉秀有非常明顯的領袖氣質，這也是諸葛亮非常欠缺的。

在歷代開國皇帝中，王莽和諸葛亮有許多相似之處，王莽是天下大儒，士林翹楚。王莽是一步步從社會底層殺到最高層的，要論權術，諸葛亮未必比王莽差多少，只要心狠就行了。

但問題是，王莽真正開創帝業的原因是他極強的社會背景，王莽出身當時天下第一豪門元城王氏。王莽的姑母王政君是漢元帝劉奭的皇后、漢成帝劉驁的母后，在宮中稱王稱霸。

王莽的幾個叔父連任大將軍或大司馬，王莽的政治起點遠高於諸葛亮。諸葛亮的處境並不好，在宮中受制於吳太后，在宮外受制於益州系人馬，他沒有王莽這樣得天獨厚的政治優勢。

還有一點很重要，王莽和諸葛亮所處的歷史環境不一樣，當時王莽接手的是一個統一的帝國，王莽面對的主要問題是經濟改革。而諸葛亮面對的是三足鼎立的大分裂時代，在亂世中生存，首先需要的是軍事力量，而這恰恰是諸葛亮的能力短板。

諸葛亮雖然在後世贏得了千秋萬代的盛名，但在劉禪初期的蜀漢官場，諸葛亮的江湖威望不算高，只不過由他來輔政而已。諸葛亮是外來戶，在益州沒多少人脈資源，如果要想獲得更高的威望，他唯一的選擇就是北伐曹魏，通過建立軍功來樹立個人威信。

所以於公於私，諸葛亮都必須北伐，在為蜀漢爭取天下道義的同時，順便也給自己的道德形象塗脂抹粉，鍍一層金身。加上諸葛亮不具備王莽、劉秀、司馬懿這樣的梟雄氣質，手段不夠狠，讓他去改朝換代，實在是難為了諸葛亮。

王莽和劉秀其實都不是諸葛亮政治理想的樣板人物，在諸葛亮的思維意識中，真正受諸葛亮崇仰的是周公姬旦。周武王早死，成王年幼，武王弟姬旦竭心輔政，成為千秋佳話。諸葛亮各方面的客觀條件，也決定了他最有可能成為周公第二，而不是王莽第二，雖然當年王莽也扛著周公的旗號四處坑蒙拐騙。

在諸葛亮的潛意識中，與其冒極大的政治風險效法王莽，被人千夫所指、萬夫唾罵，不如以現有的有利政治條件直接做周公。周公輔幼主千古傳誦。周朝三十八位君王，能讓後人牢牢記住的恐怕只有周文王姬昌、周武王姬發和周公姬旦了（為博褒姒一笑而亡國的周幽王不算）。

政治理想未必一定要建立在名義上稱王稱霸的歷史平臺之上，這要因人而異，不能一刀切，諸葛亮自然懂這個道理。諸葛亮眼前就有一個活生生的例子——曹操。

曹操雖然先稱魏公、後稱魏王，建天子旌旗，與皇帝無二，但畢竟曹操在名義上還是漢朝的臣子，絕不越政治禁區半步。曹操是個聰明人，他只需要施展自己平生抱負的政治平臺，何必納虛名而受實禍，被人罵成王莽第二。這個罵名留給兒子曹丕去背，曹操倒落了個四面光滑。

諸葛亮一定從曹操的人生軌跡中借鑒了相關的經驗，大權獨攬，實現平生抱負即可。如果諸葛亮能北伐滅魏，那在歷史豐碑的最醒目處，刻上的將是諸葛亮的不朽盛名，而不是劉禪。世人皆知遼朝大名鼎鼎的臨朝太后蕭燕燕，誰知道當時的遼朝皇帝是耶律隆緒？

諸葛亮是個優秀的管理者，但他的氣質太柔弱，用現在的行話說：氣場不足，鎮不住臺面。諸葛亮有能力，沒膽量。陳壽說他「應變將略，非其所長」是有道理的。如果諸葛亮真要改朝換代，恐怕「王莽第二」的惡名背定了。

在物欲橫流的時代，絕對不圖名利的人是基本不存在的，「天下熙熙，皆為利來；天下攘攘，皆為利往」。人並非不可以爭名奪利，但名利有許多不同的存在和爭取的方式。

名分兩種，一種虛的名，一種實的名，周公的「名」似虛則實，王莽的「名」似實則虛。只要依託好的平臺做出一番大事業，歷史照樣能牢牢記住你。

再說利，雖說皇帝能日享萬鍾，姬妾成群，但以諸葛亮「假皇帝」的身分地位，什麼樣的美食他吃不到？什麼樣的女人他玩不了？諸葛亮來錢的門路很多，除了入蜀後劉備賞的那一次肥財，諸葛亮經常能得到朝廷的賞賜，「位極人臣，祿賜百億」。

比如有一次諸葛亮就接受了朝廷的八十萬斛（一斛等於十斗）糧食。同時還有孫權經常給諸葛亮送禮物，諸葛亮戶頭上的銀子足夠他吃喝用度了。

諸葛亮不是道德上的神，他也有七情六欲，除了正妻黃氏外，諸葛亮應該是養過小妾的。即使沒有小妾，只要諸葛亮需要，偶爾做一回憐花惜玉的風流勾當又何妨。

人這一輩子，無非是為（佳）名（實）利做牛做馬，在滿足了精神享受和物質享受後，實在想不出諸葛亮還有什麼理由去爭那塊燙手的山芋？

十、三國非主流頂尖智囊的悲喜人生

自從《三國演義》火爆問世以來，由於羅貫中卯足了吃奶的勁，替諸葛亮搖旗吶喊吹喇叭，諸葛亮在中國人心中「首席智囊」的形象深入人心，已經很難改變過來。

諸葛亮不僅成為三國智囊的頭號代表，而且也幾乎成了三國這段歷史的代言人。說到三國，許多人的第一反應恐怕還不是曹操或劉備，而是諸葛亮。

其實這種「以一代百」的現象從古至今一直存在，在一個優秀的團隊或某個行業中，有許多精英人才，但往往為大眾所熟知的只有一個或幾個明星人物。比如一提唐詩，必說李杜；一提宋詞，必說蘇辛。

其實李杜蘇辛只是各自文化時代的代表人物，不能說明其他同時代的詩人詞家水準就差，誰敢說王昌齡、王維、白居易、小李杜、羅隱、大小晏、柳歐秦陸、李清照寫的不如李杜蘇辛？

話題回到三國，都說三國謀士如雨，這話不假。魏蜀吳三大智庫中的精英我們已經耳熟能詳了，比如諸葛亮、荀彧、荀攸、龐統、郭嘉、法正、魯肅、劉曄等等，個個都是大牌。

這些智庫精英因為效力魏蜀吳三大政治軍事集團，在歷史舞臺上的曝光率非常的高。一線明星往往都是這樣，越紅越炒，越炒越紅，老百姓想不知道他們都難，可以稱他們為三國的主流智囊集團。

有了主流，自然就有非主流。這裏的非主流不是講個性，而是歷史舞臺上的曝光率。因為各種原因，除了在魏蜀吳三家舞臺上曝光率超高的那些大牌謀士之外，三國歷史的天空中還散落了幾顆閃亮的巨星。

這些非主流的超級謀士論知名度可能要略遜於諸葛亮、荀彧這些人，但要論謀略級別，他們和諸葛亮等人同等身價。比如賈詡、陳宮、陳登、田豐、沮授、徐庶等人，先來說說賈詡。

賈詡在這五人中顯然非常的另類，首先他是曹操手下的超大牌智囊，身價絕不比荀彧低。之所以沒把賈詡放在《曹操的智庫》那一篇，而放在這裏講，是考慮到賈詡腕雖大，但他不是曹操的心腹。

「詡自以非太祖舊臣，而策謀深長，懼見猜疑，闔門自守，退無私交。」屬於大隱隱於朝的那類高人。從這個角度來講，賈詡可以算成非主流，一如蜀漢的「小賈詡」劉巴一樣。

漢桓帝建和元年（一四七），賈詡出生在涼州武威郡姑臧。自東漢開國以來，東漢王朝就和散居於涼州周邊的羌氏各部族進行了百年戰爭，這裏長期兵荒馬亂，複雜而險惡的生存環境正好造就了賈詡超強的適應能力。

賈詡的謀略水準放在整個三國謀士群中來考量，都是超重量級的，三國謀士還沒有誰敢說自己的智商在賈詡之上。當初賈詡棄官還鄉，路上遇到了一支反叛朝廷的氐兵，賈詡和同行的幾十個人都被活捉，叛氐要活埋他們。

賈詡的臨事應變能力非常強悍，他為了自救，謊稱自己是護羌校尉段熲的外甥。當時段熲是朝廷專剿羌氐反叛的方面大員，在西土威望非常高，加上賈詡和段熲都是姑臧人。氐兵知道段熲的分量，當然不敢加害段校尉的外甥，就把賈詡給放了。

賈詡真有本事，吹牛撒謊臉不紅心不跳，和氐兵頭目有說有笑，喝了雞血，拜了把子。然後賈詡揣著氏兵送的盤纏，大搖大擺走了，而與賈詡同行的幾十個倒楣鬼全部被活埋。

當然這只是小聰明，難度係數並不高，是個反應快的人遇到這種情況都會說：誰誰是我舅舅，誰誰是我二大爺。真正顯示出一個人的謀略智商的，還是在大場面上。

不過賈詡第一次在歷史舞臺上正式出場亮相，就留下了千古罵名，可以說，三國初期的大亂，賈詡要負上很大一部分責任。初平三年（一九二），巨賊董卓被王允和三姓家奴呂布聯合幹掉，董卓手下的三大馬仔李傕、郭汜、張濟見前程無望，準備散兵回鄉，不在官場上混了。

這時在董卓女婿牛輔手下混飯吃的賈詡卻吃飽了撐的沒事做，想顯擺顯擺自己的智力水準。賈詡給李傕壯膽，說如果我們一哄而散，官府的一個小亭長就能把咱們收拾了。不如弟兄們齊心合力，東向與王允決戰，事成，我們做諸侯，事敗再逃不遲。

李傕這些人本就是江湖強賊，被賈詡這麼一激，果然壯起了狗膽，張牙舞爪找王允尋仇，最終族滅王允，大敗呂布。各路軍閥殺在一處，磚頭橫飛，中原地區遭到了戰爭的空前破壞。「白骨露於野，千里無雞鳴」。

因為賈詡說了句不該話的話，在歷史上遭到了嚴厲的批判。其實真正要為李傕、郭汜之亂負責任的，除了賈詡，還有死腦筋的王允。如果王允不是要對李傕、郭汜斬盡殺絕，拒絕李、郭向朝廷投誠，逼得二人走投無路，事情也不至於鬧到如此不可收拾的地步。

賈詡是個游離於主流社會價值道德體系之外的非主流鬼才，賈詡存在的價值，也許不能用愛國愛民這樣的泛泛標準來要求。在亂世中，人的生存是第一位的，如果人的自身價值得到了彰顯，整個社會也會隨之進步，畢竟社會是由無數個個人組成的。

就賈詡來說，李傕、郭汜這些亂世草頭王不可能給賈詡實現個人價值提供很好的舞臺，跟著強盜土匪能有多大出息？但當時群雄混戰，袁紹和曹操都只處在事業剛起步的階段，賈詡未必對他們有多少深入了解，再加上距離遙遠，顯然他們還不是賈詡合適的買家。

在賈詡的選擇功能表上，張濟的侄子張繡是個不錯的人選，而且盤踞在南陽一帶，收入比較穩定。賈詡覺得暫時在張繡家裏吃飯比較安全，就暗中和張繡擠眉弄眼，果然就把張繡的七魂六魄給勾了過來，派人來請賈詡過去當軍師。

張繡的這塊舞臺雖然不算太大，但足夠賈詡伸展自己的神鬼之才了。賈詡之所以能在三國江湖上揚名立萬，很大程度上就是因為在南陽的那次超精彩的演出。配合賈詡精彩演出的綠葉是三國頭號梟雄曹操。

那還是建安三年（一九八）的春天，因為張繡和荊州牧劉表結盟，曹操感覺到了南線的壓力。再加上前一年張繡在南陽大敗曹操，致使曹操長子曹昂和重將典韋戰死，曹操想報一箭之仇，曹操大舉南征。

但曹軍剛到南陽沒多久，就從北線傳來田豐勸袁紹偷襲許都的消息，曹操不敢拿自己的老巢開玩笑，立刻撤軍回去。張繡當然不想放過曹操這條大魚，帶著弟兄們，搖頭晃尾巴，紅頭漲臉地要給曹操「送行」。

賈詡攔住張繡，勸張繡不要追擊，追則必敗。張繡瞪起牛眼看著賈詡，檢查賈詡的腦袋是不是被驢給踢了，這麼好的發財機會為什麼不要？張繡不聽，風一般的衝了出去，可很快張繡就被曹操的伏兵打敗，差點把內褲給輸掉了。

賈詡等張繡回來後，立刻又勸張繡再去追曹操，必能大勝。張繡這回有些相信賈詡了，拎著板磚衝出去，果然將曹操揍得鼻青臉腫。張繡越看賈詡越不像個人，他怎麼如此能掐會算？曹操幾乎被他招招算定。

張繡誠心下問，賈詡大笑：「這事很簡單，曹操初來便退，肯定是許都受到了袁紹的威脅，才急忙北撤。曹操用兵謹慎，料得將軍必定在後追襲，所以曹操必在半路設下伏兵，將軍果然中計。至於再追反勝，因為曹操打退了將軍的追襲，以為我們不會再追，對我們放鬆了警惕。」

這下張繡徹底服了，賈詡能把人情世故看得如此透徹，當今世上也沒幾個人，無非郭嘉、程昱、法正而已。當然如果用事後諸葛亮的觀點來看，賈詡的妙計實在沒什麼稀奇的，但問題是「馬後炮」一文不值，如果凡事都「事後如何」，那歷史就沒有存在的必要了。

像賈詡這種級別的謀士，蹲在張繡這座小廟裏著實委屈了他，就像劉璋這等小蝦米用不起法正一樣。張繡對賈詡來說也只是一個跳板，賈詡注定不可能跟著張繡啃一輩子窩頭。

後來賈詡最終從良跟了曹操，但因為他和曹操過去的恩怨，使得賈詡在心中對曹操還是存在著一定的距離感，這也影響了賈詡在曹操那裏的智力發揮。

不過賈詡天生就是混大場面的，他總是能在有意無意改變歷史的進程，他僅有的幾次漂亮手筆都在歷史上留下了深刻的印跡。對於這一點，後來的魏文帝曹丕想必是最有體會。

隨著曹操日漸老矣，確定帝國繼承人的問題刻不容緩，但曹操一直在曹丕和曹植之間猶豫不決。要不是賈詡一句：「吾思袁本初、劉景升父子耳。」曹操未必就選擇曹丕。可以說沒有賈詡，就沒有曹丕的未來，曹丕對賈詡感恩戴德一輩子，賈氏一族終魏之世，富貴等身。

人這一輩子，活著就是活著，無論是廟堂決勝，還是商場搏殺，抑或是草根糊口，都只是一個證明曾經存在過的過程。賈詡就是這樣，自跟了曹操之後，賈詡就下定了歸隱的決心。雖然賈詡死於西元二二三年，實際上賈詡的政治生命早在西元一九九年就已經結束，那一年賈詡五十三歲。

賈詡雖然大隱隱於朝，但畢竟曝光率非常地高，世人對他的用智生涯也比較了解。相比之下，同樣擠身於三國一流謀士圈的陳宮就沒那麼幸運了，陳宮別說名揚四海了，就是連篇像樣的正史傳記都沒有。

陳宮和賈詡一樣，都和曹操有著很深的過節，尤其是陳宮。在曹操早期的創業過程中，陳宮注定是個繞不過去的人物，而且就感情傾向來說，曹操顯然更喜歡陳宮，可惜他和陳宮此生有緣無分，最終上演了一齣生死離別的人生悲劇。

陳宮的早期活動於史不詳，只知道他是在曹操於初平二年（一九二）七月曹操任東郡太守後出場的。至於《三國演義》說曹操獻刀刺董卓失敗潛逃，被時任中牟縣令的陳宮捕捉，陳宮憐惜曹操是個英雄，就棄官與曹操私奔，純屬天才的臆想。

羅貫中是天才，陳宮同樣是天才，我們都知道後來荀彧「經營兗州，鞏固根本」的戰略對曹操爭雄天下起到了決定性的作用。可曹操當時只是東郡太守，兗州是怎麼落到曹操口袋裏的？誰是曹操得到兗州的第一功臣？陳宮！

因為原兗州牧劉岱在和青州黃巾軍的大戰時喪命，兗州群龍無首，周邊各大軍閥肯定對兗州垂涎三尺，就看誰下手快了。陳宮敏銳地發現了這次黃金商機，陳宮和荀彧一樣，都認為經營戰略根據地的重要性。第一桶金，對創業初期的重要性不言而喻。

在徵得了曹操的同意後，陳宮單車簡從，來到兗州府治，在兗州高層面前對曹操進行了一次精彩的形象推廣。陳宮的目標非常明確，要讓兗州高層接受曹操成為兗州牧。

不知道是歷史記載有遺失，還是陳宮的原話如此，史書只留下了陳宮遊說兗州高層的一句話：「今天下分裂而州無主，曹東郡，命世之才也，若迎以牧州，必寧生民。」

不過從這句簡單的話來看，陳宮的語言藝術卻非常的不簡單，話不在多，管用就行。陳宮並沒有用流行的排比法，拿冀州牧袁紹或徐州牧陶謙來和曹操比較，如果陳宮用了排比法，就等於把實力更佳的袁紹和陶謙放在下任兗州牧的候選名單上，這對實力弱小的曹操來說非常不利。陳宮一上來就將曹操定位為兗州牧的唯一候選人，從而加大了曹操中選的可能性，這是陳宮的聰明之處。

陳宮非常善於對當事人進行形象包裝，他直接把曹操和拯救天下聯繫在一起，「如果請曹東郡來做兗州牧，必能安一境之民」。陳宮明顯在對兗州高層進行道德恐嚇，言下之意很簡單，如果不迎接曹操，那你們就是一夥不愛惜百姓的民賊，這頂大帽子誰戴得起？

果然，陳宮道德恐嚇式的遊說起到了很好的效果，濟北相鮑信等兗州高層認可了陳宮對曹操的評價，曹操憑著陳宮的三寸不爛之舌，轉眼間就把兗州劃到了自己的戶頭上。

雖然陳宮為曹操發家立下了汗馬功勞，但因為政治理念上的分歧，他和曹操的距離越來越遠。西元一九三年，曹操因為名士邊讓「不屈曹操，多輕侮之言」，而殺掉了邊讓。

邊讓是中原名士，在士林威望甚高，邊讓的死讓曹操的名聲在兗州士林一臭到底，陳宮越來越無法容忍曹操的專橫跋扈，特別是曹操為洩私忿，率軍南下徐州屠城，屠殺無辜百姓數十萬。一時間曹操惡名遠揚，而「性剛直壯烈」的陳宮再跟著曹操混，就無法擺脫為虎作倀的罵名。

不過陳宮做事也夠狠的，他表面上繼續為曹操效忠，暗中聯繫了陳留太守張邈等人，趁曹操南征徐州、兗州空虛之際，發動叛變，迎接呂布入兗州。因為事發突然，曹操毫無防備，差點被陳宮整得傾家蕩產。從此二人正式決裂，陳宮也開始了人生的另一場演出。

陳宮有些饑不擇食，不知道他怎麼就看上了呂布這個有勇無謀的武夫，事後證明，陳宮的選擇是錯誤的。呂布橫看豎看都不像是做大事業的，比項羽還不如。呂布雖然得到了陳宮，但呂布似乎不喜歡用智，陳宮明明是個一級廚師，呂布卻自己操刀上案，讓陳宮給他跑腿打雜。

呂布的刀工手藝可謂不入流，沒折騰幾刀，就讓曹操把菜刀橫在呂布的脖子上。這回呂布有些怕了，又想拜曹操做乾爹，但遭到了陳宮的強烈反對。陳宮和曹操早就恩斷義絕，勢同水火，陳宮無法想像再次面對曹操會是個什麼場面。

陳宮給呂布出的主意非常好：曹軍遠來，負月餘之糧而來，勢必不能久戰。只要我們頂住曹操一個月，等曹軍洩氣的時候，我們捅曹操一刀，就可以喝慶功酒了。

呂布真要聽陳宮的這招毒計，曹操撐不了多久就會撤，呂布不一定能滅掉曹操，但至少可以保全徐州。可呂布卻聽了老婆的讒言，放棄了自救計畫，放縱曹操進入腹地，等待呂布和陳宮的，是人生的倒數計時。

故事的結尾我們都知道，西元一九八年，曹操在白門樓生擒呂布，陳宮到底沒有躲過曹操，被呂布手下叛將五花大綁的請到了曹操面前。曹操終於得到了報復陳宮的機會，曹操挖苦陳宮：「公台平時以半仙自許，現在怎麼會落到我的手上？」曹操說這話的時候，心裏別提多快意了。

當然，曹操是很恨陳宮，但他未必就會殺了陳宮。魏種當初叛曹，曹操也恨得牙根癢癢，但後來生擒魏種，曹操講了一句很感人的話：「唯其才也！」將魏種給放了。曹操對陳宮，也是一個道理。

陳宮也知道只要自己服了軟，曹操依然會重用他，但陳宮就是看不慣曹操的為人作派，他不屑於曹操伸出的橄欖枝，鄙夷地瞪著呂布，告訴曹操：要不是這個匹夫不聽我良言善計，你曹某人也不可能站在我的面前。

曹操愛惜人才是出了名的，陳宮表明了對自己的態度，可曹操還是不死心，拿陳宮的老母親和妻子做誘餌，勸陳宮歸降。男人活著就是為了爭一口氣，何況像陳宮這樣的俠儒，更不可能做出這種有損男人尊嚴的事情。

陳宮搖頭拒絕了曹操的好意，在哀聲向曹操求饒的呂布面前，昂著頭來到刑場，含笑赴九泉。曹操被陳宮的英雄壯舉感動得淚流滿面，曹操雖然殺人成癮，但具有男人的真性情，面對同樣夠 MAN 的陳宮，曹操除了敬佩，還是敬佩。

在男人圈中，天不怕，地不怕，就怕丟面子。當初陳宮投靠呂布，就是想證明給曹操看，自己離開曹操照樣可以成功。只可惜他選錯了東家，滿盤皆輸。如果陳宮再跟著曹操，就算曹操對他百依百順，陳宮又如何在曹操面前抬得起頭來？人生一世，早晚一死，死又何妨？

陳宮是三國早期少有的俠儒，和荀彧、諸葛亮這樣的純謀士不是一個類型，能和陳宮歸於一類的還有在《曹操智庫》篇講過的程昱。當然，我們還不能忘了和陳宮同時期同地域的另外一位俠儒——陳登陳元龍。

陳登不僅是和陳宮同類型的俠儒，他們還都是非主流的高端謀士，智力級別相當於郭嘉、法正，只可惜生逢其時，未逢其主，如流星一般劃過歷史的天空。

陳登是靈帝時太尉陳球的族孫，前沛國相陳珪之子，少有吞吐天下之大志，包併八荒之雄心。有些好高騖遠？是的，但人是需要雄心壯志的，社會的進步實際上就是一個個野心的實現組成的。陳登可不是繡花枕頭一包草，是有真才實學的。

史載陳登「博覽載籍，雅有文藝，舊典文章，莫不貫綜」。書讀到這個份上，即使陳登不在江湖上闖蕩，在士林中照樣能成為一代大儒。不過東漢的讀書人都渴望在政界做出一番成績，陳登自然也不例外。

陳登人生的主要軌跡大多數都留在了徐州，但這不影響陳登在三國史的地位。人要想功成名就，在什麼地方發展並不是最重要的，而是要看給自己配戲的是不是大腕？陳登接觸的都是些什麼人？劉備、呂布、曹操，孫策，陳登想不出名都難。

要說陳登和以上這幾位大佬的關係，除了和孫策是真刀真槍對幹之外，他和劉備、呂布、曹操的關係不太好確定，說親不親，說疏不疏。陳登和他們都算不上至交知己，只是劉呂曹三人的利益關係糾結在一起，所以他們和陳登自然就扯上了關係。

西元一九四年，徐州牧陶謙死後，徐州別駕糜竺按陶謙的遺願，請劉備來接任徐州牧。不知道劉備是真的謙虛，還是顧慮名聲，死活不接招，說不如把徐州交給大軍閥袁術。

陳登向來瞧不起袁術，「公路（袁術的字）驕豪，非治亂之主」。陳登覺得跟著劉備混，比跟愚蠢的袁術更有投資前景，半勸半逼地推任劉備為徐州牧。

陳登在江湖上的人脈非常廣，為了說服劉備的假仁假義，陳登居然請動了大牌軍閥袁紹勸劉備接收徐州。袁紹真給陳登面子，陳登的信一到，袁紹立刻回書，吹捧劉備「弘雅有信義」，劉備的形象廣告打得差不多了，也就扭扭捏捏當上了徐州牧。

當然陳登並沒有把自己拴在劉備的破船上，他對劉備更多的是一種英雄相惜的關係，換個說法就是陳登不是一家之私臣，而是天下之公臣。不久後，呂布偷襲了徐州，陳登又和呂布糾纏在一起。陳登對呂布的印象並不好，以陳登對於明君的標準來看，呂布顯然還不夠檔次，草頭軍閥而已，怎麼看都不像是做大事的。

在陳登的周邊，能符合陳登標準的，也只有劉備和曹操。劉備很快丟掉了徐州，至少暫時失去了和陳登合作的資格。唯一符合標準的，只有曹操。陳登的為人秉性雄俠豪爽，和曹操性情比較接近，這也注定了陳登必須要倒向曹操。

呂布派陳登赴許都答謝曹操以漢獻帝的名義封他為左將軍，並讓陳登在曹操面前斡旋，讓朝廷把徐州牧的位子給他。陳登正愁沒機會見到曹操，一到許都，陳登就勸曹操早點除掉呂布。

陳登估計將他所了解的呂布老底都捅給了曹操，有人送大禮，曹操自然笑納，封陳登為廣陵太守，讓陳登暗中削弱呂布的實力，他們理應外合，找機會剷除三姓家奴。

因為陳登根本就沒有給呂布跑徐州牧的事情，陳登剛回來，呂布就發了脾氣，說陳登只圖自己富貴，把他給甩了。陳登的反應很快，他說他確實求曹操了，並威脅曹操說，呂將軍就象一頭餓虎，必須給餓虎吃飽肉，否則餓虎就將吃人。

雖然陳登複述曹操的話卻是「（待呂布）譬如養鷹，饑則為用，飽則揚去」。從而否定了陳登的求情。但陳登對曹操到底說了些什麼，呂布根本不知情，這極有可能是陳登面對呂布的責問，臨機生變想出來的謊話。

曹操的這句話（陳登複述）就是歷史上非常著名的「饑鷹理論」，人都是利益動物，只有在沒有滿足人的利益的情況下，人才會盡力做事。否則一旦吃飽，就失去了前進的動力。無論是用人，還是社會發展，都離不開人的饑餓感。

要做出大事業，就一定要有饑餓感，陳登當然也是一頭餓鷹，英雄沒有野心不是英雄。可惜英雄多短命，陳登只活了三十九歲，就得病而終。順便說一句，最後一個給陳登看病的是三國傳奇名醫生——華佗。

在三國的非主流頂尖謀士中，不能不提河北王袁紹手下的兩大智囊——沮授、田豐。沮授和田豐如果放在曹操的智庫中，就相當於荀攸和荀彧，如果袁紹能從善如流，雖然袁紹不一定能消滅曹操，但也不至於被曹操打得那麼慘，四州基業，一朝喪盡。

關於沮授和田豐，將放在袁紹的專題中進行詳解。

十一、三國的亂世草頭王

前面我們講過，歷史由亂而治其實就是一部大魚吃小魚、小魚吃蝦米，對資源重新整合的過程（見《三國疆域》）。在殘酷的大搏殺中，只有少數的大魚倖存下來，成為歷史的主宰或主宰之一。至於那些小蝦米，天生就是大魚嘴裏的美食佐料，勝者王侯敗者賊，願賭就要服輸。

不過在一大堆的失敗者，除了那些先天不足的小蝦米之外，最可惜的是曾經做過大魚的那些人。他們都曾經闊過，成為當時歷史舞臺上非常耀眼的明星，身上光環四射。只是因為各自能力上的欠缺，最終倒在了距離冠軍紅線不遠的地方。比如秦末的項羽、隋末的李密、唐末的黃巢、元末的陳友諒、明末的李自成，以及晚清的天王洪秀全。

話題回到三國，說到三國的失敗者，我們近乎可以張口說過董卓、袁紹、袁術、呂布的名字。雖然他們對最後的勝利者曹操、劉備、孫權來說都只是配角，但他們都是黃金配角。黃金配角的出場價碼未必就比一線主角的差多少。紅花之所以美麗，是因為有綠葉的陪襯。

袁紹將單獨放在一章裏講，下面講講董卓、袁術、呂布。

在三國除曹操、孫權、劉備之外的所有亂世軍閥中，董卓是唯一一個在法理上具有全國統治性的軍閥，因為董卓曾經控制過東漢的中央朝廷。可惜董卓不是王莽，王莽所處的時代還屬於治世，加上王莽會裝純潔，所以能建立自己的帝國。

董卓出現在歷史舞臺上的時候，天下已經大亂，藩鎮割據的苗頭已經出現。董卓面對的是袁紹、曹操、孫堅這等級別的人物，王莽篡位之時，對手都是些什麼人？翟義而已。

和屬於京城官僚體系出身的王莽不同，董卓屬於外放的藩鎮系。說得具體些，王莽雖然家境貧寒，但卻出身於當時的天下第一豪門元城王氏，政治起點非常高，董卓則是從社會最底層一步步殺出來的。

雖然董卓有幸在《三國演義》第一篇中就出現在了我們的面前，但羅貫中筆下的董卓只是一個忘恩負義的小丑。對於董卓的出身，羅貫中只是簡單提到了「董卓字仲穎，隴西臨洮人也」。再不肯多費筆墨。演義中的董卓除了「身體肥大」，幾乎就沒有特別深的印象。

其實董卓在青年時代是一個標準的豪俠少年，因為性格豪爽，在西北邊地結交不少強人朋友。後來董卓回家耕地，他以前的那夥朋友來看望董卓，董卓很闊氣地宰殺了幾頭牛，大塊吃肉，大碗飲酒，好不痛快。交朋友就應該像董卓這樣，兜裏再沒錢，打腫了臉也要充胖子。人在江湖上行走，全憑一個「義」字，豪俠仗義，才能交到真朋友。

董卓是個江湖粗人，他不僅力大如牛，而且箭術極好，可以說是一身好功夫。在亂世要想生存下來，要麼武功蓋世，要麼智謀超群，否則只能被人吃掉。因為董卓的武功強悍，講究以力服人的當地羌胡都特別地恤他，所以董卓在隴西混得很滋潤。

董卓當然也不是「四肢發達，頭腦簡單」，他至少懂得拉攏人心，能做到這一點並不簡單。董卓和西楚霸王項羽都是練家子，但項羽為人吝嗇，愛爵如命，還不如董卓豁達豪爽。

董卓後來以軍司馬的身分參加了東漢官軍對叛羌的征剿，因董卓立了戰功，朝廷賞了他九千匹縑。董卓有功，拿這些賞賜心安理得，但董卓卻作出了一個驚人決定，將這些縑全部分給手下有功弟兄們。

當老大的就應該有個老大風範，弟兄們拋妻棄子，闖蕩江湖在刀山火海中賣命，不就是圖個榮華富貴嗎？人都是利益動物，只靠道德上的感召力，是收攏不了人心的，關鍵時刻必須用錢砸。套用一句再俗不過的名言：錢不是萬能的，但沒錢是萬萬不能的。

董卓自出道江湖以來，因為勇猛能戰，加之豪爽仗義，最終還是在官場殺出了一條血路，成為西北地方赫赫有名的諸侯。要想在亂世中安身立命，手上就必須緊握住槍桿子，有了槍桿子，就有了一切。董卓當然懂這個道理，這些年在疆場廝殺，董卓也逐漸培養了自己的親信部隊。

但亂世諸侯們要想坐穩江山，除了槍桿子，還必須符合一個條件，就是一定有要自己的戰略根據地。千萬不能學黃巢、李自成，打一槍換一個地方，看上去很爽，但一旦遭到戰略性失敗，連個退路都沒有。

中平六年（一八九），東漢朝廷調董卓進京，任職少府。少府是九卿之一，通俗一點說，少府是專給皇帝負責私房錢的內務總管，「（少府掌山海池澤之稅，以給供養）少府以養天子也」。平時管一管帳房，查看皇帝的私庫又進了多少服飾、寶貨，是個有名無實的閒職。

董卓在隴西地區混得有滋有味，有槍有錢有人，傻子才會去京城做一個清湯寡水的官。董卓當然要拒絕，不過他不會公然和朝廷唱對臺戲，而是藉口說手下弟兄堅決反對他入京任職少府，死活不讓他離開隴西。黑鍋由弟兄們背著，董卓自己倒落了個四面溜光水滑，確實是好手段。

朝廷召董卓進京就是想解決董卓的兵權，見董卓不上鉤，只好退而求其次。將董卓調任為并州牧，不能讓董卓長久在隴西駐紮，藩鎮就是這麼培養起來的。

董卓覺得這買賣挺划算，雖然離開隴西，但并州他並不陌生，以前他就曾經做過河東太守。而且董卓知道朝廷內部不穩，河東離洛陽非常近，一旦朝廷有什麼變故，董卓就可以立刻殺進京師，成就一番大事業。董卓「駐兵河東，以觀時變」。

董卓的戰略判斷力確實很強，果然沒多久，洛陽就發生了重大變故。大將軍何進和以張讓為首的太監兵團為了爭奪最高權力而刀兵相見，為了拉個幫手，何進私下請董卓率兵進京。董卓苦苦等待的機會終於來了，立刻率軍就道南下。

還沒等董卓進洛陽，愚蠢的何進就被太監們給幹掉了，隨後袁紹等人又將太監兵團一鍋燴了。外戚勢力和太監勢力就這樣同歸於盡了，但他們留下的權力真空正好由以董卓為代表的藩鎮勢力來填補，董卓也適時地發現並抓住了這次商機，順利地撈到了第一桶金。

但有商機，不一定就能賺錢，商機往往意味著風險，有時是需要一定膽量的，做事四平八穩的很難賺到大錢。董卓同樣面臨著風險，因為他手上只有三千軍隊，確實不太多，這點實力很難鎮住那些對自己有「想法」的異己分子。

董卓夠聰明，他想出了一個「虛張聲勢」的辦法，他讓弟兄們每天晚上悄悄出城，然後第二天一早，董系人馬打著大旗，大搖大擺地進城。經過四五天的折騰，董卓給京城各界造成了他至少有十幾萬軍隊的假象，京城果然被董卓給鎮住了。

穩住局面後，董卓做的最大一票買賣就是廢立皇帝，將他看不順眼的少帝劉辯給廢掉了，改立陳留王劉協。董卓廢立的原因表面上是劉辯木訥，劉協機靈，而且董卓和從小養育劉協的董太后攀上了親戚。

真正的原因應該是劉辯年齡太大，當時已經十七歲了，而劉協只有九歲。如果董卓能控制朝廷，劉辯的年齡顯然不符合董卓專政的要求，想找藉口都沒有。立九歲的劉協，董卓就可以打著皇帝年幼不能理政的旗號專權。

只是董卓下手太狠，廢掉劉辯也就算了，董卓居然毒死了少帝。董卓以為這樣可以剷除後患，但這步棋董卓明顯下臭了，弒帝殺君在封建時代是頭等大罪，董卓殺了劉辯，便自動喪失了道義高地，成為千夫所指的罪人。

朝中殘存的清流官僚集團本來就對董卓不太感冒，加上劉辯無罪遭弒，雖然董卓也「猶忍性矯情，擢用群士」，但依然激起了士大夫們在感情上的強烈反彈。雖然他們的反抗都被董卓通過武力強行鎮壓了，但董卓的形象卻被自己的野蠻行徑越抹越黑，臭名遠揚。

董卓到底是個粗人，不懂得掩飾自己的人性弱點，通俗說就是不會進行自我形象包裝。董卓得志後，他骨子裏的野蠻徹底爆發，經常無故殺人取樂，手段非常毒辣。董卓的倒行逆施激怒了天下人，尤其是京城外的地方藩鎮勢力，蛋糕都讓董卓吃了，他們去喝西北風？

董卓也看出了地方藩鎮勢力對自己的殺心，為了避禍，董卓一把火燒掉了繁華的洛陽城，遷都到長安。遷都又是一步臭棋，這代表著董卓的戰略方向從統一天下變成了割據一隅，在氣勢上就自動矮化了。

還有一點，遷都是強制性的，京師亂成一團，正如王夫之所說：「使乘其（董卓）播遷易潰之勢，速進而撲之，卓能其稽天討乎！」如果不是袁紹等關外討董的藩鎮互相猜忌，坐失良機，一戰大勝董卓，人心一去，董卓早就完蛋了。

董卓本來有機會像後來的曹操一樣，挾天子令諸侯，據中原形勝之地，逐步實現統一。但董卓的所作所為，證明了他不過是個亂世草頭王，和曹操根本不是一個檔次的。

退據關中的董卓有些像秦二世嬴胡亥被殺後的時局，當時關東軍閥並起，六國復興，秦朝對關東徹底失控，巨賊趙高強行取消秦朝帝號，秦朝又變回了秦國。董卓就是這樣，他也許從來就沒想過要統一天下，做個「秦王」就非常滿足了。

如果董卓能一改往前的惡習，善待百姓，安慰將士，據關中而王並非是一個夢想。但董卓卻選擇了一條道德上的不歸路，依然酷殺成性，搜刮百姓，別說天下亂得不成體統，就是關中地區，已經被董卓折騰得幾近崩潰。

董卓主動站在了天下人的對立面，等待他的只能是道德上的口誅筆伐和武力上的強烈反抗。當然道德的缺失還不足以使董卓破產，董卓最大的問題還是失去了朝中士大夫清流和身邊中下層官僚武士集團的人心，當這些人決定成為董卓的敵人時，董卓的下場已經注定。

初平三年（一九二）四月，在司徒王允、尚書僕射士孫瑞、司隸校尉黃琬與董卓的乾兒子呂布等人合謀下，一舉擊殺董卓，為天下剷除了一大禍害。

董卓進入京城官場不過兩年多的時間，卻弄得人神共憤，董卓的死徹底引爆了長安各界積壓已久的憤懣之情。董卓被殺後，舉城狂歡，「百姓歌舞於道，長安中士女賣其珠玉衣裝市酒肉相慶者，填滿街肆」。

雖然說人心的向背在亂世中不一定能起到決定性的作用，但董卓在短短兩年將人心敗壞得這麼徹底，可謂是歷史一大奇觀。

董卓完蛋了，他的七姑八婆一個都跑不了，史稱「殺其母妻男女，盡滅其族」。

董卓因為曾經控制過朝廷，是三國早期具有高度象徵意義的大軍閥，嚴格意義上來講，董卓的失敗才真正拉開了三國軍閥混戰的大幕。董卓死後，當初曾經抱成團討伐董卓的「十八路諸侯」徹底分了家，哥幾個紅頭漲臉地互相拍板磚去了。

當時勢力比較大的軍閥有冀州的袁紹、兗州的曹操、荊州的劉表，以及淮南的袁術，孫策、呂布在董卓死後不久的那段時間內還不成氣候。至於劉備？不知所云。在這四家大軍閥中，袁術算是一個異類，下面對袁術作一個簡單的介紹。

要說能力，無疑曹操最強，但要論出身，則是袁紹和袁術。二袁是從兄弟，出身於東漢中後期的天下第一豪門南陽袁氏，袁術的父親是桓帝時太尉袁逢的兒子，典型的含著金鑰匙出生的貴公子。

袁術出身好，事業上的起點自然要比草根出身的高一些，在董卓擅行廢立的那段時間，袁術就被董卓封為後將軍。後將軍是正號將軍，位列上卿，袁術此之前並沒有立過什麼顯赫的戰功，他能吃到這塊大蛋糕，估計還是出身好的關係。

不過袁術還算聰明，他見董卓倒行逆施，自然不肯上董卓的賊船，棄官逃到了東漢舊都南陽。袁術霸佔南陽後，立刻搖頭晃尾巴，「奢淫肆欲，徵斂無度，百姓苦之。」

袁術為人志大才疏，要他濟國安邦，基本沒戲，如果讓他禍國殃民，絕對是把好手，如果把董卓和袁術調換一下，袁術會比董卓還下作無恥。論野心，袁術甚至比曹操還要大，曹操只想做「周文王」，千古罵名留給兒子去背，袁術卻想著做皇帝。

皇帝是人世間最尊貴的身分，想當皇帝也沒什麼。中國歷史上被正史所承認的大約有六百多個皇帝，還有成千上萬的草頭皇帝，身邊只有十幾個人，七八條破槍，據著一個山頭，就敢自稱天子，這樣的皇帝不知道做起來有什麼趣味？

袁術在南陽的時候就有稱帝的打算，「覬漢室衰陵，陰懷異志」。但後來因為袁術和堂兄袁紹發生了矛盾，被袁紹聯合曹操用武力趕出了南陽，失魂落魄的袁術竄到了九江。東漢末年的九江並不是現在的江西九江，而是安徽淮南附近地區。

袁術的運氣比較好，當初長沙太守殺掉了南陽太守張咨，袁術平空佔了南陽。而袁術剛到九江不久，揚州刺史陳溫就病死了，袁術沒費什麼力氣就得到了淮南。

袁術是一個「皇帝臆想症」患者，他人生存在的價值似乎就是當皇帝，也不管他的地盤有多大。漢建安二年（一九七），袁術在壽陽稱帝，國號是比較奇怪的「仲家」，但不是孤例。東漢初年，西川軍閥公孫述稱帝，國號「成家」，袁術八成盜竊了公孫述的「學術成果」。

皇帝輪流做，明年到我家，誰有本事誰做皇帝，天經地義的事情。但袁術明顯地缺乏政治遠見，說重點就是愚蠢至極。漢獻帝劉協雖然被嚴重架空，但東漢皇帝的法統卻沒有人敢質疑，袁術冒天下之大不韙，自動跳出來成為各路諸侯的政治靶子，簡直就是蠢得無可救藥。

元末大儒朱升給朱元璋提出了著名的九字方針「高築牆，廣積糧，緩稱王」。朱元璋心領神會，嚴格按照朱升的戰略去做，直到八年後（一三六四）在大臣們的脅迫下，朱元璋才勉強自稱吳王，建立明朝還是四年後的事情。關於這一點，曹操做得要遠比袁術高明。心急吃不了熱豆腐，袁術偏偏不信這個邪，去咬熱豆腐，結果把舌頭給燙了。

其實皇帝的名分從來都是虛的，關鍵看自己有沒有實力。有實力就是真皇帝，沒實力就是假皇帝，曹操是個真皇帝，而袁術顯然是個假皇帝。袁術的地盤並不大，整體的實力有限，袁術如果想把事業做大做強，應該愛惜百姓、禮賢下士，這才像個幹大事的。

可袁術都在做什麼？「淫侈滋甚，媵御數百」。他最大的快樂就是和幾百個小老婆一起「探討人生」。這時的袁術已經陷入「小富即安」的惰性思維中，他已經到了意識中潛存的激情極限，也就是他已經達到了他佔有一塊地盤稱帝的目標，袁術的人生，已經毫無動力。

這和做生意一樣，我們都需要第一桶金，但第一桶金從來就不是、也不應該是我們的終極目標，我們要賺更多桶金。人沒有野心，就沒有歷史的發展和社會的進步，尤其是年輕人。為了社會的進步，我們需要年輕人更狂妄一些，不要怕失敗。青春期的挫折是成長過程中必須交的學費。

袁術賺點小錢就忘乎所以，他注定不能成為歷史的主宰，只是歷史的匆匆過客，爽完了，一切都結束了。袁術坐吃山空，再大的家業也不夠他折騰的，很快袁術就吃窮了。

兜裏沒錢，袁術再也牛不起來了，建安四年（一九九），袁皇帝帶著七姑八婆準備去投靠盤踞在灊山的部下陳簡等人。陳簡也是個勢利胚子，看袁術破敗了，黑著臉拒絕了袁術。袁術的手下弟兄們沒飯吃，都一哄而散了。

袁術實在混不下去了，準備厚起老臉去河北找堂兄袁紹討一碗飯吃，結果消息被曹操打聽到了。曹操當然不會放過袁術，派劉備在半路邀擊袁術，袁術進退無路，心情極度鬱悶，很快就掛掉了。

袁術只是三國歷史上的一個丑角，按羅貫中的說法，曹操在和劉備青梅煮酒論英雄的時候，笑罵袁術是「塚中枯骨」。這四個字用來評價袁術簡直太傳神了，袁術在歷史上是個毫無趣味的人，「商業價值」幾乎為零，這一點甚至還遠遠不如呂布。

雖然呂布和袁術一樣，都只是歷史的匆匆過客，但呂布要比袁術有趣多了。如果說袁術的人生波瀾不驚，那呂布的人生就可以用波瀾壯闊來形容。

說到呂布，我們可能會下意識的想到一位美女和一匹馬，猜都不用猜，直接張口而出：女中貂蟬，馬中赤兔。《三國演義》看多了，想不知道貂蟬都不行，中國古代四大美女之一。另三個美女是東施的鄰居、呼韓邪的老婆、安祿山的乾媽。

貂蟬和董卓、呂布父子的感情糾纏是《三國演義》前期的重頭戲，司徒王允巧設連環計，離間董卓和呂布，筆法之精妙，讓人拍案叫絕。如果從「郎才女貌」的角度來看，呂布和貂蟬簡直就是絕配。

呂布是堆熱烘烘的牛糞，貂蟬這朵鮮花插在牛糞上是天作之合，董卓不過是一堆冷卻的臭狗屎，毫無營養可言。如果讓貂蟬自己挑夫婿，她一定會挑呂布，大帥哥誰不喜歡？男人喜歡美女，女人喜歡帥哥，天經地義的事情。子曰：食色，性也……

不過貂蟬這個絕世美妞很可能是羅貫中虛構出來的，正史中找不到關於貂蟬的任何記載。不過在唐人徐堅《初學記．職官部下》有幸找到了貂蟬的蹤跡，可惜這裏的貂蟬不是美女，而是漢朝官員們經常戴的一種帽子。原文如下：「侍中冠武弁大冠，亦曰惠文冠，加金璫，附蟬為文，貂尾為飾，謂之貂蟬。」

羅貫中捏造出貂蟬和呂布的愛情，想必是受到了《三國志．呂布傳》中這段記載的啟發：「布與卓侍婢私通，恐事發覺，心不自安。」這個董卓身邊的侍婢沒有留下名字，正好給了羅貫中自由發揮的空間。

呂布之所以能在董卓的府裏有機會調戲侍婢，是因為董卓收了呂布做乾兒子，換了曹操，董卓敢要嗎？呂布總共有幾個爹？據考證，有一個親爹，兩個乾爹，還有一個潛在的乾爹。

親爹當然就是呂爸爸了，其實董卓只是呂布的第二個乾爹，第一個是并州前刺史丁原。至於潛在的乾爹，如果不是大耳賊劉備在白門樓多嘴饒舌，呂布肯定有機會叫曹操爸爸的。所以呂布在江湖上還有一個雅號：「三姓家奴」。這個雅號的發明者是張飛。

當然，就算呂布想巴結曹操，曹操未必敢收這個乾兒子。呂布一生有兩大愛好，一個是喜歡認乾爹，另一個是喜歡殺乾爹。丁原和董卓都死在乾兒子呂布的手上，曹操要收下呂布，天知道曹操能活到哪一天？還有一點注定了曹操不敢收呂布，曹操是個色中餓鬼，可惜呂布也是，萬一呂布要給曹操扣上一頂綠帽子，豈不有辱了曹操的一世英名？

說得直白一些，呂布就是一個利益動物，他闖蕩江湖的原則就是誰出的價碼高，他就跟誰混，全不管什麼江湖道義。呂布因為驍武能戰，深受丁原寵愛。

後來董卓入京師，想除掉丁原，董卓打聽到呂布是個錢串子，二話不說，私下許給呂布更高的出場價碼。呂布沒理由和錢過不去，抽刀就將第一任乾爹的腦袋切了下來，送給董卓做了見面禮。

公道一些說，董卓待呂布確實非常好，「甚愛信之，誓為父子」。估計呂布認董卓做乾爹是拜過帖子磕過頭的，屬於正式編制。有呂布在，董卓就不怕反對派暗中行刺他了。

因為呂布的突然出現，讓準備除掉董卓的司徒王允等人叫苦連天。要玩粗的，一百個王允也不是呂布的對手，王允唯一能做的就是策反呂布。好在王允口才很好，而且善於進行心理分析。

王允針對呂布猶豫地要顧及父子情分，當頭潑了呂布一盆涼水：「將軍自姓呂，尊父是呂太翁，和董卓八竿子打不著的關係。當初董老賊投戟要殺將軍的時候，可沒念什麼父子之情。」呂布頓悟，加上王允給出了比董卓當初給的更高的價碼，呂布和王允，親手幹掉了董卓。

刺董成功後，王允果然沒有食言，封呂布為奮威將軍，儀同三司，進爵溫侯，與王允共同理政。可惜王允是個書呆子，因為不懂變通，逼反了強賊李傕、郭汜，王允被殺。呂布沒當上幾天輔政大臣，就騎著赤兔馬四處討飯去了。

呂布因為之前殺過兩個乾爹，在江湖上的名聲已經徹底臭了，沒有人敢收留這個定時炸彈。本來呂布是想投靠袁術，但袁術卻「惡其反覆」，大棒子將呂布趕了出去，哪涼快哪待著去。

還是袁術的堂兄袁紹胸懷寬廣，收留了落難的呂布，讓呂布跟著他打天下，呂布也確實立了一些功勞。但呂布是典型的小人性格，得志後就搖頭晃尾巴，在袁紹面前不三不四。袁紹也有些惱了，準備幹掉呂布，要不是呂布反應敏捷，早被袁紹大卸八塊下酒喝了。

呂布並不稀罕袁紹給他的那塊黴窩頭，走就走，爺到哪都餓不著。呂布好歹也是一線大腕，給袁紹跑腿打雜確實有點寒磣，怎麼著也要做一路諸侯，身價怎麼來體現，社會地位！

在三國早期的江湖上，以中原地區為限，一線大腕也就那麼幾個：袁紹、曹操、袁術、劉備、呂布。呂布甩掉了二袁，他的人生軌跡注定要和另兩位大腕曹操和劉備發生交叉。

對曹操和劉備來說，呂布簡直就是個喪門星，誰黏上呂布，肯定弄得滿身腥騷。曹操、劉備分別被呂布偷襲了一次，曹操運氣好，有程昱給他墊背，好歹守住了兗州。劉備就慘了，呂布趁劉備南下討伐袁術時下了黑手，結果劉備傾家蕩產，連吃飯的地方都沒了。

當初呂布無家可歸時，是劉備收留了呂布，好吃好喝好照應。劉備沒想到呂布會這麼厚顏無恥，雖然隨後呂布反客為主，邀請劉備駐紮在徐州，勉強有碗飯吃，但劉備應該是記下了呂布的這筆賬。

建安三年（一九八），呂布兵敗白門樓，哀求劉備向曹操求情時，劉備輕描淡寫地告訴曹操：「公不見丁建陽、董卓之事乎？」曹操會意，絞死了呂布。呂布在死前高聲叫罵：「大耳賊最他娘的不講道義！」

呂布認為自己對得起劉備，袁術派大將紀靈來消滅劉備，是呂布轅門射戟，才保住了劉備的性命。但畢竟是呂布負義在先，以怨報德是最為人所不恥的，不知道呂布在罵劉備的時候，是不是有些心虛臉紅。

呂布的死實在怨不得劉備，他並不具備在亂世中生存的能力。呂布集團的構架非常地不合理，過於重武輕文（謀略），只知道紅頭漲臉地拍板磚，失敗是不可避免的。

呂布好容易有一個頂級謀士陳宮，卻言不聽計不從。早聽陳宮的良策，也不至於在白門樓被曹操捆成了粽子。劉備早期的失敗，就在於身邊沒有智囊。呂布捧著金飯碗討飯吃，還到處哭窮，實在是個笑話。

能養士而不能用士，跟沒養一樣。人才不是用來裝點門面的，而是紮紮實實用來實戰的。可能是呂布過於自信，或者他從來就沒有意識到人才對事業發生的重要性，一味逞強好鬥。

呂布的失敗就在於他用一種草台班子的管理模式來經營自己的團隊，沒有長遠戰略規劃，賺一票算一票。相比之下，曹操用的是正規公司化經營的路子，有明確的發展思路和近期、遠期的目標。曹操經營事業非常有層次感，簡直就是一門藝術。

就像兩個人在打架，曹操武功高強，在開打之前先拉個雲手，紮穩步子。而呂布不過是個愣頭青，拎把菜刀，張牙舞爪就衝了上來，七七八八亂砍一通。

當年的西楚霸王項羽也是這樣，項羽明明有一身好功夫，卻捨長就短，最終敗得一塌糊塗。烏江自刎前，項羽死不承認自己的錯誤，胡說什麼「天亡我也」！上天為什麼不亡劉邦？要論各方面的條件，劉邦是百分百必死的。

呂布和項羽很相似，但有一點比不上項羽，那就是項羽的骨頭硬，打不過就自殺，是個純爺兒們。再看呂布，被曹操生擒後，立刻向曹操服軟，臉不紅心不跳地暗示要做曹操的乾兒子，之前的傲氣都哪裏去了？

可惜曹操沒有認乾兒子的習慣，況且呂布的年齡和曹操差不多。

十二、四世三公話袁紹

本來關於袁紹的話題應該放在上一篇《亂世草頭王》中的，所謂亂世草頭王，自然就是最終的失敗者。不過袁紹的事業做得要遠遠大過董卓、袁術和呂布，在相當長的時間內死死壓制住曹操。作為曹操統一北方的過程中最重要的敵人，袁紹有許多事情要講，所以單列一篇。

袁紹的出身，上面講袁術的時候也提到了，出身於當時的天下第一豪門——汝南袁氏。在東漢中後期，汝南袁氏能風光到什麼程度？想想琅邪王氏在東晉南朝的社會地位就可以了。用當時人的話講，汝南袁氏「樹恩四世，門生故吏遍及天下」。

無論是古人還是今人，在提及袁紹時往往都會提到一個名詞——四世三公。「四世三公」就是袁紹行走江湖時最閃亮的金字招牌，而且不是鍍金的，是純金打造的。劉備成天扛著的那塊「大漢孝景皇帝玄孫、中山靖王之後」才是中看不中用的鍍金招牌。

汝南袁氏的「四世三公」要從袁紹的高祖父袁安講起，袁安是東漢明帝、章帝、和帝時的三朝名臣。袁安的家學淵源極好，世代傳學《易經》，特別是袁安在漢明帝劉莊大興「楚獄」時出任楚郡太守，掃冤辯屈，活人無數，一舉奠定了汝南袁氏在士林中的超高名望。

袁安為人剛直正派，所以朝廷非常倚重他，後來升任司空，不久改任司徒。有了袁安這樣在官場、士林兩頭通吃的老祖宗，汝南袁氏從此官運亨通，下面做一個簡單的列表：

袁安——司空、司徒
袁京（安子）——蜀郡太守
袁敞（安子）——司空
袁彭（京子）——南陽太守
袁湯（京子）——司空、司徒、太尉
袁成（湯子）——早卒
袁逢（湯子）——司空
袁隗（湯子）——太尉、太傅
袁紹（成子）
袁術（逢子）

所謂「三公」，是歷代官場上最為崇高的職務，周朝以太師、太傅、太保為三公，西漢以丞相、大司馬、御史大夫為三公，東漢三公是太尉、司徒、司空。從東漢至唐，除了南北朝的鮮卑周法古周朝外，其他各朝皆以東漢三公為準。

「四世三公」幾乎就是汝南袁氏的代名詞，不過在《三國志．蜀書．先主傳》中，劉備提到了袁術家世「四世五公」。這很好理解，四世三公的「三公」是名詞，而四世五公的「五公」是指袁家做過三公的五個人：袁安、袁敞、袁湯、袁逢、袁隗。

袁安做司空是在漢章帝劉炟元和三年（八十六），經過近百年的經營，汝南袁氏成為當時天下最為顯赫的家族，潁川荀氏都要稍遜一籌。當然，豪門內部同樣分高低貴賤，袁紹因為他的父親袁成死得早，祖父袁湯的爵位被袁術的父親袁逢襲嗣，所以袁術一直瞧不起堂兄袁紹。

有種說法認為袁紹是袁逢庶出的兒子，也就是袁術同父異母的哥哥。因袁成早死，所以袁逢就把袁紹過繼給亡兄做嗣子。不過就算袁紹是袁逢所生，但過繼給了袁成，那就要給袁成傳香火。不必鑽這個牛角尖，都是老袁家的貴種，管他誰生的。

因為袁成的早逝，反而讓袁紹在兩個叔父袁逢和袁隗那裏得到了特別的關愛，「二公愛之」，視同己出。從這一點來看，袁紹要比王莽幸運，王莽雖然也生在當時天下第一豪門，但因父親王曼死得早，王莽家徒四壁，在社會底層受盡了磨難。

生在豪門和生在草根的區別其實只在於奮鬥的起點有高低之分，要想做成大事，還要看自身的能力。人是不能選擇出身的，所以與其怨天尤人，不如面對殘酷的現實，努力打拼。在未知的風險面前，豪門和草根是沒有本質區別的，巨艦和小艇翻在水裏，後果都是一樣嚴重的。

即使是同生於豪門，人和人也是不一樣的，西海龍王敖順有句名言說得好：「龍生九種，九種各別。」袁紹和袁術是堂兄弟，但袁術純粹是個紈絝子弟，喜歡飛鷹走狗，頑劣無行。

再看袁紹，史稱袁紹「姿貌威容」，換成現在的話來，氣場很強大。和獐頭鼠目的袁術相比，袁紹更招人喜歡。因為當初袁成在官場上層積累了不少人脈，「大將軍梁冀以下莫不善之」。再加上袁紹本人能「折節下士」，所以袁紹在上流社會非常吃得開，「士多附之」。

早期的袁紹很有英雄慷慨氣，深得社會輿論的好感，曹操當時無論是家世還是名望均遠不如袁紹。

以袁紹的能力和形象，如果生在承平時代，三公是跑不了的。但袁紹的青年時代，東漢江山已經搖搖欲墜，太監集團和外戚、清流集團殺得昏天黑地。

袁紹出身高級清流官僚集團，自然要站在太監們的對立面，否則如何在江湖上行走。漢靈帝劉宏死後，太監集團和外戚、清流集團的決戰一觸即發。當時秉政的是大將軍何進，但何進為人多狐疑，做事太猶豫，袁紹反覆勸何進先下手為強，何進不聽，結果被殺。

何進只是清流官僚集團的代表，他的死並沒有影響袁紹等清流派剷除太監勢力的決心，袁紹率軍闖入皇宮，對太監集團進行了滅絕性的大屠殺，一個不留。

不過因為當時袁紹自身的勢力還太過弱小，所以勝利的果實被大軍閥董卓給摘了去。袁紹暫時沒地方去，就留在京師和董卓周旋。但時間久了，袁紹就發現董卓非常的不好對付，與其在老虎嘴裏撈食吃，不如到外地任個實職，有兵有地，不比在這裏擔驚受怕的強。

在袁家故交的積極斡旋下，董卓最終同意讓袁紹離開洛陽，出任渤海太守，實封邟鄉侯。渤海郡隸屬冀州刺史部，就是現在的河北省滄州，地大物博，是做大事的好去處。袁紹來到渤海，也標誌他的身分由之前的清流名士轉變成了地方實力派軍閥，這是袁紹人生中的重大拐點。

雖然渤海太守的職位是董卓委任的，但袁紹顯然不可能領董卓的人情。董卓是全國輿論高分貝聲討的國賊，如果袁紹和董卓走得太近，就等於自絕於天下，袁紹的智商還不至於這麼低下。

為了撈到更大的政治利益，袁紹聯合了堂弟、冀州牧韓馥、豫州刺史孫伷、兗州刺史劉岱等關東諸侯，舉旗聲討董卓。因為袁紹的威望在各路諸侯中最高，所以大家推舉袁紹為總瓢把子，帶著弟兄們去滅董卓這個老賊。

袁紹這次充當盟主，卻直接導致了他的叔父太傅袁隗全家被董卓悉數誅滅，死者五十多人。所謂「禍兮福所倚，福兮禍所伏」。袁隗舉家被殺，反而間接替袁紹賺足了同情分。

後來聯軍討董失敗，各回各家，各找各媽去了，袁紹也回到了渤海。袁紹雖然有了立身之地，但渤海一郡顯然不能滿足袁紹的胃口，如果袁紹不能擴大生產規模，早晚被人吃掉。因為渤海郡是冀州轄地，袁紹第一個短期戰略目標自然就是奪取韓馥麾下的冀州。

袁紹現在最大的問題是手下人才太少。不過這對袁紹來說顯然不是問題，因為袁紹出身高貴，禮賢下士，再加上各界痛惜德高望重的袁隗太尉，為了報答老袁家的舊情，各地豪傑蜂起來投袁紹。袁紹的帳下很快就擠滿了淚流滿面的袁家舊吏，袁紹有槍有人，腰桿自然也硬了起來。

不過戰爭是冷血無情的，袁紹真要和韓馥拼刀子，未必有絕對的勝算。袁紹的運氣也夠好，正在袁紹挖空心思奪取冀州的時候，盤踞在幽州的軍閥公孫瓚突然南下進入冀州，打著討伐董卓的旗號，準備私吞冀州。韓馥現在成了風箱裏的老鼠——兩頭受氣，彷徨無措。袁紹敏銳地發現了這個機會，派謀士荀諶（荀彧胞弟）來遊說韓馥獻出冀州。荀諶憑著三寸不爛之舌，給韓馥分析了得失利害，果然說動了韓馥。袁紹不費一槍一箭，就輕易地挖到了人生的第一桶黃金。

有了真正意義上的戰略根據地，袁紹可以說是困龍入海了，套用一句名言：「廣闊天地，大有作為。」袁紹也知道要做成大事，身邊沒有智囊是不行的，袁紹帳下也彙集了當時的頂級智囊沮授、田豐、逄紀等人。這些人的智力資源，足夠支撐袁紹擴大生產規模的。

先說沮授，沮授本來是韓馥的心腹，但袁紹卻用人不疑，引沮授為心腹智囊，沮授自然也傾其智力為袁紹效勞。這時的袁紹確實能做到人盡其用，如果他半路不掉鏈子，官渡之戰的贏家未必就是曹操。

沮授從爭雄天下的高度給袁紹制定了一個長遠的發展戰略，拋開沮授對袁紹肉麻的吹捧，沮授應對策略的核心是立足冀州，掃滅河北周邊各派勢力，比如黃巾軍殘餘、黑山賊張燕，以及幽州的公孫瓚，對河北實行全面控制。然後奉迎漢朝皇帝於鄴都，奉天子以討不臣，取得政治優勢。文武並舉，數年之間就可掃平諸侯，匡扶天下。

沮授「奉天子以討不臣」的戰略要早於荀彧向曹操提出的同等戰略，如果袁紹能提前下手請到漢獻帝這尊金像，那曹操就會非常的被動了。袁紹優柔寡斷的性格很快就暴露了出來，隨後謀士郭圖再向袁紹建議奉迎漢天下的時候，因為袁紹不喜歡漢獻帝劉協，怕劉協到時不好伺候，就放棄了這個戰略。

袁紹放棄「奉天子以討不臣」的戰略不久，曹操就聽從荀彧的建議，搶先下了手，一舉控制了朝廷。消息傳到河北後，袁紹突然回過味了，後悔得直撞牆。袁紹想嘗試著讓曹操把吃到嘴裏的肥肉吐出來還給他，曹操當然沒這麼蠢，拒絕了袁紹。

要論各方面的條件，袁紹都遠遠強於曹操。就硬體來說，袁紹這時手控冀、青、并、幽四州，兵馬數十萬。要論軟體，智謀之臣、熊貔之士，濟濟帳下，絕不比曹操手下那班精英差。史稱「審配、逢紀統軍事，田豐、荀諶、許攸為謀主，顏良、文醜為將帥」。

袁紹能闊到什麼程度？他準備南下攻擊許昌時，一出手就是精卒十萬，騎兵上萬。因為袁紹的控制區地近北方產馬區，馬源不成問題。在冷兵器時代，騎兵是最先進的作戰部隊，相當於熱兵器時代的裝甲集團作戰，衝擊力可想而知。要說戰勝對手的機率，袁紹也遠遠大過曹操，因為袁紹的機會要比曹操多，如果要為袁曹決戰開盤口的話，大筆的賭注會流向袁紹。但為什麼笑到最後的卻是曹操？

在《曹操智庫》中，我們講了郭嘉提出的《十勝十敗論》，現在從袁紹和曹操在為人處事以及性格的差異來講一講。

袁曹二人在性格上的差異有些類似秦末雙雄項羽和劉邦，袁紹幾乎就是項羽的翻版，而曹操幾乎就是劉邦的翻版。陳平曾經評價項羽：「項王為人，恭敬愛人，士之廉節好禮者多歸之。」袁紹也是如此，所以江湖豪俠義士，歸之如雲。

但項羽和袁紹都有一個通病，善致士而不善用士，養人而不能用人之才。項羽的問題是「愛惜爵位」，是隻鐵公雞；袁紹的問題是「多謀少決」，做事太優柔，他們手上的牌面都比劉邦和曹操要好，結果都因為牌技不佳，全都打臭了。

反過來說劉邦和曹操，這兩位爺都有點「無賴」性格，性格豪爽，不拘小節。劉邦喝酒賒賬，在儒生的帽子裏撒尿；曹操醉酒後，伏在案上大笑，鬍鬚全是肉渣子。

這等不注意形象的事情，是出身頂級貴族的項羽和袁紹做不出來的。當然這都是小事，劉邦和曹操在小事上大大咧咧，但在大事上絕不含糊，心狠手快，做事絕不拖泥帶水。

項羽和袁紹的失敗還有一個共同點，就是他們對自己能力的絕對自信。因為出身累世貴族，他們的心理優越感非常強，總覺得老子天下第一。比如袁紹，雖然他在一定程度也能善言納諫，但前提是智囊的謀略和他想的一致，不然袁紹是不聽的。

袁紹準備在境內實行分封制，讓三個兒子袁譚、袁熙、袁尚以及外甥高幹各據一州，鞏固袁氏的天下。在亂世中搞分封制是非常危險的，這麼做容易勾起被分封者的權欲，為境內的疆土和統治集團的分裂埋下了重大隱患。

三百年後的蕭衍大搞分封制，兒孫各掌雄兵，結果手足殘殺，被人一鍋給燴了。謀士沮授苦勸袁紹不要玩火，現在搞分封絕對不是時候，可袁紹不聽。後來的形勢發展也證明了沮授的遠見，袁紹集團的滅亡，有一半是源於袁氏三兄弟的手足相殘。

曹操北上擊袁，沮授又針對袁曹的優劣提出了一個絕戶計：曹軍雖然雄武能戰，但他們糧少，所以曹操利在速戰。我們糧食多，不怕和曹操耗時間，我們堅守不戰，等曹軍洩了氣，一鼓可擒之。袁紹不聽，結果招來一場大敗。

說句不太恰當的比喻，曹操喜歡人才，但袁紹似乎更喜歡奴才，因為奴才聽話。沮授雖然才智超群，但他提出來的這些建議卻嚴重挫傷了袁紹的自尊心，好話都讓你說盡了，我算幹什麼的？

袁紹為人「外寬而內忌」，表面上尊重人才，實際上人才在他心裏並沒有什麼地位，曹操用人「惟才是舉」在袁紹這裏只能是神話。曹操正好和袁紹相反，「外忌而內寬」，有時曹操也鑽牛角尖，拿著菜刀滿世界追殺仇人的兒子，但畢竟是孤例。

魏種當年在呂布偷襲兗州時第一個叛變，把打包票說魏種不會叛變的曹操羞得滿臉通紅。後來曹操抓住了魏種，把劍橫在了魏種的脖子上，恨恨地說：「惟其才也！」當場釋放，繼續重用。這種胸襟氣度，不由得讓人心折！

如果說曹操的心胸像大海，那袁紹的心胸不過像井口那麼大，容不得真龍。下面說一說袁紹帳下與沮授齊名的另一名重量級謀士田豐，田豐的遭遇能很好地說明袁紹「外寬內忌」的性格。

要說袁紹早期還能在一定程度上尊重人才，田豐就是當初袁紹重金禮聘出山的。田豐本以為袁紹有能力拯救萬民於水火，就慨然來到袁紹帳下，準備大展拳腳。

哪知道袁紹只看中田豐在河北士林中的名望，根本就沒打算重用田豐。田豐屢屢給袁紹獻奇計，比如力勸袁紹奉迎漢天子以討不臣，袁紹當成耳旁風。

袁紹率主力南下官渡與曹操決戰，遭到了田豐的強烈反對。田豐很有戰略遠見，他告訴袁紹，真正著急決戰的是糧少的曹操，而不是我們。我們要避免和勢力正銳的曹軍主力決戰，而是休養生息，精兵簡政，增強實力。

田豐也敏銳地發現了曹軍數量不如袁軍，田豐提出我們可以利用曹操這個劣勢，派兵四處騷擾曹操。比如我們佯攻A點，曹軍過來救援，我們再去攻B點，曹軍過來時，我們再砸C點。勝用騎兵優勢，讓曹軍疲於奔命，消耗掉曹軍的銳氣，兩年之內，必可擒曹操於麾下。

如果袁紹聽從了田豐的毒計，不一定就能如田豐所說兩年之內滅曹，但至少能極大地消耗曹軍的戰鬥力，曹操也就沒有能力北上急於決戰。時間拖得越久，對袁紹越有利。可袁紹從來就不相信田豐，覺得自己實力這麼強大，對付曹操沒必要這麼麻煩。兩年後？恐怕黃花菜都涼了，搖頭不聽。田豐堅持己見，苦勸袁紹，結果把袁紹惹急了，繫田豐於獄中。自己率著大隊人馬，自信滿滿地南下和曹操決戰去了。

結果袁紹臨陣應變能力不如曹操，再加上不聽謀士良言，被曹軍殺得血流成河，袁軍死傷慘重。消息傳到河北獄中，有人來給田豐道喜，說田公料事如神，袁公回來後，必能重用田公。

田豐這些年在袁紹身邊周旋，對袁紹為人瞭若指掌。田豐仰天長歎，對這個人說：「你還是沒有看透袁將軍，如果此戰破曹，我還有活下來的希望。現在戰敗了，我必死，不信你等著看吧。」

袁紹戰敗回來後，果然擔心因此敗遭到田豐的恥笑，愛面子的袁紹再也不愛惜人才，下令處死田豐。這就是跟隨袁紹闖江山的下場？兔子還沒捉到呢，就把獵狗烹了，袁紹實在蠢得無可救藥。

雖然田豐為人剛而犯上（荀彧語），但做大事業的哪能沒有一點肚量，何況田豐是袁紹的超級謀臣，袁紹說殺便殺，豈不令天下智士寒心。看來當初荀彧和郭嘉跳下袁紹這條船是正確的，不然他們的下場比田豐好不了多少。

曹操在這一點就遠比袁紹精明，如果在劉備窮困來投時殺掉劉備，張繡、張魯、劉琮等人哪還有膽量投降曹操？人都有一種慣性思維，將同類人的遭遇和自己的未來聯繫起來，殺一人而沮天下人歸順之心，這樣的蠢事曹操做不出來。

田豐的智力水準是歷史證明過的，晉人孫盛將田豐稱為張良再世，像田豐這等級別的謀士，如果袁紹禮而用之，勝負尚未可知。袁紹平生殺人無數，卻殺了他最不該殺的田豐，袁紹失敗的結局，在田豐大笑而死的那一刻，已經不可避免了。

宋人秦觀在《袁紹論》明確指出，袁紹的滅亡，不在於官渡之敗，而在殺田豐。秦觀的理由是雖然官渡慘敗，但袁紹的綜合實力依然不弱於曹操，如果袁紹能「東向而事豐，問以計策，卑身折節」，並收撫殘兵，休養生息，笑到最後的未必就是曹操。

秦觀的這個觀點確實沒錯，但問題是如果袁紹真的如秦觀所說向田豐低頭認錯，那還是袁紹嗎？

袁紹做事業的起點比曹操高，各方面的條件都比曹操優越，結果曹操拿走了所有的蛋糕。曹操和袁紹相比有一個非常致命的優點，那就是曹操一旦決定做某事，立刻下手，絕不拖三落四。

要做成大事，有個三字要訣，就是「穩、準、狠」。「穩」是指做事要通盤考慮，兼顧戰略和戰術利益；「準」是指要確定具體的目標，不要假大空，似是而非；「狠」是指確定目標後，以雷霆萬鈞之勢火速將目標拿下，因為機會是瞬息萬變的，夜長夢多。

「穩、準、狠」是曹操的優點，恰恰是袁紹的弱點，尤其是在機會的把握上。每次袁紹面臨著重大戰略選擇的時候，袁紹都會犯猶豫不決的老毛病，機會浪費了一火車。

比較典型的事例是建安五年（二〇〇），曹操控制區發生了重大政治事變，董承謀誅曹操，事洩被殺。同時劉備在徐州樹起反旗，曹操為剷除腹心大患，決定親征劉備。

劉備在徐州的軍事存在將極大地牽扯曹操的北線戰略，對袁紹非常有利，袁紹應該不惜代價保住劉備。田豐也勸袁紹利用曹軍東征之際，襲取許都，斷掉曹操的老巢。

袁紹沒有同意，找了一個不三不四的理由拒絕了田豐的建議，袁紹推托自己的兒子得了病，不忍遠征。田豐見袁紹做事如此猶豫糊塗，氣得以杖擊地，大呼蒼天誤我。

曹操幸運地躲過了這一場大劫，順利地趕跑了劉備，解除了東線警報，可以全力對付袁紹了。失去了（控制徐州的）劉備這個戰略支點，袁紹將獨自承受曹操的所有壓力，一加一大於二的道理袁紹居然也不懂，實在愚蠢到了極點。

其實曹操東征劉備的時候也有些猶豫，曹操擔心袁紹乘虛南下，但郭嘉果斷地告訴曹操，可以放心東征，袁紹必不會南下。郭嘉認為袁紹為人猶豫狐疑，做事四平八穩，不敢輕易冒險。一切果如郭嘉所料。

袁紹本來在棋盤上佔有很大的優勢，結果老帥稀裏糊塗地就被曹操吃掉了，真不知道這棋是怎麼下的。袁紹下的臭棋數不勝數，所以屢戰屢敗，但真正讓袁紹集團走上毀滅之路的臭棋，應該算是袁紹在繼承人的問題犯下的大錯，捨長立幼，人為製造內部分裂。

本節開始也講了，袁紹有三個兒子，依次是袁譚、袁熙、袁尚。如果按立長的原則，年長且賢慧的袁譚應該繼承袁家的基業，但袁紹卻最喜歡正妻劉氏所生的三兒子、美姿容的袁尚，袁紹打算立袁尚。

雖然在立袁尚為嗣之前，袁紹就掛掉了。但在袁紹生前，分封三子各領一州，長子袁譚守青州，袁熙守幽州，而袁尚留在了冀州本部，實際上是確定了袁尚繼承人的地位。

袁譚見父親偏心，當然不服，兄弟之間的裂痕越來越大。袁紹剛嚥氣沒多久，冀州的親尚派如審配、逢紀立刻擁立袁尚為河北主。袁譚為了爭取本屬於自己的利益，在辛評、郭圖等人的支持下，和袁尚大打出手，絲毫不顧及兄弟情分，結果白白便宜了坐山觀虎鬥的曹操。

袁紹經營河北二十多年，實力非常雄厚，建安五年（二〇〇）袁紹雖然在官渡慘敗，但袁紹的整體實力並沒有下降多少。而袁紹於西元二〇二年病死後，他的寶貝兒子們為了奪取河北的最高統治權而自相殘殺，即使如此，曹操最終徹底掃清袁氏的殘餘勢力，足足用了四年！

前面講了，秦觀將袁氏集團覆滅的原因歸於袁紹殺田豐，這是一個重要原因，但不是唯一原因。有句話說得很好：堡壘最容易從內部攻破，如果不是袁氏集團內部出了大亂，曹操未必有多少勝算。

袁紹在和曹操的鬥爭中，不斷地犯下戰略性錯誤，一錯再錯，最終「不及八年，而袁氏無遺種矣（蘇軾評語）」。歷史教訓可謂深刻。

袁紹的事情就講到這裏，用《三國演義》中感歎袁紹的那首詩收場：

累世公卿立大名，少年意氣自縱橫。
空招俊傑三千客，漫有英雄百萬兵。
羊質虎皮功不就，鳳毛雞膽事難成。
更憐一種傷心處，家難徒延兩弟兄。

十三、赤壁之戰

我們都知道《水滸傳》中有一個著名的橋段「武十回」，從第二十三回武松景陽崗打虎開始，至三十二回醉打孔亮結束，武松在施耐庵（作者存疑）的筆下無限風光，「武十回」可以說是《水滸傳》中扛大旗的段子。

與《水滸》幾乎同時問世的另一部扛鼎大作《三國演義》裏，也有與「武十回」類似的著名橋段，這就是赤壁之戰。

赤壁之戰在《三國演義》中的戲份超重，如果從第四十一回《劉玄德攜民渡江》算起，到第五十回《關雲長義釋曹操》，也是整整十回。如果把限度放寬，算上赤壁之戰的前奏第三十四回《蔡夫人隔屏聽密語》，一部百二十回的、時間跨度長達百年的《三國演義》，居然用了十七回的篇幅講赤壁之戰前後不過一年多的故事。

在羅貫中的生花妙筆下，本來比較平淡乏味的赤壁之戰被演繹得轟轟烈烈、盪氣迴腸。「赤壁十七回」幾乎集中了《三國演義》最精彩的篇章，我們可以張口說出演義中與赤壁之戰有關的著名典故：馬躍檀溪、走馬薦諸葛、三顧茅廬、隆中對、火燒新野、攜民渡江、長阪坡、當陽橋、舌戰群儒、智激周瑜、群英會、草船借箭、苦肉計、連環計、橫槊賦詩、借東風、華容道。

羅貫中對赤壁之戰如此不惜筆墨，自然有他的道理。可以這麼說，赤壁之戰是整個東漢三國時代最有決定性的一場戰爭。孫權和劉備聯合作戰，在赤壁擊敗了曹操的軍隊，奠定了三國鼎立的基礎。甚至從某個角度來說，赤壁之戰是中國古代戰爭的代名詞，名氣實在太大了。

至於三國三大戰役的另兩場大戰——官渡之戰和夷陵之戰，官渡之戰拉開了三國鼎立的大幕，但高潮還沒有來到；夷陵之戰則正式否定了三國提前統一的可能性，而且三國的高潮部分隨著曹操、劉備的離世，也逐漸成為歷史的記憶。

赤壁之戰幸運的處在三國歷史的高潮點上，官渡之戰的主角只是袁紹和曹操，夷陵之戰的主角只有孫權和劉備，而赤壁之戰則是曹操、劉備，孫權三大絕世梟雄的集體彙報演出，這在三國歷史上僅此一次。

戰爭無論是什麼樣的性質和模式，總要有人主動挑起戰爭的。赤壁之戰的「發起人」，毫無疑問是曹操，沒有曹操的統一戰略，就不會有赤壁之戰。

赤壁之戰的出現，前提是曹操獲得了官渡之戰對袁紹的勝利，統一了北方，這才開始啟動南下戰略，曹操希望通過對孫權、劉備的征服，實現全國性的統一。

當歷史的車輪進入三世紀（東漢建安五年，西元二〇〇年）的時候，東漢末年軍閥大混戰的形勢逐漸明朗化，簡單的介紹一下當時的割據形勢：

袁紹——河北四州

曹操——中原地區

公孫度——遼東

馬騰、韓遂——西涼
張魯——漢中
劉璋——西川
劉表——荊州
孫權——江東
士燮——交州（今廣東、廣西）
劉備——四海為家、浪跡天涯（寄居劉表治下的新野）

從曹操統一戰略的角度來看，扳不倒強大的袁紹，曹操就沒有資格談統一，曹操也知道他和袁紹之間必須死掉一個。好在曹操允文允武，帳下謀士竭智，武夫用命，再加上袁紹不斷地犯錯誤，最終曹操贏得了這場生死**PK**，統一北方。

曹操不像孫權只盯著荊州，割據江東，成一方偏霸之業，曹操要的是整個天下。當時除曹操之外，還有四路比較大的軍閥，從西向東分別是：西涼馬騰、益州劉璋、荊州劉表、江東孫權。曹操會先吃哪一塊蛋糕呢？

從戰鬥力的角度講，馬騰和孫權比較難對付，劉璋和劉表稍弱。曹操並不在乎對手是誰，袁紹何其強大，不照樣被他幹掉了。劉璋雖然好對付，但畢竟西川山路奇險，不是一朝一夕能拿下的。萬一陷進了泥潭裏，孫權背後下黑手，那麻煩就大了。

曹操除了擔心孫權，還要時刻提防著劉備。雖然劉備寄居劉表門下，但劉備的能力曹操再清楚不過了，如果荊州有變，不排除劉備成為荊州之主的可能。曹操在沒有解決孫權和劉備之前，是很難放心遠征馬騰或劉璋的。

曹操在制定統一戰略的時候，肯定是以漢光武帝劉秀的統一進程為藍本的，劉秀就是先掃清中原，然後消滅西北隗囂和益州的公孫述，統一天下的。曹操已經把自己看成了第二個劉秀，對曹操來說，馬騰就是隗囂、劉璋就是公孫述，至於遼東公孫康（公孫度子），就當是盧芳，最後再收拾他。

統一日程表制定好了，下面曹操開始進入實際操作階段。至於是先攻劉表還是先攻孫權，曹操經過通盤考慮，決定先拿下劉表，順手除掉劉備。劉表的能力遠遜於孫權，而且荊州地居長江中流，如果佔領荊州，曹軍就可以用荊州水軍，順江直下，一鼓拿下孫權。

但要拿下劉表和孫權，水戰是曹操必須面對的，雖然曹操對水戰並不熟悉，但不會可以學，誰天生就會演雜技呢，都是刻苦訓練出來的。建安十三年（二〇八）春，曹操在鄴城玄武池操練水軍，開始為他平生的第一次水戰模擬演練。

對於第一個對手劉表，曹操和劉表基本沒打過什麼交道，但曹操也通過各方面的管道了解了劉表為人。劉表出身士林，崇尚清談，所以郭嘉諷刺劉表是個「坐談客」，除了一張大嘴，沒別的什麼本事。而且劉表做事猶豫，也沒什麼野心，只想「欲保江漢，觀天下變」。

柿子當然要揀軟的捏，何況荊州據天下之中，戰略地位極為重要。佔據荊州，東可取孫權，西可取劉璋，南能致士燮於麾下，一本萬利的買賣為什麼不做？建安十三年（二〇八）的七月，曹操率軍出征劉表，正式拉開了「千古第一名戰」——赤壁之戰的大幕。

曹操的運氣非常好，還沒等曹操抽刀出鞘，就傳來一個好消息：劉表於八月間病死，次子劉琮繼位。當然劉表不死，曹操也不怕他，只是下手會麻煩些。

曹操的好運還沒有完，聽說曹操大舉來犯荊州，荊州的士大夫們無不歡欣鼓舞，他們等這一天已經很久了，至於他們的主人劉琮命運如何，和他們沒有關係，他們只考慮自己的利益。名士蒯越、傅巽、韓嵩等人從利害角度給劉琮上形勢分析課，勸劉琮早點投降，尚不失封大國。

劉琮是個乳臭未乾的小兒，根本不懂軍事，見曹操來勢洶洶，害怕曹操吃人，立刻將荊州打包送給曹操。天上掉下一塊大肉餅，正砸在曹操鋥光瓦亮的腦門上，曹操笑得合不攏嘴，這等好事上哪找去？

蒯越等人為曹操兵不血刃拿下荊州立下了頭功，曹操自然不會虧待他們，封蒯越等荊州士大夫的代表十五人為侯。這年頭做什麼事情都要花錢，做買賣，講的就是誠實守信，童叟無欺。

雖然曹操平白得到荊州，但曹操此次南征，除了要撈地盤之外，還有一個非常重要的任務，就是除掉大耳賊劉備。像劉備這樣困在池中的潛龍，絕對不能讓他游進大海，否則對曹操來說後患無窮。

劉備也知道曹操是衝著他來的，這時的劉備屯在樊城，實力非常弱小，根本不具備和曹操決戰的可能性，唯一的辦法就是南撤。雖然劉琮獻了荊州，但這只是理論上的，曹操的軍隊還沒有實際控制荊州，劉備準備據保錢糧豐厚的江陵，再作打算。

因為劉備人品好，荊州士民歸之如流，劉備南撤的時候，十幾萬哭泣的百姓自願跟著劉使君南下，死也要死一起（曹操能無愧否）。曹操可不管什麼百姓死活，當年在徐州屠殺幾十萬無辜百姓的惡名，曹操永遠也洗不掉。劉備帶著百姓自尋死路，也不能怪他心狠手辣。

曹操為了不讓劉備佔據江陵，率五千騎兵星夜兼程的南下，追擊劉備。十幾萬百姓拖家帶口，每天只能走十幾里，而曹軍騎兵「一日一夜行三百餘里」，劉備很快就被曹軍騎兵追上。

劉備為了維護自己的政治品格，付出了極為慘重的代價，險些全軍覆沒，劉備狼狽地逃往夏口，和劉琦會合一處，勉強有個落腳的地方。但劉備的生存形勢極度惡劣，有隨時被曹操吞沒的危險。

截止到此時，曹操對荊州的兩個戰略目標基本達到，既控制了荊州，也將劉備打得半死不活。曹操沒想到荊州之戰會這麼順利，基本上是他一個人在唱獨角戲。本來在曹操的日程表上稍後進行討伐孫權的軍事行動，可以提前開始了。史稱「太祖（曹操）破荊州，欲順江東下」。

不過在是否應該趁熱打鐵征服孫權的問題上，曹操帳下的大牌謀士賈詡卻和曹操唱起了對臺戲，反對東征孫權。因為賈詡是戰略旁觀者，所以他看到了曹操沒有看到、或者看到了沒有重視的問題，就是「戰略疲勞」。

所謂「戰略疲勞」，說得雅一些，就是「強弩之末，勢不能穿魯縞也」；說得俗一些，就是「一口吃得太多容易噎著」。賈詡的意思是讓曹操先暫停東征孫權，讓軍隊獲得一個喘息休整的機會。曹操新得荊州，荊人未必心服，曹操應該安撫人心，發展經濟，等消化完之後再攻孫權，到時孫權必不戰自降。

孫權「不戰自降」的機率基本不存在，但賈詡的這個以退為進的戰略還是可行的，有四個原因：

一、現在荊州還不是曹操的嫡系控制區，需要時間培養曹操在荊州的威望。威望是人心向背，與武力威懾沒有直接的關係。

二、如果曹操暫停東征，那麼將置劉備於非常尷尬的境地，攻曹操他沒實力，要攻孫權更不可能，只能夾在中間受氣。曹操最好能將劉備趕到孫權控制區，或借孫權之手除掉劉備，或借劉備之才給孫權添亂，這都對曹操非常有利。

三、曹操穩定在荊州的統治後，就徹底封死了孫權集團向西發展的空間，從北、西、南三面將孫權死死壓制住。孫權再有本事，也成了籠中困獸。曹操可以從三面騷擾孫權，讓孫權日夜不得安寧，等到孫權筋疲力竭的時候，曹操隨時可以宣布遊戲結束。

四、如果曹操認為一時半會拿不下孫權的話，可以從荊州入川，以曹操的實力，收拾蔫了巴嘰的劉璋易如反掌。畢竟從荊州入川要比從秦嶺入川更方便些。荊州「利盡南海」，曹操同樣可以繼續由荊州南下，征服交州。真要出現了「十分天下曹操佔其九」的局面，孫權的滅亡只是時間問題。

可現在的曹操自信滿滿，賈詡說的這些，曹操未必沒有想過，只是覺得對付孫權不需要這麼麻煩。曹操沒聽賈詡的，繼續向東進軍，面對一片大好的形勢，曹操有些飄飄然了。孫權要是識時務的話，早點單車來降，尚不失封侯。否則大軍一到，立成齏粉。

曹操指望孫權給他做乾兒子，幾乎就是癡人說夢，孫權是什麼樣的角色？孫權不如哥哥孫策驍勇能戰，卻也是才具非常，能「納奇錄異」，所以張昭和周瑜這樣級別的大佬俯首貼耳的給孫權當牛做馬。孫權不奢望統一中夏，但至少要鼎足一方，以待天時有變。

早在幾年前，魯肅就給孫權提出了著名的《榻上對》，對孫吳集團的長遠發展進行了戰略規劃。魯肅認為「漢室不可復興，曹操不可卒除」，為孫權計，當保守江東，橫踞荊州，「竟長江所極」，然後在此基礎上與曹操爭衡天下。

所以無論是從魯肅的戰略角度，還是從孫權的戰術角度，荊州都是必須劃到戶頭上的。孫權也一直奉行「荊州至上」的西線戰略，經常對劉表治下的荊州零敲碎打，佔了不少便宜。

這次劉表病亡，二子爭嫡，東吳統治集團就看到了奪取荊州的好機會，孫權和魯肅認為曹操即將南征荊州，他們應該趁早下手。按魯肅的意思，荊州人事的變動，對寄居樊城的劉備影響最大，所以東吳應該聯合劉備，一起對抗曹操，然後再圖荊州。

魯肅確實很有戰略遠見，他對荊州形勢的分析果然不久後就得到了驗證，劉備被曹操滿世界地追殺。好在魯肅下手快，見到了劉備，提出了孫劉（包括劉琦）聯合共同抗曹的戰略構想。

魯肅此來，對陷入絕境中的劉備來說，實在是個天大的好消息。但形勢是瞬間變化的，劉備不敢打包票孫權一定會抗曹，就派諸葛亮去柴桑，說服孫權下定決心抗曹。

劉備的擔心不是沒有道理，自從曹操給孫權寫了一封恐嚇信，說自己大舉水軍八十萬，即將水陸並下後，對是否武力抗擊曹操，江東統治集團內部產生了巨大的爭議，一派主和，一派主戰。

勸孫權投降的主要是江東的士大夫階層，代表人物是張昭。張昭的理由是曹操新收荊州，並得到了荊州水軍，我們（江東）所持的長江地利之險，曹操也同樣擁有。所以我們不能拿雞蛋往石頭上碰，不如投降以保全性命。你好我好大家好，才是真的好。

在江東士大夫階層的潛意識當中，跟著曹操混，做個中原名流，顯然要比做偏安的江東名流更光彩。至於孫權，他們也是無奈之下的二選一，和曹操相比，孫權的人格魅力欠缺的太多。

而勸孫權迎戰的主要是江東龐大的武人階層（見《三國志．卷五十五》）代表人物是魯肅和周瑜。武人和清流不一樣，清流們到哪都能領到高薪，武人如果降曹，就會從孫權的嫡系變成曹操的雜牌軍，身價將大幅度地下降。「寧為雞首，不為牛後」的道理，他們當然懂。

魯肅堪稱是攻心高手，他從孫權本人的利益角度分析孫權為什麼不能降曹。魯肅告訴孫權：我這個給將軍跑腿打雜的可以降曹，唯獨將軍不可。以我的本事，降曹後待遇不會比現在低。但如果將軍降曹，「位不過封侯，車不過一乘，騎不過一匹，從不過數人，豈得南面稱孤哉」！

魯肅的話果然讓孫權動了心，還有一層考慮，孫權可能沒有明說。孫權真的降曹，以孫權的能力，曹操會不會對他下黑手，斬草除根？這種可能性並非不存在，因為孫權要降，劉備必死。曹操最忧的兩大對手都消失了，就沒必要再怕什麼「殺一人以沮天下人歸來之心了」。

當然魯肅這是從孫權個人利益的角度來勸戰的，但對從軍事角度來說，孫權未必有多少抗曹成功的信心，畢竟雙方實力的差距明擺著。周瑜是江東軍事首腦，他最有資格從軍事角度堅定孫權的抗曹決心。

針對曹軍八十萬的說法，周瑜認為這是曹操的攻心之術，純屬嚇唬人的。周瑜的分析綜合起來有四點：

一、曹操在兼併袁紹集團後，所統軍隊不過十五六萬，即使加上劉表的七八萬，總數也不過二十多萬，哪來的八十萬？

二、曹軍主力從北方遠涉而來，而且荊州水軍新附曹操，戰鬥力並沒有紙面上的那麼強大。

三、曹操雖得長江水利，但曹軍主力不擅水戰，曹操捨長就短，不足為懼。

四、馬騰的西涼兵隨時有可能在曹操南征時下黑手，曹操腹背受敵，此兵家大忌。

周瑜和魯肅的輪番苦勸，再加上諸葛亮在旁邊煽陰風點鬼火，將孫權逼得走投無路，最終年輕氣盛的孫權下定決心，和曹操決一死戰。不說什麼避免江東生靈塗炭這樣的假大空話，孫權為了維護自己江東霸主的地位，他也不可能降曹。

江東的士大夫們之所以沒有像荊州士大夫那樣成功獻地，主要原因是江東士林明顯不如江東武人集團強勢。劉表的荊州牧是東漢朝廷任命的，而孫權的江山是江東武人集團鐵血打下來的，說話的分量就不一樣。張昭等人都被孫權當成清客養著，真正辦大事的，還是看周瑜、魯肅、黃蓋這些軍界精英。

雖然孫權鐵了心要和曹操玩命，但他不可能不清楚雙方實力的差距，曹軍哪怕只有周瑜說的二十萬，也遠遠強過幾萬江東兵。而孫權的盟友劉備和劉琦手上也沒多少兵，水陸兵合在一起，滿打滿算也不過兩萬人。

對孫權來說，大話已經吹出去了，硬著頭皮也要和曹操死扛到底，沒有退路是孫權唯一的出路。戰爭的勝負與軍隊數量有一定關係，但不是絕對的正負比。

歷史上幾次著名的大戰都是以少勝多，比如昆陽之戰、淝水之戰、鐘離之戰、采石之戰。曹操本人幾年前就在官渡以少勝多，大敗袁紹。也許這是孫權唯一能聊以自慰的地方：曹操能做到的，我為什麼做不到！

每個人心中都有一個蘊藏無限能量的小宇宙，但這個小宇宙通常只有在被逼上絕境的時候，才會猛烈地爆發。說一個咱們最熟悉的成語：哀兵必勝！行軍打仗有個講究，就是對敵方來說，哀兵不可戰；對己方來說，忿兵不能戰。

孫權和劉備都是哀兵，他們都已經無路可退，要麼戰勝曹操，鼎足而立；要麼人頭落地，成為歷史的笑柄。一切都準備好了，孫劉聯軍和曹軍在長江沿岸的赤壁相遇，雙方三派展開了一場驚心動魄的命運大決戰。

孫劉聯軍（主要是孫權的水軍）駐紮在長江南岸，曹軍駐紮在長江北岸，但雙方的水軍卻在大江上劍拔弩張地對峙。從曹操的角度講，完全和孫權拼水軍並不現實。最穩妥的辦法就是利用荊州水軍突破吳軍的江上防線，讓自己的陸軍渡到南岸，包圍南岸的吳軍，一舉將其擊潰。

對於吳軍前線主帥周瑜來說，曹操的步兵野戰部隊當時打遍天下無敵手，一旦讓曹軍主力過江，後果不堪設想。不過周瑜也不必太擔心，畢竟曹操雖有荊州水軍，但曹操本人並不熟悉水戰，這也許是周瑜能否戰勝曹操最關鍵的原因。

形勢的發展也證明了曹操確實不擅長水戰，雙方水軍在長江上試探性地打了一回，「操軍不利」，只好退回北岸。曹操似乎也發現了自己對水戰的駕馭能力有待提高，其實不只是曹操本人，以北方人為主的曹軍也普遍對水戰不適應。

陸戰和水戰是兩種完全沒有可比性的戰爭方式，曹軍是《水滸傳》中的「黑旋風」李逵，而吳軍就是「浪裏白條」張順。要在地面上打，十個張順也被李逵給收拾了。要在水裏打，雖然李逵也稍識點水性，但張順是個水鬼，水性極好，李逵哪裏是張順的對手，被灌了一肚子的水。

水戰還有一個特點，就是受自然氣候條件變化的影響很大，說得具體一點，就是風向的變化。歷史上的水面作戰，大多數勝利方都是靠放火結束比賽的，原因就在於有風。古代艦船都是木製的，最怕火燒，只要水面上大風一起，順勢添幾把火，多少艦船都能給燒掉。

這次吳軍對抗曹操水軍，首先想到的也是火攻。羅貫中在《三國演義》裏把提出火攻的功勞送給了諸葛亮和周瑜，實際上首先提出火攻的是東吳老將黃蓋。

不知道是吳軍的水上偵察兵的發現，還是黃蓋自己在江上偵察，他發現曹軍艦船都用大鐵鏈串連起來。曹操這麼做，本意應該是曹軍不擅水上作戰，在船上站不穩，東搖西晃的沒法打仗。所以曹操想出這個辦法，將艦隊固定起來，這樣曹軍士兵就可以在船上行走如平地了。

看來曹操對水戰的特性確實很陌生，他這麼做表面上是方便了弟兄們，實際上給吳軍提供了火攻的最有利條件。吳軍要想實行火攻，除了江上要起東南風之外，還要符合一個條件，就是曹軍艦船必須要固定起來。這樣燒起來才方便，不然大火一起，曹軍艦船四處逃竄，火攻的效果會大打折扣。

戰爭中的那些輸家之所以失敗，未必是對手有多麼強大，而是自己犯下一個又一個的戰略錯誤，這些錯誤被對手敏銳的發現並抓住，一舉獲得勝利。黃蓋就從曹操固定艦船的行動中發現了巨大的商機，無論是商場還是戰場，機會往往都是一瞬間的，就看能不能抓住了。

黃蓋給周瑜出主意，說曹軍「方連船艦，首尾相接」，我們可以利用這個機會放火。周瑜是名將，從諫如流，何況他長年生活戰鬥在江邊，對水戰的習性也瞭若指掌。這時已經到了年底，冬季的氣候普遍比較乾燥，利於縱火，所謂「乾柴烈火，一點就著」。

得到周瑜的同意後，黃蓋又是準備膏油木柴，又是給曹操寫詐降書。吳軍雖然得到了火攻的兩大有利條件，但如果不能靠近曹軍艦船，一切都是空歡喜。

羅貫中在演義中把這段寫得極為精彩，什麼黃蓋獻苦肉計，闞澤下詐降書，不過全是子虛烏有。不知道曹操大腦是不是突然短路了，也不多加考慮就相信了黃蓋的詐降計，可謂智者千慮、必有一失。曹軍將士們聽說黃蓋過江投降，都擠在船上看熱鬧，哪知道他們看到的是一場震撼歷史的焰火表演。

為了節省篇幅，具體的赤壁之戰就不多費筆墨了，摘錄《資治通鑒．卷六十五》相關史料如下：

瑜等在南岸，瑜部將黃蓋曰：「今寇眾我寡，難與持久。操軍方連船艦，首尾相接，可燒而走也。」乃取艨艟鬥艦十艘，載燥荻、枯柴、灌油其中，裹以帷幕，上建旌旗，預備走舸，繫於其尾。先以書遺操，詐云欲降。時東南風急，蓋以十艦最著前，中江舉帆，餘船以次俱進。操軍吏士皆出營立觀，指言蓋降。去北軍二里餘，同時發火，火烈風猛，船往如箭，燒盡北船，延及岸上營落。頃之，煙炎張天，人馬燒溺死者甚眾。瑜等率輕銳繼其後，擂鼓大進，北軍大壞。操引軍從華容道步走，遇泥濘，道不通，天又大風，悉使羸兵負草填之，騎乃得過。羸兵為人馬所蹈藉，陷泥中，死者甚眾。劉備、周瑜水陸並進，追操至南郡。

不過對於發生在西元二〇八年年底的這場赤壁之戰，還有一種說法，就是曹操並不是被吳軍用火攻燒跑的，而是曹軍因為得了一種疾病，死傷很多。曹操無奈之下，自己燒掉艦船北撤的。事見《三國志·郭嘉傳》，「後太祖征荊州還，於巴丘遇疾疫，燒船」。

陳壽在《三國志·魏書·武帝操》中也只是簡單的提到了曹操因「大疫，吏士多死者，乃引軍還」。但陳壽在寫曹操的時候，存在著一個為曹操「回護」的問題。

比如建安十九年（二一四）十一月，曹操誅滅皇后伏氏一族，殺害了兩個皇子，但在《魏書·武帝操》中卻隻字不提殺皇子的事情。隨後劉備在蜀中聽說伏后被害，為伏后發喪，說明曹操幹的這件事情早已傳遍天下。陳壽為尊者諱，替曹操在赤壁戰敗塗脂抹粉，是可以說通的。

同樣出自陳壽的手筆，在《三國志·先主傳》中，陳壽實話實說：「（先主劉備）與曹公戰於赤壁，大破之，焚其舟船。先主與吳軍水陸並進，追到南郡，時又疾疫，北軍多死，曹公引歸。」這個事情就講到這裏。

再說說孫權和劉備這兩個勝利者，對於在赤壁之戰誰的作用更大，各種說法不一。先看看當事雙方的態度，諸葛亮在說服孫權抗曹的時候，提到了劉備還有「關羽水軍精甲萬人，劉琦合江夏戰士亦不下萬人。」

而魯肅後來邀請關羽「單刀赴會」時，卻說劉備「眾不過一校」，意思是說劉備手下就那幾桿破槍，赤壁之戰的功勞應該完全歸於孫權。其實雙方的話都不完全可信，他們這麼說無非是想抬高自己的身價，或者貶低對方的功勞，給自己臉上貼金。

孫權自認為赤壁之戰是他的功勞，可在《三國志．魏書．武帝操》卻說是「公（曹操）至赤壁，與備戰，不利」。甚至在同卷附載的《山羊公載記》說是劉備放火燒跑了曹操。「公艦船為備所燒」。黃蓋快要哭鼻子了，真夠冤的。而在《三國志．關羽傳》中，陳壽留下了這麼一句：「孫權遣兵佐先主拒曹公」。抗曹的主角成了劉備，孫權倒成了跑龍套的。

且不論赤壁之戰是誰的功勞，但赤壁這個地方不但改寫了歷史的走向，「三足鼎立之勢已成」，還有幸成為三國歷史上一道偉大的座標，星光之燦爛，名聲之顯赫，史無其二。

其實赤壁之所以能從歷史上數不清的大戰中脫穎而出，從某個角度看，主要歸功於兩個人。浪漫一點說，歸功於一首偉大的宋詞、一部偉大的小說。

小說肯定是羅貫中的《三國演義》，羅貫中用巨長的篇幅替赤壁打了一個超級廣告，赤壁想不出名都難。至於宋詞，宋朝有許多描寫赤壁的佳詞，但要說代表作，相信絕大多數人會下意識地想到一代詞雄蘇軾的那首千古絕唱《念奴嬌．赤壁懷古》。

這首詞從某種角度上來講，可以說是蘇軾詞人生涯中的巔峰之作。甚至肉麻地說，是整個北宋詞史上扛大旗的極品之作，至於南宋詞史上的扛鼎之作，也許是另一位詞雄辛棄疾的《永遇樂．京口北固亭懷古》。

蘇軾的這首詞格局宏大，氣勢磅礴，行文高雅，一唱三歎，讓人愛不釋手：

大江東去，浪淘盡、千古風流人物。
故壘西邊，人道是、三國周郎赤壁。
亂石穿空，驚濤拍岸，捲起千堆雪。
江山如畫，一時多少豪傑！

遙想公瑾當年，小喬初嫁了。
雄姿英發，羽扇綸巾，談笑間，檣櫓灰飛煙滅。
故國神遊，多情應笑我，早生華髮。
人生如夢，一樽還酹江月。

十四、東吳軍界的雙頭鷹

接著上一篇《赤壁之戰》的話題講，上面也講了赤壁之戰功勞的分配問題，尤其是蘇軾的這首《念奴嬌》，幾乎將赤壁之戰所有的功勞都劃到了周瑜的名下。

戰爭是一個集體項目，個人英雄主義一定要服從於集體英雄主義。說戰爭是某一個人決定的，這對勝利團隊的其他人是不公平的，誰也沒少出力，憑什麼你一個人吃大頭？

站在孫權的角度來說，在這場決定自己命運的赤壁之戰中，孫權永遠都不會忘記手下那幫鐵血武將。正是這些鐵打的漢子，為自己撐起了一片藍天。至於以張昭為首的箴片清客，孫權沒追究他們的投降罪就已經給足面子了，在這些人的詞典裏，除了投降，還是投降。

說到孫權時代前期的東吳武將，可以稱得上是群星璀璨，算得上名將的有：程普、黃蓋、韓當、朱治、周瑜、魯肅、呂蒙、陸遜、呂範、蔣欽、周泰、甘寧、陳武、凌統、潘璋、朱然。魯肅和陸遜雖然不是純粹的武將，但魯陸二人一直算在東吳的武官系統。

在這些人中，可以分成三種類型。第一種是元老型，即程普、黃蓋、韓當、朱治這四位吳軍早期大佬；第二種是統帥型，有周瑜、魯肅、呂蒙、陸遜，東吳的歷史幾乎就是他們幾個人書寫的。第三種是打手型的，比如周泰、甘寧這些人。

東吳的軍政體制有個特點，就是軍政分家，孫權主內政，四大巨頭主軍事。孫權信得過他們，將身家性命都交給了他們打理。正如在《三國演義中》孫權對陸遜所說：「閫以內，孤主之；閫以外，將軍制之。」這是孫權用人的一個優點，用人不疑，讓人欽佩。

要說能力，四大巨頭各有千秋，周瑜和魯肅側重於戰略布局，而呂蒙和陸遜都是一等一的戰術高手。不過要說「星味」，四人中「最有商業價值」的，答案根本不用猜——周瑜。

周瑜是三國第一等的風流名將，或者說是儒將。雖然三國的儒將也沒幾個，但這不能說明周瑜的「風流」是浪得虛名。即使把周瑜和其他時代的一流儒將相比，也毫不遜色。

什麼是儒將？首先當然要會用兵，不然李白也成了儒將。儒將不僅要博覽群書，氣質儒雅，最要緊的是要精通百藝。就是琴棋書畫，至少要精通幾樣，史上有名的儒將都是這方面的行家。

比如西晉風流名將劉琨，精通音律，兼長詩文。匈奴兵來犯晉陽城，劉琨為了退敵，於月明星疏之夜，一襲白衣登上城樓，吹笳嗚咽，匈奴兵淚流滿面，風捲而去。

劉琨之外，柳世隆、蕭衍（稱帝前）、岳飛都是頂級的風流名將，柳世隆善鼓琴，「風韻清遠」。蕭衍就不用多說了，全才。岳飛那首《小重山》，「欲將心事付瑤琴，知音少，弦斷有誰聽？」賺盡了文壇風流。

和這幾位極品儒將相比，周瑜絲毫不遜色。周瑜出身士林世家，曾祖父周榮是漢和帝時名臣，從祖父周景和從父周忠都是漢朝太尉，家學甚好。周瑜不但長得帥，「長壯有姿貌」，而且周瑜精通音律，符合了儒將的標準。

周瑜對音律能精通到什麼程度？周瑜喜歡聽別人鼓琴，哪地方彈錯了，周瑜都能聽出來。然後回頭看著彈琴者，這就是著名典故「曲有誤，周郎顧」的由來。

當然在亂世中混江湖，風流儒雅只是名將的副業，會打仗才是真本事。不能學東晉桓玄，軍事搞得一塌糊塗，卻裝風流。桓玄乘大艦順江東下，鼓笳齊鳴，高吟「簫管有遺音，梁王安在哉？」最後卻被草根梟雄劉裕給吃掉了，成為歷史的笑柄。

不過周瑜和桓玄在本質上是不同的，桓玄想得到天下，而周瑜只想通過戰爭來實現自己的人生抱負，沒想過要建立自己的江山。周瑜即使有這個想法，恐怕也實現不了，因為他侍奉的主公是小霸王孫策……

周瑜和孫策簡直就是前世注定的緣分，兩人同生於東漢熹平四年（一七五），孫策比周瑜大一個月。當初長沙太守孫堅出兵討伐董卓，就把家眷送到了周瑜的家鄉廬江郡舒縣（今安徽廬江附近），孫策和周瑜就是這個時候認識的。

二人年齡相仿，性格相投，很快就打得火熱，估計沒少「同床共寢」。笑談一句，古人純潔的友情很大程度上都是一起睡出來的，比如劉關張。周瑜和孫策都是江東有名的大帥哥，當紅小生，所以人們親切的稱周瑜為周郎，孫策為孫郎。

周瑜和孫策不僅是換過帖子的磕頭把兄弟，而且還是連襟。在第五篇《孫策》中我們也講了，孫策娶了大喬，周瑜娶了小喬，連襟的另一個雅稱「連喬」即源於此。

因為孫策和周瑜情同手足，也了解周瑜的為人能力，所以後來孫策渡江發展，就請來周瑜，兄弟倆一起打天下。周瑜為孫策早期的發展立下了汗馬功勞，史稱「（周瑜）從攻横江、當利，皆拔之。乃渡江擊秣陵，破笮融、薛禮，轉下湖孰、江乘，進入曲阿，劉繇奔走」。

孫策這時還掛在淮南軍閥袁術的名下，後來袁術將時任廬江太守的周瑜從父周尚調回壽春，周瑜也來到了壽春，見到了袁術。袁術很欣賞同僚，想讓周瑜當自己的馬仔，估計沒少給周瑜出價碼。人都是現實的，周瑜和孫策的感情沒得說，但為了自己的前程，多幾個選擇未嘗不可。這和買商品一樣，貨比三家才不吃虧。周瑜也確實有過跳槽的考慮，但周瑜「觀術終無所成」，和孫策根本不是一個檔次。袁術無德無能無行，周瑜何必給這種劣才陪葬，找了個藉口離開壽春，輾轉回到了孫策身邊。

周瑜的選擇無疑是正確的，如果周瑜跟了袁術，等袁術失敗後再跟孫策，那身價就會暴跌。孫策還能不能信任周瑜都是個問題，兄弟感情再深，也經不起背叛的傷害。一隻碗摔成兩半，即使用膠黏起來，依然會有裂痕。

孫策對周瑜的回歸感到異常的興奮，孫策四處宣傳他和周瑜的感情：「周公瑾英俊異才，與孤有總角之好，骨肉之分。」這時的孫策已經成為江東王，自然不會虧待周瑜，撥給周瑜兩千個弟兄，五十匹馬。江東不產馬，五十匹馬不算少了，這一年是建安三年（一九八）。

孫策是個熱血小夥，滿腦袋的江湖義氣，只要周瑜不背叛他，除了大喬捨不得給，江東的天下就是咱兩兄弟的。周瑜也知恩圖報，為孫家的江山南征北戰。孫策的地盤當時只有長江下游地區，在周瑜的搏命下，現在的江西全境很快就被劃進孫策的戶頭上了。功勞之大，在江東幾乎無人可比。

周瑜和孫策在事業上的關係是「雙頭鷹」類型，孫策主要負責核心統治區的軍政，周瑜主要負責周邊地區的軍政。周瑜在江東可以說是一人之下、萬人之上，但周瑜對孫家的忠誠是不用懷疑的。

建安五年（二〇〇），孫策被前吳郡太守許貢的三個門客刺殺，死前把江東交給了十九歲的弟弟孫權。孫策的意外離世是江東的重大損失，但有周瑜在，他要對得起孫策對他的信任。

從某種意義上來講，周瑜和張昭就是「托孤大臣」，張昭負責內政，周瑜負責軍事，即所謂「內事不決問張昭，外事不決問周瑜」。周瑜對孫權有一定的了解，認為碧眼兄弟也是個能成大事的，「張昭、周瑜等謂權可與共成大業，故委心而服事焉」。

孫策死後，江東政局不穩，有些人對孫權能否駕馭好江東這艘巨艦心存疑慮，想換山頭。周瑜對孫權的及時表態，在很大程度上穩定了人心，周瑜這樣級別的大佬都信心十足，弟兄們還怕什麼？

東吳統治集團自從在江東立足後，就一直奉行「荊州至上」的西線戰略，從地理位置上講，沒有荊州做前線緩衝，江東本部的戰略安全難以保障。周瑜一直坐鎮西線，甚至還遙領江夏太守，目的就是伺機征服荊州。

因為荊州牧劉表也不是個省油的燈，他手下大將、江夏太守黃祖經常對東吳進行軍事騷擾，所以周瑜身兼取荊州和守住江東門戶的雙重戰略任務。

周瑜對於孫權的重要性，完全不次於後來諸葛亮對於劉備的重要性，周瑜分擔了孫權的大部分軍事壓力，也有利於東吳的內政建設。在孫權還在茁壯成長的年代裏，說周瑜是東吳的頭牌花旦，並不為過。

此時的周瑜還只是東吳的頭牌，從全國範圍來講，也只是一線尾、二線頭。真正讓周瑜成為三國舞臺一線大腕的是赤壁之戰，因為這場著名的戰爭，周瑜一夜走紅。

周瑜是東吳的軍事大總管，孫權的身家性命都押在了周瑜的手上，周瑜當然要盡心盡力，報答孫策的托孤之情。關於赤壁之戰，上一篇已經講過，這裏不浪費篇幅了。

簡單一點講，在這場決定孫權和劉備生死存亡的搏命大戰中，具體誰的功勞最大不容易分明，雙方都說自己出力最多。單從東吳內部的角度來看，打個比方，一場比賽，東吳方面上場十一人，大家都有功勞，但決定比賽勝負的是黃蓋，他打進了一粒金球。比賽勝利是一個團隊協同作戰的結果，主教練合理的排兵布陣也功不可沒，東吳隊的主教練，當然是周瑜，孫權只是這支球隊的擁有者，不負責具體的戰術安排。

赤壁之戰的勝利對東吳「荊州至上」的西線戰略來說也是決定性的，打跑了曹操，荊州成了無主之地，曹、孫、劉三家在荊州展開了殘酷的競爭。

周瑜對得起孫策，經過一年多的艱苦作戰，最終攻克荊州重鎮江陵。東吳拿下江陵後，不但荊州唾手可得，還打通了西取益州的水陸通路，孫權又多一個戰略選擇。

不過因為東吳佔領長江北岸，控制南岸四郡的劉備集團的發展遭到了沉重的戰略打擊。在劉備的外交爭取下，東吳在荊州的擴張稍有些收斂，並把江陵借給了劉備。但孫權為了徹底封死劉備集團的生路，還是同意了周瑜的意見，讓周瑜率兵西進取蜀。但還沒有等周瑜在歷史的畫卷上塗抹屬於自己那一抹亮色，周瑜的生命就在回江陵的路上終結了，時年三十六歲。

歷史總是這麼奇妙，在一些偉大人物即將扭轉歷史方向的那一刻，突然將他們請到天堂，留給後人無限的遐想。周瑜取蜀的計畫到底可不可行，下面簡單分析一下。

關於取蜀的戰略目的，周瑜在和孫權的對話裏說得很清楚：現在曹操新敗，暫時沒有力量對我們（東吳）發起大規模的進攻，所以我們應該利用這個戰略緩衝期，去攻打相對較弱的劉璋。如果拿下西川，再北取漢中張魯，與西涼馬超集合團聯合，從西、南、東三個方向進攻曹操，則大事可圖。

如果周瑜不死，東吳真的可以順利取下西川嗎？恐怕不太現實。在周瑜的取蜀戰略中，提到了曹操、劉璋、張魯，甚至和東吳不靠譜的馬超都提到了，卻偏偏漏掉了處在東吳腹心下的劉備軍事集團。這是周瑜瞧不起劉備的實力，有意忽略，還是一時頭腦發熱，忘了劉備？

周瑜取西川一旦成功，劉備將遭到滅頂之災，屆時東吳（取西川後）將對劉備控制的江南四郡形成半月形戰略包圍。而交州軍閥士燮對東吳也處在半臣服的狀態，東吳幾乎可以說將劉備捏在手心上，隨時可以滅掉劉備。

即使東吳聯合馬超，一時半會也吞不掉曹操，曹操多大的塊頭，何況曹軍整體實力依然強悍。東吳最有可能的就是先吃掉劉備，和曹操形成南北朝格局。

從劉備的利害角度講，劉備絕不可能坐視東吳從自己的家門前大搖大擺地路過取蜀，否則自己的飯碗就砸了，何況取蜀是諸葛亮早在《隆中對》中就制定的發展戰略，劉備早就對益州垂涎三尺了。

劉備半耍賴半威脅地告訴周瑜：「汝欲取蜀，吾當被髮入山，不失信於天下也。」這是劉備一個明顯的軍事信號：只要你敢過我家門，別怪皇叔我背後給你捅刀子。

劉備絕不是羅貫中筆下只會哭鼻子的主兒，而是三國響噹噹的草根梟雄，說得出，做得到。劉備分派兵力，扼住吳軍入川的必經要道，擺明了要和孫權玩命的架勢，孫權只好作罷。

其實即使吳軍穿過劉備的控制區，也未必能在短期內通過武力消滅劉璋。後來劉備舉荊州精兵，帳下精銳除了關羽，幾乎全部上陣，費盡九牛二虎之力，用了一年多的時間才吞掉劉璋。

吳軍幾乎孤軍深入，軍隊給養如何解決？指望劉備給孫權補給？作夢去吧。可以肯定的是，只要吳軍入蜀，劉備肯定會和孫權拼命。在這種腹背受敵的情況下，即使周瑜不死，不知道天才的周都督如何面對這個爛攤子。

人可以天馬行空地幻想美好的未來，但終究要面對殘酷的現實，劉備的存在，決定了周瑜取蜀只是一個夢想。這和幾十年後孫權想利用遼東軍閥公孫淵稱臣而據有遼東一樣，想想而已，千萬別當真。

不過周瑜是東吳頂尖的戰略型統帥，他的早死對東吳來說是巨大的損失，孫權得到噩耗後，痛哭流涕。好在周瑜在臨死前推薦了魯肅，魯肅同樣是戰略高手，有了魯肅接班，孫權依然可以安心做他的江東王。

魯肅是繼周瑜之後，東吳少有的高端戰略人才，魯肅在三國歷史上的分量，並不遜於諸葛亮。但由於羅貫中在《三國演義》中將魯肅寫成了一個搞笑小丑，抹黑得一塌糊塗，對魯肅來說實在不公平。

當然在演義中，尤其是赤壁之戰那一段，魯肅只是個配角，羅貫中也只是幾筆嬉笑怒罵就帶過去了。最慘的是周瑜，一個風流倜儻、志向遠大的東吳大都督，被羅貫中醜化成了心胸狹窄的小人，成天被諸葛半仙捉弄……

話題回到魯肅，我們都知道諸葛亮是劉備帳下的首席政治分析師，其實魯肅從某個角度來說，則是孫權帳下的首席政治分析師。周瑜雖然也擅長戰略規劃，但魯肅對孫權集團發展的規劃要更早，具體時間大約建安五年（二〇〇），孫策死後不久，這一年魯肅二十九歲。

在上一篇《赤壁之戰》中，我們講過了魯肅的《榻上對》，二十九歲的魯肅那時剛剛在周瑜的推薦下來到孫權帳下謀差事，如果不亮幾手絕活，恐怕孫權連瞧都瞧不上他。

魯肅《榻上對》的主旨思想是立足江東，鯨吞荊州，然後北向與曹操決戰。由於魯肅的性格比較內斂穩重，他提出的這個爭霸戰略不如周瑜的取蜀戰略那麼激進。魯肅主張穩紮穩打，「以觀天下之釁」，就是站穩腳跟，等待機會。

在東吳的歷史發展進程中，魯肅的《榻上對》可以說是一篇綱領性的戰略方針，足可以和諸葛亮為劉備規劃的《隆中對》相媲美。不過具體一點說，《隆中對》對劉備集團發展戰略的規劃非常細緻，每一步該怎麼走，都講得明明白白。

而《榻上對》則說得比較籠統，魯肅只提到了必須取荊州，保障長江中下游的安全。再放寬一些，也不過是取益州，「竟長江所極」。至於如何統一，魯肅並沒有一個完全而清晰的戰略構架，以待時變而已，這一點甚至還不如周瑜的取蜀戰略有明確的具體實施步驟：北結馬超，共攻曹操。

孫權本人並不擅長戰略規劃，基本上是周瑜、魯肅指到哪，孫權就舉著菜刀殺到哪。魯肅死後，孫權最大的戰略目標居然只是奪荊州，甚至還以偷襲荊州得手而沾沾自喜。

孫權帳下雖然文武濟濟，但具體分析，武將中的戰術高手多，比如呂蒙、陸遜、徐盛；文臣中厚重君子多，比如張昭、顧雍、諸葛瑾等，一直缺少具有大局感的戰略型人才。僅有的兩個極品周瑜和魯肅還都英年早逝（不包括孫策），對東吳的發展來說是非常重大的損失。

魯肅的大局感非常強，周瑜死前推薦魯肅主掌東吳軍事是英明之舉。魯肅相對短暫的一生中，有兩大亮點，一是《榻上對》，二是「聯劉抗曹」戰略。

諸葛亮在《隆中對》中就告訴劉備，要抗衡曹操，必須聯合孫權，兩弱抗一強。魯肅也敏銳地看到了，以曹操強大的整體實力，東吳單獨抗曹非常的吃力，最穩妥的辦法就是聯合劉備，從東、西兩個方向對曹操進行戰略牽扯，各取所需。

魯肅是堅定的「連橫」主義者，因為劉備在荊州還沒有發展起來，勢力單薄，魯肅從大局考慮，勸孫權「以土地業備」，扶持劉備集團成長為能聯合抗曹的一級力量。雖然魯肅這麼做都是為東吳的利益服務的，但魯肅不計一時一地之得失的大帥風度，值得讚歎。

魯肅確實很有戰略遠見，他已經意識到以曹操和孫權（劉備）的實力，在短期內是不可能看到統一了，「曹操不可卒除」。最穩妥的辦法就是鼎足而立，守得住，才能打得開。

魯肅的統一戰略，說得直白一些，就是防守反擊。在實力相對較弱的情況下，與強大的對手打對攻戰，就等於拿雞蛋往石頭上碰，場面很華麗，結果很難看。

有些為魯肅可惜的是，雖然魯肅為東吳的天下耗盡了最後一口氣，（建安二十二年，二一七）四十六歲的魯肅病逝於荊州前線，但魯肅「連橫」的戰略主張卻一直得不到孫權的認同。

孫權沒有什麼戰略大局觀，他能看到的，只是眼前的那點蠅頭小利。在孫權的眼中，後來偷襲荊州得手的呂蒙比魯肅更了不起，甚至還不太厚道地責備長眠於九泉之下的魯肅，說呂蒙「圖取關羽，勝於子敬」。目光短淺，讓人憤歎。

從戰術角度來看，呂蒙偷襲荊州得手是場華麗的勝利，為東吳確保了西線的安全，徹底粉碎了劉備集團統一天下的夢想。但從戰略高度來看，這場偷襲戰卻是孫權下的一招臭棋，敗筆非常明顯。

對東吳來說，他們的敵人不是西線的劉備，而是北線的曹操。換句話說，出於兩弱抗一強的戰略考慮，在劉備沒有消滅曹操之前，幾乎沒有可能先對孫權下手。劉備嚴格按照諸葛亮《隆中對》的戰略構想下棋，諸葛亮對東吳的態度是一直以「和」為主，不主動挑起戰爭。

所以，孫權如果真正緩解東吳的生存壓力，控制淮河南岸地區才能基本解決這個問題。當然，魏國駐守淮南頭號軍事重鎮合肥的是名將張遼，張遼幾乎就是孫權的剋星。

但問題是關羽北伐時，魏國荊州一線軍事吃緊，曹操在和孫權達成和解協定後，已經派張遼率淮南軍主力西進與關羽作戰。淮南的魏軍兵力相對比較弱，孫權完全可以襲取合肥，徹底鞏固長江防線。至於孫權這麼做不太講道義，孫權向來翻臉比翻書還快，道德對孫權沒有約束力。

擁有淮南對南方政權來說，進可取中原，退可守江東，戰略迴旋餘地非常大。南北朝的陳朝、五代十國的南唐因為最終喪失淮南，不但徹底失去了統一中原的可能性，自身戰略安全也受到極大的威脅。

其實也不能說孫權沒有統一的野心，曹操和劉備哪個不想成為大一統的帝王？但關鍵是曹劉敢想敢做，魏蜀的戰略目標從一開始就是統一天下，唯獨孫權只想守住自己的這一畝三分地，做個快樂的土財主。

至於魯肅說得「以觀天下之釁」，不是指坐等天上掉餡餅，而是以主動的姿態去尋找機會。孫權所謂的統一，估計也就是希望曹操暴死，中原大亂，某些魏國大將獻地來降。世上有這等好事？有！比如侯景投降蕭衍，結果又如何？

孫權有能力，不愧是一代英雄，但孫權最缺乏的不是能力，而是勇氣，這一點甚至還不如諸葛亮。諸葛亮「統治」下的蜀國是三國最弱小的，但諸葛亮能以天下一分之地，獨抗佔據天下七分的魏國，雖百死猶不回頭，為報先帝三顧之遇，鞠躬盡瘁，死而後已。

魯肅對孫權的忠誠不用多說，但魯肅跟著孫權似乎有些大才小用，如果魯肅侍奉的是孫策，那結果就不一樣了。

為東吳一聲長歎，可惜孫策，可惜魯肅。

至於呂蒙這樣的人物，懶得說什麼。或不想多說什麼。

十五、三國的另類軍閥

在第十一篇《亂世草頭王》中，我們講了董卓、袁術、呂布，這三位爺都是三國前期（實際上是東漢末期）臭名昭著的大軍閥，踹寡婦門、刨絕戶墳的壞事沒少做，口碑極差。

當然我們不能以此就認定亂世軍閥都是他們這等橫眉豎眼，齜牙咧嘴的模樣，雖然同屬一個行業，但因為人和人的性格不同，亂世軍閥們的表現也不一樣。

三國的亂世軍閥為例，大致來說，可以分為幾種類型：第一種是宏圖大志型，比如曹操、劉備、孫策（孫權）；第二種是草莽混蛋型，比如董卓、袁術、呂布，雖然他們也有雄心，但能力太差，人品太臭，當然沒資格和曹孫劉相提並論。

除了以上兩種類型，還有一種小富即安型的，他們不參與中原爭霸，只想保一方平安，守一世富貴。這種類型的軍閥在人品上普遍不錯，甚至可以用「溫柔」來形容，比如荊州軍閥劉表、益州軍閥劉璋、交州軍閥士燮，就是這種類型的代表人物，先說劉表。

在三國大大小小幾十個軍閥中，可以說劉表是最特殊的一個。之所以這麼講，倒不是說劉表本事通天，能上天攬月亮，下海捉王八，而是劉表正宗的士林出身。

當時軍閥裏能和士林扯上關係的大有人在，袁紹和袁術就出身一等清流高門——汝南袁氏，但他們本人嚴格說不算是士林中人。在漢靈帝末年，太監集團發動的那場「黨錮之禍」中，遭到全國性追捕的士林黑名單上，就有劉表的名字。

我們都知道劉備成天扛著「大漢孝景皇帝閣下玄孫」的鍍金招牌四處跑馬拉贊助，其實劉表也是大漢孝景皇帝閣下的「玄孫」，劉表的先祖魯恭王劉餘和劉備的先祖中山靖王劉勝都是漢景帝劉啟的兒子。

劉表和劉備在各方面都非常相似，同是宗室遠支，又同受學於當代大儒，劉備的業師是九江太守盧植，劉表師從於南陽太守王暢。要說二人的區別，主要還在於性格上。劉備性格豪爽，有俠士之風，而劉表是標準的儒生，溫文爾雅，天生就是吃士林飯的。

東漢盛行講學之風，尤其是東漢中後期，各地的士子都互相串把子，形成一個個山頭，劉表也有幸擠身其中。關於劉表的派系，各史說法不一，甚至《後漢書》還給出了兩種說法，自相矛盾。陳壽在《三國志》中說劉表是「八俊」之一，張璠在《漢紀》中說是「八交」，范曄在《後漢書·劉表傳》中稱為「八顧」，而在《後漢書·黨錮傳》中卻說是「八及」，簡直亂成了一鍋粥。

在劉表的這些朋友中，老鄉張儉無疑最具知名度（他們都是山陽人，今山東高平），可以說是年輕士子的形象代表。年少氣盛的劉表就跟著這些士林中的朋友「譏謗朝政」，利用社會輿論向太監兵團開火。太監們被惹毛了，一怒之下，向士子們發動反擊，就是著名的「黨錮之禍」。張儉亡命海角天涯，四處敲門求救，所謂「望門投止思張儉」。劉表運氣也不錯，生就一雙兔子腿，七七八八就跑沒影了，躲過了這場大劫。

直到光和二年（一七九），漢靈帝才對黨錮案做了一定的讓步，但還沒有完全解禁。五年後，也就是中平元年（一八四），張角的黃巾大起義爆發，朝廷才正式對涉及黨錮的士林中人徹底解禁。劉表就是在這個時候結束逃亡生涯的，重新沐浴在燦爛的陽光裏。

由於劉表在士林中顯赫的名聲，他很快就找到了一份好工作，給大將軍何進做事，進入了權力核心層的邊緣地帶，這對劉表日後的發展起到了至關重要的作用。這個大將軍掾從職位上來說只是小角色，但畢竟在天子腳下，有利於自己的形象推廣，俗話說得好，近水樓臺先得月。

黃巾事起，軍閥混戰，在初平元年（一九〇）的時候，孫權的老爸——長沙太守孫堅殺掉了荊州刺史王叡，荊州刺史的位子就空缺了。不知道劉表是不是走了當時控制朝廷的董卓什麼門路，劉表被朝廷封為荊州刺史。

荊州雖然居天下之中，土地肥沃，人口繁盛，但因為受到中原戰亂的波及，荊州內部也亂成一團，四分五裂。袁術佔據南陽，蘇代（當是孫堅嫡系）佔據長沙，張虎佔據江夏，陳生佔據襄陽，貝羽佔據華容，還有數不清的宗族武裝（所謂宗賊）在荊州地面上撒歡，形勢非常混亂。

劉表進入政壇一線以來，他的表現並不像後來那麼優柔寡斷，這點和早期的袁紹非常相似。劉表知人善用，從諫如流，他聽從了帳下謀士蒯越等人的建議，以仁義治荊州，安撫百姓。同時再使上一點手腕，騙殺了幾股有影響的「宗賊」武裝，很大程度上減輕了荊州面臨的治安壓力。

當然這時劉表所能控制的荊州，地盤不算大，周邊幾個大郡都不在劉表手上。劉表這個人很不簡單，用我們現代話說，就是文、武兩手都硬。文的一手，劉表派蒯越等人去說服江夏的張虎和襄陽的陳生，不知道蒯越他們是怎麼說的，反正把張虎等人都給收編成正規軍了。武的一手，劉表先後用武力平定了江南三郡，即長沙、零陵、桂陽，除了南陽被張繡控制外，荊州所屬各郡縣基本落到了劉表的口袋裏。

通過對荊州的控制，劉表也一躍成為當時擁有較強實力的大軍閥，史稱劉「南收零、桂，北據漢川，地方數千里，帶甲十餘萬」。以如此雄厚的資本，劉表完全有條件逐鹿中原，爭霸天下。

但劉表本人並沒有這麼大的野心，能守住荊州這份不小的家業，就算是前世燒高香了。劉表主政荊州後，實行的是內向保守的發展戰略。

對外不輕易用兵，袁紹和曹操爭雄中原，劉表不偏不倚，兩不得罪。對內發展經濟，主攻方向是教育，劉表是士林清流，他對普及文化有一種與生俱來的癡迷。

劉表外治不足，內治有餘，他統治荊州二十多年，荊州成為當時天下少有的安居樂業之地。大批賢士來到荊州避難，從某種角度來講，荊州是全國的士林中心。別人先不說，諸葛亮就是在荊州耕躬十多年，沒有劉表的照顧，諸葛亮早就跑大路了。

總體上來看，劉表這輩子過得平平淡淡，沒有什麼特別的亮點。站在歷史的高度講，劉表的人生有三件非常重要的事情值得一說，這三件事情都深刻地影響了三國歷史的走向。

第一件事是孫堅之死。孫堅受袁術的指派，來攻劉表，將劉表的地盤攪得亂七八糟。後來孫堅在圍攻襄陽的時候，被劉表大將黃祖的部下亂箭射死。

雖然孫堅不是劉表本人幹掉的，但孫堅的兒子孫策和孫權卻把殺父之仇記在了劉表頭上，當然孫權這是在為吞併荊州找藉口。不過從東吳內部的角度講，「為父報仇」卻是一個能凝聚人心的正當理由，孫堅的死等於間接幫助了孫權「荊州至上」的戰略。

第二件事是收留劉備。劉備從袁紹那裏逃出來後，無家可歸，劉備想到了同宗兄弟劉表。劉表一方面是出於同情，一方面是想藉助劉備的力量，防禦曹操，就熱情地把劉備迎到荊州，以兄弟禮相待。

劉表接納劉備，對後來劉備藉赤壁之戰的勝利，收服荊州，並以此為跳板佔領益州，形成三國鼎立的局面，有著直接的影響。當然還有一點非常重要，就是劉備在荊州遇到了千古第一名相諸葛亮，成就了三國史上最動情的一幕——三顧茅廬。

第三件事是廢長立庶。劉表有兩個兒子：長子劉琦，次子劉琮。劉表不喜歡大兒子，卻因為次子劉琮「貌類於己」，所以特別寵愛劉琮。關於劉琮的身世，《後漢書》說劉琮並非劉表的後妻蔡氏所生，而是劉表為劉琮娶了蔡氏的侄女，有了這層關係，蔡氏就視劉琮如親生。

劉表將不受喜歡的劉琦打發到了江夏，接替戰死的黃祖做太守，實際上取消了劉琦「繼任荊州牧」的身分，而是選擇了劉琮。劉表此舉有個非常明顯的後果，就是王粲、蒯越、韓嵩、傅巽這些親曹的清流名士聚集在劉琮帳下，為後來劉琮投降立下了汗馬奇功。

可以說劉表的天下，正是毀在了這些投降派的手上。江東的張昭、程秉這夥人肯定羡慕死了王粲們，可惜孫權不是劉琮，周瑜、魯肅也不是蔡瑁、張允。張昭等人真可謂是「出師未捷身先死，長使英雄淚滿襟」。

劉表只是一個三國歷史上的匆匆過客，和袁紹非常的相似，所以《三國志》《後漢書》都將袁紹和劉表放在一卷傳記中。劉表和袁紹的共同點非常多，比如：

一、都是當時社會的頂級清流，旗下彙集了許多河北和荊州的頂級名士。

二、都是全國第一等的大軍閥，軍事實力非常強勁。

三、性格上有相同的缺陷，即「外貌儒雅，而心多疑忌」。能致人而不能用人。

四、行事優柔寡斷，二人都有偷襲曹操的機會，結果一次都沒成行，曹操幸運地躲過了兩場大劫。

五、捨長立幼，人為地製造統治集團內部分裂，曹操之所以能吞併河北和荊州，二人犯下的戰略錯誤起到了非常大的作用。

要說二人的不同，可能袁紹要比劉表更有一統中夏的雄心壯志，劉表沒袁紹那麼大的野心，按蘇轍的話講，就是「晏然自守，一無所與」。不求有功，但求無過而已。

劉表手上的牌面雖然不如曹操光鮮，但帳下也是人才濟濟，更兼幅員千里，雄兵十萬。即使曹操吞併袁紹後大舉南下，在劉表不早死的情況下，和曹操決戰，曹操未必能佔多大的便宜。

後來荊州的失陷，最關鍵的不是劉表生前失人心，而是在荊州上層聚居了一夥擁有強大力量的清流親曹派，上面也講了。除了王、蒯、韓、傅四大名士外，還有劉先、和洽、鄧羲、宋忠、裴潛、司馬芝、劉巴等人，他們都對曹操有著莫名其妙的好感。

這些名士之所以如此渴望投到曹操帳下，三番兩次的勸劉表降曹，當然不是曹操的人格魅力，而是懾於曹操強大的軍事實力。他們心裏都有本小賬，一旦曹操大舉南下，荊州兵和曹操刀兵相見，不論勝負，他們的家產都勢必會受到影響。萬一曹操取勝，遷怒於他們，小命就沒了。

出於這種考慮，他們當然要想辦法巴結曹操，至於劉表和劉琮的生死存亡，他們根本不在乎。特別是韓嵩，從許都通使曹操回來後，把曹操吹上了天，惹怒了劉表，差點被劉表殺掉。

劉表一死，這些人就一窩蜂地圍住了年幼的劉琮，連勸帶嚇唬，說曹操如何強大，我們如何弱小。拿雞蛋碰石頭的蠢事，咱還是不做的好。這種考慮同樣適用於在軍界有地位的蔡瑁、張允等人，但不包括對劉表忠誠的文聘。

曹操佔領荊州後，全州文武歡天喜地地來拜曹丞相的門子，只有文聘沒湊這個熱鬧。後來曹操見到了文聘，責備文聘為何不早降，文聘痛哭流涕：「先日不能輔弼劉荊州以奉國家，荊州雖沒，常願據守漢川，保全土境，生不負於孤弱，死無愧於地下，而計不得已，以至於此。實懷悲慚，無顏早見耳。」文聘一番出自肺腑的表白，把曹操感動得一塌糊塗，曰：「卿真忠臣也！」

劉表統治荊州二十年，家業傾覆之際，居然只出了一個忠臣文聘，還是個武夫，真不知道這是劉表的幸運呢，還是劉表的悲哀。

說完了劉表，我們再來講同樣「溫柔可人」的益州軍閥劉璋。要說劉璋，就不得不先講一講劉璋的老爸——前益州牧劉焉，沒有老爸風裏雨裏打下的這片江山，憑劉璋的本事，八輩子也別想當軍閥。

劉焉和劉表一樣，都是漢景帝之子魯恭王劉餘的後代，標準的龍子鳳孫。只是自漢高祖劉邦登龍以來，經過近二十代人的繁衍，漢朝的龍鳳子孫何止千萬。所以要想在「書生貴族」漸成氣候的東漢混出頭，打著宗室旗號是不行了，劉備就是典型的例子。

不過劉焉情況要比劉備好一些，劉焉的近幾代祖先應該在官場上混得不錯，所以劉焉的政治起點不算低，「少仕州郡，以宗室拜中郎」。說明劉焉很早就進入官場了。

劉焉是個很有野心的人，這點又和劉備很相似。劉焉本來在官場上混得有頭有臉，先後歷任冀州刺史、南陽太守、宗正、太常等準一線職務，但劉焉似乎想去一個皇帝老子管不著的地方稱王稱霸，因為劉焉敏銳的感覺到，中原要大亂了……

劉焉的本意是想當交州牧，交州就是現在的廣東和廣西以及越南北部地方，基本屬於東漢政治中心的輻射範圍之外，遠離是非之地。但因為老友、侍中董扶一句話，說他夜觀天象，益州上空盤繞著一股天子氣。不知道董扶是如何看出益州有天子氣的？因為董扶本就是蜀人，可能有些誇張的成分。劉焉滿腦袋的皇帝夢，聽董扶這麼一說，還真動了心。劉焉這才臨時改變了主意，串唆朝廷把他外放到益州，做起了益州牧，又拜封陽城侯，成為手握重兵的地方一霸，為後來蜀漢三足鼎立打下了伏筆。

益州就是現在的四川，號稱天府之國，人傑地靈，物產豐富。而且地勢險要，每逢亂世，這裏總會出現割據勢力。劉焉也確實有兩把政治刷子，主政益州以來，「撫納離叛，務行實惠」，很快就穩定了亂七八糟的益州局勢。

但劉焉這麼勤勉的目的，當然不是為朝廷效力，而是自己想發家致富，「陰圖異計」。劉焉得志後，立刻露出了狐狸尾巴，私造天子乘輿，除了沒公開稱帝，皇帝能享受到的一切，劉焉都享受到了。

雖然這一篇《溫柔的軍閥》講到了劉焉，但劉焉一點也不「溫柔」，而是一個很強勢的軍閥，具有一定的法術思想。劉焉初來益州，怕益州豪強不服他的統治，找些亂七八糟的藉口，殺掉了十幾個益州豪強。

通過武力鎮壓，劉焉牢牢控制住了益州。在亂世中，一味求「仁」是絕對不行的，比如劉備，即有「仁」的一面，也有「威」的一面，要文武通吃，賞罰並舉，才能成大事。如果劉備只會哭鼻子抹眼淚，早就被曹操收拾了。

劉焉是三國早期具有相當實力的軍閥，而且管理能力也不錯，在他的治理下，益州成為天下大亂局面下難得的世外桃源。有穩定才能有發展，這是千古不變的真理。

不過劉焉死得很早，在興平元年（一九四）就掛了。劉焉的死因有兩個，一是他的兩個兒子劉範和劉誕聯合西涼軍閥馬騰謀誅亂賊李傕時事敗被殺，二是州治綿竹起了一場大災，燒毀了劉焉的許多財物。這兩次讓劉焉在精神受到了極大的刺激，急火攻心之下，掛了。

劉焉共有四個兒子：劉範、劉誕、劉瑁、劉璋，而劉瑁和劉璋中的一個將成為下一任的益州牧。不清楚劉瑁的為人風格，但從「州大吏趙韙等貪璋溫仁，共上璋為益州刺史」這句話來看，劉瑁應該是個刺頭，至少不比弟弟劉璋更溫順。權力場上沒人喜歡刺頭，都喜歡劉璋這樣的。

說劉璋是三國歷史上最溫柔的軍閥，應該不為過，劉璋的性格甚至比劉表還要溫順。劉璋是個典型的老好人，本事平庸，但人品很好。要講三國第一「仁」，劉璋比劉備更有資格，劉備可不是一般的虛偽狡詐，三國有名的老戲骨。

從個人的角度看，劉璋幾乎「完美」，誰不喜歡和老實人交往？但如果放在亂世競爭中的大角度看，缺點就太多了。亂世中做大事，首先要有手段，在槍桿子決定歷史發展方向的時代，「仁」只是一個美麗的裝飾品，有了更好，沒有也不礙事。

劉璋的性格在這兩種矛盾對立下的反差，《後漢書．劉璋傳》說得很到位：璋性柔寬無威略。人都有一個共通的本性，就是「欺軟怕硬」，尤其是在社會管理層面上，統治者性格軟弱，必然導致法治鬆懈。當法律失去了威懾作用，就是社會出現大亂的前兆。

劉璋性格軟弱，很難駕馭住那些有想法的刺頭，頭一個跳出來搗亂的是劉璋的「恩人」趙韙。劉璋很相信趙韙，上臺後就把大權交給趙韙。誰也沒想到趙韙的胃口太大，居然想踢掉劉璋。劉璋運氣好，在東州兵（南陽、關中入蜀者）的幫助下，滅掉了趙韙。

緊隨趙韙之後跳出來搗亂的是張魯，張魯我們都不陌生，就是「米賊」，所謂「米賊」，其實就是道教重要分支之一的五斗米教。張魯和劉璋的淵源甚深，張魯的母親長得非常美麗，劉焉在世的時候，張母經常去找劉焉，二人很可能有私情。

所以看在張母的面子上，劉焉封張魯為督義司馬，派張魯和別駕張脩去攻取漢中。漢中自古就是西川門戶，後來蜀漢之所以能抗衡曹魏五十年，就是因為控制了漢中。張魯很有野心，攻下漢中之後，殺掉了張脩，自己在漢中稱王稱霸。

劉璋在擔任益州牧的二十多年裏，主要做了兩件大事，一是後來的開放關口，放劉備入蜀，一就是劉璋和張魯的關係。劉璋雖然沒有處理好漢中問題，導致了漢中和益州近三十年的軍事對峙，最後讓劉備抓住了機會，打著防禦張魯的旗號入川，最終形成三國鼎立的局面。

張魯佔據漢中之後，開始脫離益州的行政管制。劉璋一怒之下，殺掉了張魯的風騷老娘和弟弟，徹底和張魯翻了臉。其實劉璋完全沒有必要殺人質，如果劉璋把張母和張弟一直控制在手中，反而能成為有效牽制張魯的感情利器。劉璋殺了人質，手上就沒有牌對付張魯了。為什麼曹魏總是要孫權進獻人質，就是通過控制人質對孫權進行感情牽制，減弱來自孫權的威脅。

當然劉璋最大的失誤還不是與張魯翻臉，張魯的實力還不足以撼動劉璋在益州的統治地位。真正讓劉璋灰頭土臉走下歷史舞臺的，是他邀請劉備率兵入蜀，替他去防禦張魯。

早在劉備三顧茅廬的時候，諸葛亮就給劉備制定了「橫跨荊益」的發展戰略，在劉備的戰略構劃中，他是必須佔據益州的。但劉備一直找不到合適的進川藉口，如果劉備從開始就用武力解決劉璋，恐怕實力上無法支撐劉備完成取蜀大業。

最方便快捷的取蜀之計就是能得到劉璋的邀請，進入蜀中腹地，再相機取成都。劉備衰了大半輩子，也確實該轉運了。益州的別駕從事張松本來是想私下通款曹操的，哪知道曹操眼高瞧不起張松，張松一怒之下，私下把益州賣給了劉備。

在張松的勸說下，劉璋同意請劉備入川，任務是防禦張魯。在是否迎接劉備的問題上，益州中高層發生了激烈的爭辯，以張松、法正、孟達這些自認為不得志的人，極力主張邀請劉備，他們認為如果劉備能取代劉璋，他們就有機會施展自己的才華。

而黃權、劉巴、王累等人卻堅決反對，黃權反對的理由很有代表性。黃權認為劉備是天下梟雄，也算是一方諸侯，入川後，以部下禮相待，劉備肯定不服；如果以主人禮相待，則一山容不得二虎。王累甚至用繩索把自己吊在城門上，勸說劉璋不要相信張松偽詐之言，但劉璋不聽。

劉備進蜀後，果然處心積慮地要奪益州。雖然後來劉璋發現了張松和劉備暗中私通，殺掉了張松，並武力對抗劉備，但已經來不及了。劉備的荊州軍主力從葭萌關南下，諸葛亮、張飛等後續部隊大舉入川。劉備已經撕下了偽裝，擺明了要鳩佔鵲巢。

劉璋為人雖然「闇弱」，但客觀來說，劉璋還算是個忠厚老實人。益州從事鄭度勸劉璋燒掉涪水以東的糧草輜重，將百姓遷至涪水以西，堅壁清野，死守不出。等荊州軍糧盡的時候，再大舉反擊，必擒劉備。

劉璋不忍心看到老百姓為了他的利益受苦受難，就拒絕了鄭度的這條毒計。消息傳到劉備耳朵裏，劉備長長出了一口氣，如果劉璋聽鄭度的，那劉備的取蜀大業恐怕就要毀於一旦了。

劉璋並不是白癡，他當然知道如果堅壁清野，最後的勝利基本屬於他，但劉璋就是無法說服把自己的利益置於老百姓之上，這點非常的難得。劉璋的「仁」並不是一時的衝動，而是溫柔性格形成後的一種固定的立場反映。

後來劉備大軍圍住成都，這時劉璋手下還有三萬精兵、足夠支撐一年的錢糧。因為其父劉焉是士林出身，加上劉璋「溫仁」，益州各界對劉璋還是非常擁護的。文武各界紛紛向劉璋請命，願意為劉璋的天下和劉備拼個魚死網破，可見劉璋在益州是很得人心的。

劉璋可能是厭倦了長達一年多的戰爭，也可能是擔心一旦和劉備決戰，老百姓會遭到更大的戰爭創傷。劉璋說了一句很感人的話：「父子在州二十餘年，無恩德以加百姓。百姓攻戰三年，肌膏草野者，以璋故也，何心能安！」最終決定向劉備投降，避免了蜀中遭到更大的災難。

在劉璋投降之前，蜀郡太守許靖不想陪劉璋送死，想縋城投降劉備，結果事洩被捕。許靖此舉是典型的叛變，於法於情，殺之並不為過。但劉璋一方面憐許靖老朽之年，一方面自己都朝不保夕，何必再難為老許頭。心一軟，饒了許靖。

劉備最終能順利的佔領西川，在某種程度上來說，劉璋作出了相當大的「貢獻」。如果劉璋決定和劉備血戰到底，即使劉備最終獲勝，那也是慘勝。萬一要把諸葛亮、張飛這樣的核心人物拼沒了，劉備真的得不償失了。

以劉璋的這種性格，他很難成為一個合格的領導者，即使益州不為劉備所奪，日後也必為曹操所得。但劉璋的人品非常地純，至少他能將益州百姓受的戰爭創傷歸咎到自己身上，愛民之情，溢於言表。

因為劉璋為人寬厚，所以當劉璋在簡雍的陪同下坐著小車出城投降時，益州官民哭聲一片，場面非常感人。從管理的角度講，劉璋將益州治得亂七八糟，但從人情的角度講，劉璋非常的得人心，這在三國時代大小軍閥中是極為難得的。

劉璋出降後，劉備出於管理的角度，將劉璋安置在荊州，做一個無憂無慮的富家翁。後來孫權偷襲荊州得手，為了否定劉備的政治地位，孫權抬出劉璋，讓劉璋做有名無實的益州牧。幾年後，劉璋病故，年歲不詳。

說到三國溫柔的軍閥，我們能在第一時間想到的，基本上就是荊州劉表和益州劉璋。其實在東漢末年群雄逐鹿的歷史大背景下，除了二劉之外，還有一個溫柔的軍閥。此公的歷史知名度遠遜於二劉，但「溫柔指數」並不比二劉低，他就是交州刺史士燮。

士燮雖然是土生土長的交州人，但他的祖上卻是魯國人，和孔子同鄉。後來王莽廢漢建新，天下大敵，士燮的老祖宗為了避難，逃到了交州。不知道士家的祖上是否都是士林出身，但士燮本人卻知禮好學，最拿手的是《左傳》，是南土有名的清流學者。

士家在交州是豪門大族，在交州官場的人脈深厚，士燮幾弟兄進入官場後，基本控制了交州的政局。士燮是交阯（今越南河內）太守，弟弟士壹是合浦（今廣西合浦東北）太守，士黃有是九真（今越南清化）太守，士武是南海（今廣州）太守。

東漢末年的交州行政區劃共分為七郡，除了蒼梧、鬱林（也作郁林，南齊蕭昭業被廢後就降封於此）和九真三郡，士家兄弟居然控制了其中四郡，勢力非常龐大。史稱「燮兄弟並為列郡，雄長一州，偏在萬里，威尊無上」。

士家兄弟很會享受人生，每次出門的時候都大講排場，敲鑼打鼓，吹吹打打，侍衛數百，車騎滿道。幾兄弟騎著高頭大馬在前面，老婆小妾們坐著小車跟在後面，士家的第二代少爺們騎馬斷後，場面非常搞笑。

不過就此認定士家兄弟都是「小人得志」，則有失公允。士燮幾個弟弟具體是什麼情況，史無明載，但士燮卻是正宗的士林清流，敢給《春秋》作注的，能不算是名士嗎？

當時正在交州避難的中原名士袁徽給曹操帳下頭號智囊荀彧寫信，猛誇士燮「學問優博，達於從政。……兼通古今，大義詳備」。雖然袁徽在士燮的地盤上吃飯，但如果不是士燮確實有真才實學，袁徽沒必要這麼巴結士燮，袁徽也是有身分的人。

士燮為人和治學都是一流之品，但士燮最大的遺憾並不是身居偏僻的交州，而是生逢亂世。如果他能生在東漢的承平時代，以他的社會地位，做做學問，交交名士，在政治上基本不需要擔什麼風險，優遊卒歲。

但人是不能選擇出生時代的，不過好在一點，士燮的變通能力非常強。說得通俗一點，就是會見風使舵，能屈能伸。裝孫子說起來非常容易，真要做起來，並沒有那麼簡單。

由於地理位置上的原因，士燮在執政中後期，與北邊的荊州劉備集團、江東孫權集團接壤。當時劉備被孫權限制在長江南岸，發展空間有限，根本沒有餘力來打士燮的主意。

孫權不一樣，孫權早就看中了交州，想收歸帳下。在建安十五年（二一〇），孫權派鄱陽太守步騭出任交州刺史。步騭是個文弱書生，但他背後是強大的江東政權，士燮絕對不敢得罪孫權。步騭一到交州，士燮對步騭畢恭畢敬，實際上承認了孫權對交州的統治權。

士燮生於漢順帝永和二年（一三七），比孫權大了四十六歲，相當於祖父和孫子的年齡差距。但權力場上可不講什麼年齡和輩分，一切憑槍桿子說話。士燮老老實實給孫權裝孫子，孫權放個屁，士燮都滿臉堆笑的說是香氣襲人。

當然，這不是士燮軟骨頭，而是形勢所迫，如果不是有求於人，誰想給別人裝孫子？要不是夫差打敗了勾踐，勾踐才不會「夠賤」，給夫差當馬奴，吃大便。歷史上大多數「孫子」，都是形勢逼出來的。

士燮既然拜了孫權的門子，自然要在新主子面前好好表現自己，孫權可不是好伺候的主兒。士燮不但傾交州所有，經常給孫權送一些時令乾貨，甚至還勾結了西邊的益州豪強雍闓，讓雍闓改換門庭，認孫權做乾爹。孫權聽說這事後，非常的高興，不知道又賞了士燮幾顆棗子。

士燮傍上了孫權這棵大樹，但他和孫權基本是宗主國和附屬國的關係，不算是孫權直屬系統的官僚。從歷史記載來看，士燮從來沒有見過孫權，只是派使者往來聯絡。

在三國歷史上，還有一個軍閥和士燮非常相似，就是遼東的公孫家族。公孫家族共有三代四人統治過遼東，前三個統治者公孫度、公孫康、公孫恭都對中原政權（曹操）畢恭畢敬，不敢少忤。

但第三代的公孫淵卻犯悖成性，一方面對曹魏趾高氣揚，大放厥詞，同時又對孫權朝三暮四。公孫淵的騎牆作派最終惹翻了曹魏，司馬懿大舉進攻遼東，最終族滅公孫淵。

和不知天高地厚的公孫淵相比，士燮就知道進退，對孫權從一而終。做人要學士燮，明白自己幾斤幾兩，多大的腳穿多大的鞋。士燮要敢對孫權不三不四，以江東兵的強大實力，滅掉士燮輕而易舉。

做大爺容易，但一定要有做大爺的實力，士燮自己天生就是給人當孫子的，那就老老實實的裝孫子。老子有句名言：「知人者智，自知者明。」所謂旁觀者清，當局者迷。對自己的了解未必就比了解別人更容易。

士燮就懂這個道理，所以他能在亂世中安然度過餘生，在吳黃武五年（二二六），享盡了榮華富貴的士燮無疾而終，高壽九十歲。

十六、三國花瓶男

自古「溥天之下，莫非王土；率土之濱，莫非王臣」。誰打下的江山，江山就是誰家的。不過帝王坐江山，卻不可能事無巨細都要親自過問，累都累死了。帝王都會通過官僚系統來體現自己的意志，帝王制定好大政方針，然後具體的髒活累活就交給大臣們去做。

因為大臣各自職能的不同，大臣通常都分成好幾種類型，這和公司經營是一個道理，有技術研發部門，有公關策劃部門，有法務維權部門，還有一線生產部門，各司其職。

其他時代的歷史在這裏不多說，只以三國為例，三國的大臣也有好幾種不同的類型。大體來講，可以分為假皇帝型，如諸葛亮；總管型，如荀彧；智庫型，如郭嘉、法正；二當家型，如周瑜、魯肅；老黃牛型，如顧雍、蔣琬。

這幾種類型今天都不講，而是講另外一種類型的，就是花瓶型的大臣。花瓶型的大臣相對其他類型來說比較特殊，這些大臣論級別，基本上都在群臣之首，在官場和士林威望較高，但他們往往只代表一個政權的政治形象，卻沒有具體的權力。

我們經常提到的三公——司徒、司空、太尉，外加一個太傅，在大多數情況下都是政治花瓶，但卻是官場上不可缺少的美麗點綴。至於具體的人選，以三國為限，可以挑出五位——魏司徒華歆、魏司空王朗、魏太傅鍾繇、蜀漢司徒許靖、吳輔吳將軍張昭。

華歆雖然是曹魏官場的一線重臣，但他在歷史上並沒有留下太深的印跡，典型的有虛名而無實權。因為奉行「醜化曹魏」的原則，羅貫中在寫《三國演義》時，就把華歆醜化成了一個得志忘形的小人。

在《三國演義》第八十回，曹丕逼迫漢獻帝劉協讓出帝位，建立魏國。華歆按劍指著跪在地上聽封的劉協，厲聲而言曰：「立一帝，廢一帝，古之常道！今上（曹丕）仁慈，不忍加害，封汝為山陽公。今日便行，非宣召不許入朝！」活脫脫一副小人嘴臉，讓人憤慨。

雖然這件事是羅貫中胡編的，有意醜化華歆的，但歷史上的華歆做過對不起漢朝的事情。建安十九年（二一四），伏皇后的父親伏完試圖誅殺曹操事敗，曹操大怒，讓華歆去收拾伏皇后。華歆為了巴結曹操，毫不不顧及廉恥，罵罵咧咧地牽著伏皇后關了禁閉，不久伏皇后被殺。

這件事是華歆人生中永遠洗不掉的人格污點，不過評價一個歷史人物，不能搞一刀切，做了一件壞事就將其徹底否定。人性格上的兩面性，在華歆身上體現得非常明顯。每個人其實心中都有一個天使和一個魔鬼，華歆自然也不例外。

除了牽扯伏皇后外，華歆的人品並不算特別的惡劣，歷史上的華歆以「清純」聞名，絕不是浪得虛名之輩。華歆曾經做過豫章（今江西南昌）太守，在任期間，豫章雖然談不上風調雨順，但至少社會比較安定，「吏民感而愛之」。老百姓其實是很好打發的，只要別天天折騰他們，讓他們有口安生飯吃行了。

華歆做了官，不過他真正的身分是國家級的清流名士，當官對他來說幾乎算是副業。華歆還算是個聰明人，他知道自己有幾斤幾兩重，後來孫策率兵攻打豫章，華歆清楚自己不是孫策的對手，立刻開門迎接孫策，避免了殺身之禍。

政壇上的華歆無足輕重，孫策根本不會將他放在眼裏。但文壇上的華歆，卻是盛名在外的大人物，所以孫策對華歆極為尊重，甚至以學生禮拜見。華歆經常參加江南士大夫的聚會，因為華歆風流俊雅，每次都是華歆大出鋒頭，史稱「皆出其下，人人望風」。

華歆這個人喜歡出鋒頭，他不輕易放過顯擺自己的機會，功利心比較強。《世說新語．德行》記載了一個非常著名的故事，很能形象的說明華歆的為人處世的風格。

華歆早年和名士管寧私交非常好，二人合夥經營一片菜園子為生。有一次管寧偶然間在菜地裏鋤到了一塊金子，管寧不稀罕這東西，但華歆卻撿起金子，看了一眼，才丟掉了。華歆的舉動讓管寧非常不舒服，但也沒說什麼。

後來二人坐在一張席子上讀書，突然外面有個大官人經過此地，吹吹打打，管寧視若無物，繼續讀書。華歆有些沉不住氣，丟下書本跑到外面瞧熱鬧，非常地羨慕。管寧怒不可遏，立刻用刀將席子割成兩半，和華歆斷絕了關係。這就是著名典故「割席斷交」的由來。

其實讀書人有些功利心也沒什麼不好，說得雅一些叫事業心，如果讀書人都像管寧那樣隱居避世，帝王通過誰來治理天下？華歆人品並不惡劣，至少胸懷是有的。

後來曹丕稱帝，讓公卿大臣舉薦賢良君子，華歆不計較當年管寧的「割席之辱」，推薦管寧入選。等到魏明帝曹叡繼位時，華歆又上表請辭太尉的職務，推薦管寧接替他。華歆這麼做非常不容易，割席斷交不是一般的恥辱，但華歆卻坦然如常，這份胸襟氣度，讓人敬佩。

同樣是在《世說新語．德行》篇，還記載了一件事，有一次華歆和王朗為躲避追殺，同乘一條船逃生。小船沒划多久，岸上就有一個人招手請求上船避難。華歆嫌船小，不想讓這個人上船，王朗覺得這條船足夠再容納一個人，就請這個人上船共渡。

後來追兵越來越近，可能是小船划得太慢，王朗就有些嫌棄剛上船的這個人，想把他推下水，卻遭到了華歆的反對。華歆認為既然人家上了船，怎麼能再把人家推下去，這樣做也太不仁義了。在華歆的堅持下，三人都安然無恙地逃生。

還有一件事非常感人，魏國不知道打了什麼勝仗，抓了一些女俘，分給大臣們做奴婢。華歆雖然也接收了女俘，但隨後就給女俘尋了一個好婆家，嫁了出去，可能還不只是一個女俘。

說句不太厚道的話，華歆後來「日行一善」，很有可能是因為當初牽扯伏皇后，在良心上有所虧欠而做出的道德補救。但如果真是這樣，恰恰說明華歆是個能守住自己良心底線的人。知道自己錯做了事會受到良心的譴責，說到底還是有藥可救的。華歆能做到這一步，已經非常不容易了，不必對華歆求全責備。

說完了華歆，再來講一講王朗。王朗和華歆幾乎就是一個模子刻出來的，他們早期的宦海經歷極為相似：

一、華歆勸過冀州刺史王芬不要謀廢漢靈帝劉宏，王朗也勸過徐州刺史陶謙要忠於朝廷。

二、二人都任職江東大郡，華歆是豫章太守，王朗出任會稽太守。

三、二人的地盤全部被小霸王孫策佔領。不同是的華歆主動投降，而王朗則武力反抗，失敗後才投降孫策。

四、二人皆是江東第一等的清流名士，最後都在曹操的邀請下回到中原，成為曹操手下的名士雙璧。

不過曹操是個明白人，像華歆、王朗這等級別的人物，來到他帳下，只能做美麗的政治花瓶，是不能具體做事的。一個政權能不能得到士林的普遍擁護，就看身邊有沒有第一等的名士。當時中原能夠達到華歆、王朗級別的名士不多，比如孔融、楊修等人。

本來王朗在孫策手下混得不錯，如果王朗不離開江東，到了孫權手下，他的名士級別甚至比張昭還要高。但王朗心裏有一本賬，在東漢末年，真正的士林中心還在中原，江東只是臨時避難場所，一旦有機會做中原名士，大多數人是不會拒絕的。後來曹操下江南，荊州清流幫和江東清流幫哭著喊著要降曹，就是明證。

王朗和孫策一直處在敵對狀態，與其留在江東做名士，不如回到中原做個更光鮮的名士。王朗為了回到中原，從曲阿出發，跋山涉水輾轉了一年多，才來到曹操身邊。

雖然王朗是當時的頂級名士，但曹操帳下的那夥智囊如荀彧、荀攸、郭嘉、程昱、劉曄這些人，也都是頂級名士，所以根本顯不出王朗的身分。王朗似乎也樂於充當政治花瓶的角色，花瓶也不是一般庸才可以勝任的，不是這塊材料，爛泥根本糊不上牆，王朗就有這個資本。

其實說華歆、王朗這些人為花瓶，並不是因為他們毫無才幹，而是他們相對荀彧、荀攸來說更有條件充當政權形象代言人的角色。曹丕剛繼承魏王位的時候，王朗就上疏勸曹丕「育民省刑」。

王朗從維護政權穩定和發展的高度，提出了「慎法獄」的重要建議。王朗認為朝廷應該選派有德行的官員主管法律，現在戰亂時代，人口驟減，只有清理冤假錯案，才能最大限度地釋放青壯年的勞動力，讓他們從事農業生產。人口相對增加了，地多人少的現象就能得到有效遏制。

王朗還很有意思地提到，如果因為嚴刑峻法導致青壯年入獄服刑，那麼社會上就會產生「怨曠之女」，就是找不到婆家的待嫁黃花閨女。為了國家富強，就必須鼓勵適齡男女婚嫁，多生孩子。人口多了還有一個好處，就是能解決兵員稀缺的問題，尤其是青壯勞力，在任何一個時代，他們都是武裝力量的主要來源。

雖然王朗的這道「育民省刑」疏有些過於理想化，他並沒有把統治者的賢愚對政權的影響考慮進來。但總體上來看，王朗「慎法獄」的主張還是符合歷史發展主流的。

法律的主要作用是威懾，而不是為了懲罰而懲罰，社會的進步絕不是靠嚴刑峻法來實現的，解決吃飯、就業問題才是王道。王朗的政治思想基本屬於儒家範疇，主張以德治國，以德服人。王朗一直反對朝廷勞民傷財，休養生息、發展經濟，不輕易言兵。

在亂世鼎立時代，以德服人恐怕效果不大，關鍵時刻還是要靠槍桿子說話。不過至少在統治區內，以德服人是沒錯的，王朗的德行本來就不錯，所以他提出以德服人的觀點，還是很有說服力的。

王朗是三國的政界名臣、清流名士，人品相對比較端正，在江湖上有相當高的名望。但在《三國演義》中，王朗因為是魏國重臣，羅貫中的原則是「帝蜀寇魏」，所以王朗不幸被羅貫中嚴重抹黑，成為拔高諸葛亮光輝形象的小丑。

在《三國演義》第九十三回，諸葛亮和王朗陣中對罵，結果王朗被諸葛亮的「義正辭嚴」生生罵死。羅貫中還煞有介事的寫了一首詩，吹捧諸葛亮：「兵馬出西秦，雄才敵萬人。輕搖三寸舌，罵死老奸臣。」

羅貫中是個無中生有的高手，王朗明明在魏太和二年（二二八）於家壽終正寢，羅貫中卻把王朗拎出來好一頓寒磣，實在好笑。羅貫中為什麼要抹黑王朗？魏國另兩名超級名臣鍾繇和華歆都死在王朗之後，羅貫中難道和王朗有仇？天知道。

講完了魏國的兩大超級政治花瓶，我們再來講蜀漢和東吳的兩隻大花瓶。至於魏太傅鍾繇，因篇幅有限，就不講了，將在以後寫其子鍾會的專題中簡單介紹一下鍾繇。

要說蜀漢的頭號名臣，既不是千古一相諸葛亮，也不是絕代鬼才法正，更不是關羽、張飛這夥江湖耍大刀的強人，而是太傅許靖。我們都知道名士許邵曾經說過曹操：「子治世之能臣，亂世之奸雄。」許靖就是許邵的堂兄。不過許靖向來和堂弟不和，兄弟倆每次見面都跟烏眼雞似的，張牙舞爪地恨不得吃掉對方。

雖然哥倆沒什麼感情，但他們都是中原一流名士，而且合夥辦了一個點評會。兄弟倆喜歡評論周邊名士，每個月都要換個主題，比如這個月講「德行」，下個月就講「雅量」。在家鄉汝南，名士們都把許家兄弟的點評稱為「月旦評」。

許家二兄弟的仕途都非常的坎坷，浪跡天涯，不過相比許邵英年早逝，許靖的命運要好一些。許靖的流浪路線幾乎跑遍了大半個中國，從為了避難投奔豫州刺史孔伷開始，許靖的人生軌道是：豫州刺史孔伷——揚州刺史陳禕——吳郡都尉許貢——會稽太守王朗——交阯太守士燮。

在交阯，許靖勉強安下身來，士燮是個可愛的軍閥，最喜歡收容落難的清流名士，所以許靖的小日子過得還不錯。許靖是名重天下的超級名士，他的到來頓時讓士林星光黯淡的交阯蓬華生輝。

同在交阯避難的名士袁徽給好友荀彧寫信，稱讚許靖是「英才偉士」。曹丕曾經稱讚旗下三大名士華歆、鍾繇、王朗為「一代偉人」，以許靖的重量級，如果他在曹魏做官，資歷要比三大名士更老。

不過三大名士都有一個比較安穩的生活，但許靖卻命中注定是個精神流浪者，交阯並不是他人生的終點站。以許靖的社會地位，他無論到哪裏，都是一等一的名士，對裝點一個政權的門面來說，是再合適不過的人選。

益州牧劉璋旗下還沒有一位重量級名士，劉璋就想到了許靖，派人來交阯請許靖入蜀。和經濟相對落後的交阯相比，益州「天府之國，沃野千里」，是個理想的避難場所。而士燮的這座小廟對許靖這尊大佛來說，是有些屈尊了。

許靖告別了交阯，風塵僕僕地來到了益州找劉璋要飯吃。劉璋真夠慷慨，一甩手給許靖開出了巴郡和廣漢太守的肥票。雖然不太清楚許靖的治政能力如何，但劉璋之所以敢把這兩大郡交給許靖，想必許靖在治政方面還是有兩把刷子的，不然劉璋哪敢拿自己的飯碗開玩笑。

劉璋這個人非常的善良忠厚，他很少薄待手下人，更何況劉璋從來就沒有把許靖當成馬仔，許靖在士林中的地位劉璋是清楚的。後來劉璋讓許靖做了蜀郡太守，蜀郡太守是益州各郡中地位最高的，相當於現在的省會城市的級別。

許靖為人「倜儻瑰瑋」，但許靖有個最大的問題，就是貪生怕死。當初許靖從中原逃亡江南，就是害怕董卓對他打擊報復。

建安十九年（二一四），荊州牧劉備大軍攻克成都城下，準備拿掉劉璋，自為西川王。在劉璋還沒有決定對劉備是戰是降的時候，許靖就害怕一旦城破，玉石俱焚，準備悄悄的出城投降劉備，這才能保住自己這條老命。不知道哪個環節出了問題，許靖沒有叛變成功，被人拿到了劉璋面前。

從許靖入蜀以來，劉璋對許靖好吃好喝好照應，算是對得起許靖了。許靖這次叛逃未遂，於公於私都對不起劉璋，劉璋有一萬個理由殺掉許靖。但因為劉璋素來仁厚，沒忍心殺許靖，一揮手饒了許靖。

這次叛逃未遂事件是許靖人生的一個重大污點，東漢末年士林名士重尚氣節的作風在許靖身上沒有絲毫體現，確實給士林抹了黑。正因為這個原因，劉備在心裏非常瞧不起許靖，根本沒打算重用這個徒有其表的所謂名士。

有戰略眼光的法正從招攬人才的角度，給劉備上了一堂政治分析課，點明劉備誰都不可以重用，唯獨許靖非重用不可。法正的理由是許靖是蜀中原劉璋手下唯一一個具有全國知名度的「國家級」名士，如果劉備不重用許靖，那天下人就會以為劉備不重視人才，這對劉備集團的長久發展是非常不利的。

劉備是個聰明人，稍微一點撥，他就明白該怎麼做了。而且劉備集團由於政治起點比較低，身邊恰恰缺少像許靖這樣的政治花瓶來裝點本來就有些寒酸的門面，所以劉備對許靖還算非常尊敬，當然這是做給別人看的。

從社會文化的角度來看，劉備能得到許靖，實在是劉備的莫大幸運。以劉備的政治底子，如果許靖在中原做官，劉備哪怕是搬來一座金山，許靖都不會正眼瞧他一眼。現在放著這個超重量級名士不用，就等於承認自己永遠是低層武人集團，劉備才不會做這等傻事。

許靖雖然一直被劉備當成花瓶供在案上，但許靖的社會地位不僅沒有下降，反而得到了一定程度上的提升。我們都知道劉備手下的頭牌花旦是諸葛亮，但諸葛亮見了許靖，都要恭恭敬敬地下拜，半點也不能含糊。

最能體現許靖在蜀中地位的是許靖葬子，許靖的兒子許欽得病死了，老年喪子的許靖強忍悲痛給兒子操辦喪事。蜀漢上流社會的所有達官貴人，包括諸葛亮，得到消息後，能爬動的都來參加葬禮。許靖的面子之大，實在讓人咋舌（事見《蜀書・費禕傳》）。

在蜀漢的政治架構中，許靖從來沒有獲得真正的權力。不過因為許靖在社會上的廣泛知名度，所以許靖一直被當成蜀漢群臣之首。許靖的政治任務其實也不需要做什麼實事，只需要他多活幾年，給名士稀缺的蜀漢政權撐住場面，就是許靖給劉備做出的最大貢獻。

其實從許靖的內心深處來講，他是渴望回到中原的。那裏不僅是他朝思暮想的故土，而且如果他能回去，他在曹丕那裏得到的，將遠比劉備給他的更多。但劉備連劉巴這樣的名士都捨不得放走，何況許靖這等塊頭的名士？

許靖一生隨遇而安，像蒲公英一樣，飄落到哪裏，哪裏就是他的家。許靖也知道，自己這時（在劉備稱帝時）已經七十多歲了，就算劉備想放他走，自己也沒有力氣走動了，不如且認他鄉是故鄉，平淡地度過自己的餘生。蜀漢章武二年（二二二），七十四歲的許靖病逝於成都。

如果說許靖是蜀漢的頭號政治花瓶，那東吳的頭號政治花瓶則非張昭莫屬。雖然張昭肯定不樂於甘當花瓶，但孫權鐵了心把張昭當成一隻漂亮而不實用的花瓶，擺在客廳最顯眼的位置，供人觀賞。

張昭其實本來是可以成為諸葛亮式的「相父」，孫策臨死前，就讓張昭做了孫權的「相父」，是名正言順的托孤重臣。張昭是標準的士林出身，在當時的士林江湖中屬於一線名士，但張昭為人好尚清談，不長於時務，搞的基本上都是些花架子。

孫策選擇張昭托孤，也是無奈之中的選擇，從治政能力上來說，孫策顯然更看重正議校尉張紘。張紘和張昭都是清流名士，同為孫策帳下的謀士雙璧，但張紘的戰略眼光卻是張昭無法相比的。比如後來張紘建議孫權遷都秣陵，就足見張紘的魄力和眼光。

但在建安四年（一九九），孫策派張紘到許都出了一趟公差，被曹操強行留了下來。等張紘回到江東的時候，孫策已經被刺殺了，所以孫策在張紘不在身邊的情況，只能選擇張昭來輔佐孫權。在後孫策時代，張昭主要負責江東的文政，軍政全權交與周瑜打點。

張昭的治政能力，從《三國志本傳》的記載來看，並沒有什麼突出之處。無非就是勸孫權不要騎馬打獵，到野外四處遊蕩，小心走上孫策的老路。張昭作為托孤老臣，勸諫孫權也並不為過，但張昭除了充當這種「近臣」的角色，國家大事，幾乎找不到張昭的事蹟。

不過最讓張昭大出鋒頭的，還是赤壁之戰前對曹操的態度問題。曹操雄兵直抵長江，以強大的武力逼迫孫權投降。在東吳內部，極力主張投降的就是以張昭為首的士林清流。

張昭為了勸說孫權降曹，上竄下跳，好不風光。張昭從骨子裏來說是渴望做中原名士的，在當時的歷史條件下，做中原名士和江東名士在江湖地位上是有區別的。

可惜張昭押錯了寶，赤壁之戰，孫劉聯軍放了一把火，把張昭的潛在主人曹操給請了回去。因為張昭的投降主張，徹底得罪了孫權，孫權長歎：「子布諸人，各顧妻子，挾持私慮，深失所望。」從此孫權在感情上疏遠了張昭，也宣告了張昭在江東政治生命的結束。

其實即使孫權不恨張昭，以張昭的能力，也無法在歷史舞臺上搏得更多的掌聲。其實也不是孫權沒有給張昭機會，但張昭在赤壁之前的表演實在過於拙劣，遠沒有一個治國良相在危難時刻所應該體現出來的那種憂患意識。

赤壁之戰也是張昭人生中的重大轉捩點，因為張昭的言行深深傷害了孫權。所以張昭在東吳政壇上的地位，由一個治國良相，迅速降為一個大號的篾片清客，說得雅一些，是一個政治花瓶。

要說江湖地位，張昭是東吳文臣之首，這一點從未改變。但孫權卻一直不肯讓張昭出任丞相，先是用孫邵為相，孫邵死後用顧雍，就是不用張昭。

孫權兩次晾起了張昭，表面上的原因是孫權愛惜張昭，認為張昭性情剛烈，不適合做事務繁眾的丞相。實際上孫權對張昭的怨恨一直沒有消除，不然以張昭的地位，無論如何也不可能當不了丞相，哪怕是虛職。

張昭這個人在政治上喜歡玩花活，喜歡在一些雞毛蒜皮的小事上大出鋒頭，經常和孫權鬧彆扭，以此來顯示自己的與眾不同。不過孫權雖然在政治上不重用張昭，但也非常看重張昭對裝點政權門面的重要性。

東吳還不如蜀漢，白撈到一個超重量級的名士許靖。張昭在士林中的分量可能要略遜於許靖，但對孫權來說卻是唯一的選擇。東吳名士不少，但真正能夠得上「國家級」名號的，只有張紘和張昭，但張紘早逝，所以東吳的政壇，當然由張昭來挑大旗。

十七、曹操的七十二座空塚（上）

說到曹操，我們實在太熟悉了，有時就感覺像談到剛離開的老朋友一樣親切。在《三國演義》中，羅貫中著重刻畫了四個人物：智多星諸葛亮、武聖關羽、仁君劉備，以及奸雄曹操。

由於《三國演義》在民間的空前影響，曹操的白臉奸雄形象早就定了型，和王莽並列成為亂國奸賊的代表人物。清人崔象津有詩云：「中原繼霸猶堪穆，豎子成名變莽操。」

說到豎子，我們會立刻想到西晉狂徒阮嗣宗的那句名言：「世無英雄，遂使豎子成名！」曹操是不是豎子？天大的笑話！三國是個出英雄的偉大時代，在三國浩瀚的歷史星空中，曹操就是那顆最閃亮的明星！雖然從嚴格意義來說，曹操是東漢人，而不是三國人。

在《三國演義》中，羅貫中出於「帝蜀寇魏」的寫作宗旨，極力美化蜀漢三大主角劉備、諸葛亮、關羽。曹操則被羅貫中醜化成了白臉奸雄，但實際上曹操是羅貫中刻畫最為成功的人物。《三國演義》中的曹操陰險奸詐，手段毒辣，不過給讀者的感覺卻是無比真實。

人都生活在一個被虛假包圍的世界中，我們已經對大量不真實的存在感覺非常的麻木。只有真實，哪怕是人性最直白、最殘忍的揭露，才能震撼我們久已麻木的心靈。真實的存在不一定會帶來感動，但一定會帶來震撼。

羅貫中醜化曹操的那些情節，大多數都是有歷史記載的，羅貫中並沒有冤枉曹操。相反，從羅貫中對曹操的描寫來看，羅貫中應該是很欣賞曹操的。尤其是曹操臨死前，與侍妾分香那個故事，就寫得非常感人。相比曹操，三國第一配角孫權根本就沒在羅貫中筆下撈到多少戲分。

當然羅貫中從感情上來講，是嚴重偏向劉備的，所以欣賞歸欣賞，該醜化的照樣不客氣。在曹操臨死前，羅貫中寫道：（曹操）又遺命於彰德府講武城外，設立疑塚七十二：「勿令後人知吾葬處，恐為人所發掘故也。」囑畢，長歎一聲，淚如雨下。須臾，氣絕而死。

曹操的多疑是出了名的，在演義中，曹操自知一生行惡太多，怕有人掘他的墳頭，就挖了七十二座疑塚，迷惑世人。其實所謂七十二座疑塚只是後人附會，純屬子虛烏有。

曹操在死前，是公開下過遺令的：死後葬於鄴城的西岡之上，與戰國大政治家西門豹的祠堂相鄰而居，同時下令不許在他的墳墓裏塞上金銀珠寶。曹操是盜墓專家，平生專掘別人的墳頭發死人財，發丘中郎將、摸金校尉就是曹操的傑作，怎麼會給別人挖自己墳頭的機會？

人是非常複雜的，其實每個人心中都有一個天使和一個魔鬼，只是曹操這種人格的兩面性體現得更為極端。對於曹操的評價，在《三國演義》曹操死後的附錄的那首《鄴中歌》，可謂是經典至評。

這首歌本來並沒有出現在《三國演義》原稿中，這首詩的作者鍾惺比羅貫中晚生了二百年，這是後來毛宗崗父子在修訂《三國演義》時給加上去的。

在這首《鄴中歌》裏，最能給後人以心靈震撼的是這幾句：「英雄未有俗胸中，出沒豈隨人眼底？功首罪魁非兩人，遺臭流芳本一身。文章有神霸有氣，豈能苟爾化爲群？」曹操英雄與奸雄的雙重氣質，在這首詩中被渲染得淋漓盡致，藝術感染力非常強。

最早認定曹操是奸雄的，是蜀漢第一名臣許靖的堂弟許劭。還在曹操年輕的時候，阿瞞來找許劭，想請這位名士預測一下自己的未來。許劭應該對曹操有一定的了解，許劭故意賣關子，不說話。曹操逼得急了，許劭張口來了這麼一句：「子治世之能臣，亂世之奸雄也。」曹操對許劭的這個評價非常滿意，仰天大笑。

不過同樣一件事，在《後漢書．許劭傳》中，范曄卻記載成了「君（曹操）清平之奸賊，亂世之英雄」。意思截然相反。不過從曹操的人生軌跡來看，陳壽的記載更為準確一些。

許劭的評價非常靠譜，如果曹操生在承平時代，以他的能力，成就不在袁安、楊震之下。但曹操的這種霸道性格顯然更適合在亂世中生存，換句話說，對後人來講，擁有一個三國亂世的曹操，要比擁有一個東漢盛世的曹操，更值得我們慶幸。

在三國四大領袖中，如果用京劇的行當給他們分類，孫策是短打小生、孫權是二花臉、劉備是唱工老生，曹操是袍帶丑。袍帶丑是帶有濃厚喜劇色彩的角色，曹操就是這樣，無論是正史還是演義，曹操一出場就非常地搞笑。

曹操從小就是個浪蕩子弟，喜歡成天東遊西逛，不務正業。曹操的叔叔看侄子遊手好閒，就向曹操的父親曹嵩告了狀，曹嵩沒少敲打兒子。曹操恨透了這個烏鴉叔叔，不扳倒這個人生路上的第一個敵人，以後還怎麼在江湖上混？

有一次曹操又到外面閒逛，突然迎面撞上了烏鴉叔叔。曹操反應奇快，立刻躺在地上，口吐白沫，四肢抽搐，作中風狀。曹叔一看也嚇壞了，立刻通告曹嵩來救人。等曹嵩來的時候，曹操正蹲在樹邊看螞蟻上樹呢。

曹嵩很奇怪，問曹操你不是中風了嗎？曹操的演技很到位，裝可憐地告訴父親：「因為叔父討厭我，所以我只能裝瘋賣傻，嗚嗚——」曹嵩愛子心切，就相信了曹操的連篇鬼話，從此弟弟再說兒子，曹嵩一句也不信了。曹操略施小計，就甩掉了煩人的烏鴉叔叔，以後再沒人管得了他了，曹操可以「恣意放蕩」，做一個快樂的野孩子了。

曹操的家世非常優越，雖然不是累世清流名門，也是名震一方的大財主家庭，父親曹嵩曾經花了一億錢買官做，足見曹操的家底之厚實。不過曹操卻不是一個紈絝子弟，那也是有真才實學的。

曹操從小就喜歡讀書，知識面非常廣泛，史稱「博覽群書」，這也為日後曹操成為一代文學大家打下了基礎。不過在諸子百家中，曹操顯然最喜歡兵家，曹操的偶像是兵聖孫武子。

曹操對兵家學作出的最大貢獻就是他曾經傾其智力，為兵家聖典《孫子兵法》做注，曹操的軍事能力在《兵法注》中得到了最大程度上的釋放。說曹操是三國頭號軍事家，想必沒有太大的爭議，劉備和孫權在軍事上確實要比曹操矮一頭。

在亂世中要成就大事，軍事能力是放在第一位的，不論什麼時代，槍桿子都對歷史發展具有決定性的力量。當然，同時我們還應該看到，軍事是政治的延續，在錯誤政治的指導下，是不可能有戰略上的軍事勝利的。在政治方面，曹操同樣可以被稱為三國的NO.1。

曹操的政治眼光非常毒辣，料人料事都一針見血，大致可以體現如下幾個方面：

一、拒絕冀州刺史王芬等人謀廢漢靈帝劉宏的企圖。王芬打算趁劉宏北巡河間舊邸（河間是冀州屬郡）的機會，拿下劉宏，另立其他劉姓宗室為帝。

曹操擅長政治分析，當年霍光廢昌邑王劉賀之所以成功，是因為劉賀在朝廷沒有自己的權力範圍，霍光是漢武帝欽點的顧命大臣，執政十幾年，權力基礎雄厚，廢掉劉賀不過一句話而已。但漢靈帝在位十餘年，權柄自專，勢力遠非劉賀可比。

再者，王芬從來沒有執政朝廷的經歷，他在朝廷的政治根基幾乎為零。就算王芬拿掉劉宏，另立新君，朝廷方面未必買賬。如果朝廷打著漢靈帝的旗號號召各州發兵勤王，王芬以一冀州之地，根本不是朝廷的對手。

劉宏後來突然改變了北巡計畫，王芬的企圖失敗，不久王芬畏罪自殺。幸虧曹操沒有跳進王芬的糞坑，以當時曹操的勢力，劉宏幹掉曹操易如反掌。人生雖然很漫長，但決定人生成敗的往往就那幾步關鍵選擇。可以罵錯人，但千萬別站錯隊，否則一切歸零。

二、漢靈帝死後，劉辯即位，大將軍何進為了誅殺亂政的宦官集團，準備召以董卓為代表的地方藩鎮勢力入京。曹操認為搞掉幾個為非作歹的太監，京師兵就足夠了，何必招外兵進來摻和。結果事態的發展也如曹操所料，董卓進京後，果然暴虐好殺，廢殺劉辯，京師大亂，拉開了東漢末年軍閥混亂的大幕。

三、董卓得志之後，很欣賞曹操的才幹，想讓曹操留在他身邊做馬仔。曹操這等級別的人物，怎麼可能跟董卓做小弟？在曹操看來，董卓只是個亂世草頭王，不可能成大事的。

為了不給董卓當墊背的倒楣鬼，曹操連夜逃出了董卓的魔爪。如果曹操跟了董卓，即使後來董卓死後，曹操可以單獨拉出一票人馬立山頭，但名聲已經臭了，曹操才不會做這種傻事。

四、和拒絕王芬謀廢漢靈帝一樣，曹操同樣拒絕了袁紹等人企圖擁立幽州牧劉虞做皇帝的計畫，理由可參見第一條。

五、也是影響三國歷史和曹操事業的重大政治決定——迎還漢獻帝。「奉天子以討不臣」，漢獻帝劉協雖然從一開始就是個傀儡，但他的正統帝位卻是天下人全都承認的，真正的金字招牌，無價。

雖然曹操在是否迎還漢獻帝有過猶豫，是荀彧苦勸才最終成行，但首議畢竟是曹操。看看後來袁紹因錯過迎還漢獻帝而頭撞南牆，以及孫策幻想著要「挾天子以令諸侯」，就知道漢獻帝的政治作用有多大了。

要說曹操在政治上的敗筆，也不是沒有，建安十九年（二一四），曹操廢殺伏皇后和兩個皇子就是曹操人生中抹不去的污點。曹操可以殺伏完，但伏皇后和兩個皇子的身分太特殊，豈能說殺就殺？曹操對皇室痛下殺手，招來了劉備狂風暴雨般的怒罵，在政治上曹操比較被動。

當然，曹操的人生哲學就是「寧我負人，毋人負我」。曹操最不在乎的就是道德上的虛名，槍桿子在手，可以通吃天下，罵我兩句又如何？袁紹讓陳琳把曹操的祖宗十八代都罵了，結果笑到最後的還是曹操，而不是袁紹。

現在有句笑談，「人至賤則無敵」，一切的道德約束都不在乎了，這樣的人是最可怕的。在這方面，曹操做的最為徹底。曹操是個典型的利己主義者，在他眼裏，他就是世間萬物的主宰。即使任何人的利益都沒有和曹操的利益發生衝突，只要曹操看誰不順眼了，照樣掄起砍刀，七七八八亂砍一通。至於名聲臭不臭，曹操根本不稀罕。

曹操是個嗜血狂，這在歷史上是出了名的，三國時代有三大殺人狂：董卓、曹操、孫權，但董卓和孫權的殺人比起曹操，實在是小巫婆見大巫婆。

曹操殺人，大致可分為幾種類型：

一、政敵：

建安五年（二〇〇），殺董承、王服、種輯、吳子蘭，俱滅族。

建安十九年（二一四），殺伏完（並伏皇后及兩個皇子），滅族。

建安二十三年（二一八），殺金禕（《後漢書．獻帝紀》作「全禕」）、耿紀、韋晃、吉本等，俱滅族。

二、誹謗者或瞧不順眼的：

興平元年（一九四），殺邊讓，並其妻兒。

建安十三年（二〇八），殺孔融，滅族。

建安二十四年（二一九），殺楊修，看在老太尉楊彪面上，未族其家。

另外還有袁忠、桓邵，皆因得罪了曹操，被曹操滅族。

三、疑心太重而殺人：

華佗是當代名醫，曹操屢請不至，一怒之下，殺掉華佗。

還有曹操的一個侍妾，因曹操多疑，被曹操用大棒子打死。

曹操軍中的一個主糧官，因軍中缺糧，曹軍要譁變。曹操殺了這個無辜的糧官，栽贓這個糧官偷糧，勉強穩定了軍心。

四、敵軍士兵：

建安五年（二〇〇），曹操在官渡大敗袁紹，俘虜大批袁軍。這些袁軍心向袁紹，對曹操假投降，被曹操發現。曹操為絕後患，前後活埋袁軍八萬人！

五、無辜百姓：

初平四年（一九三），曹操的父親曹嵩在避難徐州期間，被徐州牧陶謙部下殺害。曹操為了報私仇，率軍南略徐州。曹操沒能攻克徐州州治郯縣（今山東郯城），便把怒火撒向了無辜百姓。

曹操對取慮、睢陵、夏丘三地百姓進行滅絕人寰的大屠殺，《後漢書．陶謙傳》記載：「（曹操）過拔取慮、睢陵、夏丘，皆屠之。凡殺男女數十萬人，雞犬無餘，泗水為之不流。」《資治通鑑》的說法是：「雞犬亦盡，墟邑無復行人。」

父嵩被殺，百姓何罪！曹操怎麼能忍心下此毒手？！誰無父無母？無妻無兒？曹操為了給父親報仇，去找陶謙尋仇，打不過陶謙，就拿百姓洩憤，這豈是英雄所為？無恥至極！給曹操扣一頂「反人類罪」的大帽子，絲毫不為過，屠殺百姓這在任何時代都是極其嚴重的反人類罪行。

劉備雖然有時也虛偽，但劉備在對老百姓的態度上就遠強於曹操。不要說劉備沒有屠殺百姓的記錄，就是滅政敵三族的例子也沒有。歷史需要曹操這樣的天才，但老百姓需要的卻是劉備這樣的仁君，也許這就是歷史的悖論。

除了第一條殺政敵，曹操不需要承擔過多的道義責任，因為如果在董承、伏完、金禕這三次反曹行動中，任何一次獲得了成功，曹操都將身首異處，九族俱毀。滅族本來是古代競爭的一個潛規則，勝者為王敗者賊，所有人都不可能例外。

當然，曹操濫殺無辜，批判批判也就算了，也不必揪著不放。曹操是一個具有雙面人格的偉大成功者，在他的身上，除了魔鬼的一面，還有天使的另一面。評價一個歷史人物，不能搞一刀切，做了一件好事就全部肯定，做了一件壞事就全部否定，這是不客觀的。

曹操在歷史上的負面形象，有一部分是《三國演義》為了醜化曹操而搞出來的「冤假錯案」。比如演義中曹操在赤壁橫江賦詩時，因揚州刺史劉馥勸他自重，曹操大怒，一槊刺死了劉馥。

檢《三國志．劉馥傳》，劉馥確實是在赤壁之戰那一年（二〇八）病故，但劉馥是死在揚州刺史的任上。而且羅貫中把劉馥的兒子也搞錯了，演義中劉馥的兒子名叫劉熙，實際上劉熙是劉馥的孫子，劉馥的兒子是劉靖。

劉馥是曹操帳下負責邊鎮防守的重臣之一，和梁習、張既這些方面大員同一個級別，劉馥對曹操防禦孫權立下了汗馬功勞，曹操怎麼可能會殺這樣的重臣，除非曹操瘋了。

曹操對老百姓刻薄蔑視，但對於能幫助他打天下的人才，曹操是非常尊重的。尊重人才，是曹操成功的最主要因素之一。曹操喜歡收集人才，只要是確實有真材實料，曹操不問出身來歷，願意給曹操效力的，曹操都非常的歡迎。

不僅是那些可以幫助曹操打天下的那些文士武夫，就是曾經做過江湖老大的軍閥，只要來投奔曹操，曹操都待為上賓，最典型的就是劉備。

劉備在徐州被呂布打得落花流水，逃亡許都，來找曹操要飯吃。程昱認為劉備是天下梟雄，勸曹操早點除掉劉備以絕後患。其實曹操應該知道如果留下劉備，日後極有可能會出現程昱所說的這個情況。但曹操不但不殺劉備，反而好吃好喝好招待，比梁山兄弟還親熱。

曹操不對劉備下手，一方面是他所說的，殺一人而沮天下人歸來之心，不值得。另一方面，曹操敬重劉備是個英雄，不忍下手。前面也提到了魏種叛變的事情，曹操在這件事情上特別丟面子，但抓到魏種後，曹操還是捨不得殺他，繼續重用。

像曹操這樣的雙重人格，在歷史上並不鮮見，但將雙重人格表現得如此徹底的不多，石虎、劉駿、高洋這樣的變態瘋子不值一提。在三國人物中，具有江湖氣質的很少見，但曹操和劉備肯定能入圍。如果說劉備是三國的「宋江」，那曹操就是三國的「晁蓋」。孫策是「花榮」，至於孫權，不太好比較。

梁山的聚義大業實際上定型成於晁蓋時代，宋江時代不過繼承發展，最終還被招安了。晁蓋是個豪爽英雄，論心機遠不如宋江，但豪爽過之。曹操也是這樣，要是論耍花槍，曹操不如劉備。曹操就是個直腸子，恨你就滿世界的追殺你，愛你就席地共坐，大塊吃肉，大碗喝酒。

曹操喜歡殺人，但曹操卻是個難得的性情中人。三國四大統治者中，除了孫權最為無趣外，曹操、孫策、劉備都是江湖豪俠。如果能和曹操關係處好了，和曹操交往實在是人生一大樂事。如此灑脫、豪爽、可愛、霸氣的朋友，誰不願意與之共飲長笑，一醉方休？

我們都知道，劉備喜歡把江湖上的一些哥們兒義氣式的管理風格放在用人上，畢竟劉備集團是從一個低層草根武人集團發展壯大起來的，其行為處事都帶有明顯的江湖風格。其實在這一點上，曹操做得也不錯，雖然曹操的政治起點要高於劉備。

劉備是個從社會最底層艱苦創業的草根，自然會帶著江湖氣。曹操雖然不算是草根，但從小也在江湖上闖蕩，喝過雞血、拜過把子的朋友也不少。且不說曹操手下文武可以和曹操勾肩搭背，玩得火熱，就是當年曹操最危險的敵人袁紹，曹操和袁紹的私交也不是一般人能比的。

曹操在很早的時候就和袁紹是江湖兄弟，共同起兵反過董卓，而且都是官宦名家子弟，所以從小就打得火熱。但讓兩個人都沒有想到的是，他們很快就從江湖兄弟變成了江湖仇人，而且他們的利益是截然衝突的。也就是說，兩個人，最終只能活下來一個。

曹操的創業歷程相比於劉備來說，其實也並不輕鬆，那也是拎著腦袋在腥風血雨中打拼出來的。劉備滿世界地流浪討飯吃，曹操的情況也好不了多少，尤其是曹操面對袁紹的時候，壓力之大，遠非外人所能想像。

十八、曹操的七十二座空塚（下）

袁曹相比，曹操勝在握有政治優勢，挾天子以令諸侯。但要是論軍事實力，曹操則遠遠不如袁紹。袁紹控制河北四州之地，雄兵二十萬，戰馬無數，謀臣武將如雲如雨。袁紹憑藉著強大的軍事實力，將曹操死死壓在身下，曹操連喘口氣都難。

在袁紹和曹操的生死 **PK** 中，大多數盤口一直向袁紹傾斜，幾乎所有人都認為袁紹獲得最終的勝利，需要的只是時間。其實不是局外人，就是曹操手下的那幫得力馬仔，都對曹操明顯的信心不足。為了給自己畫一張保命符，許多人都私下和袁紹有書信來往，等到袁紹攻下許都的時候，他們就可以提前到袁紹帳下領骨頭啃了。

曹操的壓力能大到什麼程度？當曹操在官渡大敗袁紹後，發現了袁軍留下的一大箱子書信，全是曹軍人馬寫給袁紹的通款信。曹操看都不看，下令全部燒毀。

曹操這麼做，是效法楚莊王「滅燭絕纓」，收攏人心。當然更重要的還是因為曹操能理解人「欺軟怕硬」的本性，曹操說了一句大實話：「以當初袁紹的強大實力，我都不知道能活到哪一天，更何況手下這些人？」

以袁曹當時的實力對比，曹操對是否能打敗袁紹明顯地不自信，不過曹操一直把這種悲壯的絕望隱藏在心裏，每天微笑著面對人生中最殘酷的競爭。曹操是曹軍的主心骨，如果他在眾人面前表現出哪怕是一絲一毫的軟弱，都會嚴重動搖軍心，弄不好就有可能徹底崩盤。

之前我們講過，曹操是個典型的雙面性格，經常在兩個性格的極端走鋼絲，曹操的性格起伏也比較大。曹操對敵人和朋友的態度就是處在這兩個性格極端上，套用雷鋒的一句名言：「對同志像春天般溫暖，對敵人要像嚴冬一樣殘酷無情。」

不過曹操在對待敵人的態度上，也是因人而異的。如果曹操的敵人沒有什麼能力，或者沒有背景，曹操殺之如砍瓜切菜，毫不同情。但如果是和曹操糾葛，尤其是有過感情糾葛的敵人，曹操就會顯示出非常溫情的一面，男兒的真性情揮灑無餘。

在曹操的所有敵人中，陳宮和袁紹是曹操在感情上永遠無法迴避的話題。陳宮當初和曹操是一起在腥風血雨中闖蕩過的，但後來陳宮瞧不上曹操的為人作派，換台跟了呂布。

最後呂布被曹操生擒於白門樓，呂布哀號求生，但陳宮任曹操百般勸降，大義凜然的向曹操求死。當陳宮含笑看著曹操，慷慨赴死之時，曹操被感動得淚流滿面。

還有就是袁紹，曹操和袁紹的競爭關係不用多說。當曹操最終平定袁紹的殘餘勢力，統一河北後，曹操來到袁紹的墓前，拜祭老友。看到袁紹墳前凋落枯零，想到物是人非，曹操不禁悲從中來，當著眾人的面，流涕痛哭。

曹操此舉，依然有其功利性的因素，曹操通過拜祭袁紹，展示自己重感情的一面，給自己臉上貼金，收攏河北人心。另一方面，曹操是個感情外露的人，這樣的人最容易懷舊。相信曹操在拜祭袁紹時是動了真感情，這和後來劉備攜民渡江時、拜祭劉表墓時痛哭流涕是一樣的。

有句老話說：「萬言萬當，不如一默。」在官場上，像曹操和劉備這種豪放不羈的性格是很容易吃虧的。好在他們生逢亂世，盛世承平時代建立的等級森嚴的社會體系被打破，所以我們才有幸看到無數草根梟雄從社會最底層一路狂奔，上演了一齣齣精彩的歷史活劇。

曹操從嚴格意義上來說不算是草根階層，劉備才是如假包換的底層草根。但曹操的性格和行為作風卻明顯的草根化，其實我們常說「魏晉風度」，這個「魏」不當是僅指曹丕以後的魏，應該包括曹操。從某種角度上來講，曹操才是「魏晉風度」行為藝術的鼻祖。

「魏晉風度」是一種高雅的行為藝術，這都是清流名士才有條件玩的性格遊戲。雖然有些人玩得比較瘋狂，比如劉伶在屋裏裸奔醉酒、畢卓偷酒，阮籍喪母吃豬肉、王戎鑽核售李，但這些事情放在名流圈中，卻是正宗的名士作派。

曹操是政治家、軍事家，但曹操同樣是文化圈中的頂級名流。在魏晉名士的風度專史《世說新語》中，有不少關於曹操的記載，能說明這一點。

在三國的幾大領袖中，曹操可謂是文武全才。要論武藝，曹操「才武絕人」，善使小戟，翻牆跳躍身手敏捷。在龍亢，曹軍發生士兵譁變，曹操執劍，殺了幾十個叛兵。這也是平時習武的好處，危難時刻可以自救。

再說文的，且不說曹操是一代詩文大家，文學史上的「三曹父子」名聲顯赫，曹操的一些「副藝」也是頂尖的。曹操善草書、會撫琴、能弈棋、懂醫藥，明養生之道。說曹操是三國名士中的極品，絲毫不為過。

既然是名士，那當然要有名士的作派。名士作派分為很多種，有張狂不羈型的，有賢淑型的，有悶騷型的，曹操屬於第一種。史書記載曹操「為人佻易無威重」，就是不注重儀表打扮，邋裏邋遢。

曹操是個會享受生活的男人，他經常招來一幫歌舞伎，曹操一邊喝酒，一邊欣賞美女的曼妙舞姿，通宵達旦地調笑取樂。最經典的一個鏡頭是：曹操穿著便裝與賓客喝酒，在席間縱橫談論。喝醉的時候，曹操大笑著把頭伏在案上的杯盤中，鬍子上、衣襟上沾滿了菜湯肉末……

如此張狂不羈，才是真名士的作派，英雄都有真性情。曹操雖然在對待敵人的手段上過於毒辣，但客觀來說，曹操當之無愧的是三國第一號英雄。不說別的，就這份豪爽大氣，劉備都要遜曹操三分，更不要說枯燥無趣的孫權了。

曹操的這份豪爽大氣，在他的文學作品中體現得淋漓盡致，讓人心折不已！與政治史上、軍事史上的曹操相比，文學史上的曹操同樣偉大。

上面也提到了文學「三曹」，三曹是曹操和兩個兒子曹丕、曹植，曹家父子在中國文學史上的地位非常顯赫。在文學中上能與三曹父子相抗衡的父子文學集團，也只有南北朝的梁武帝父子三人（蕭衍、蕭綱、蕭繹，另加蕭統），以及北宋的三大家蘇洵、蘇軾、蘇轍。

在這三家父子文學集團中，除了三蘇的領頭羊是蘇軾外，其他兩家都是老爹打頭陣。其實要論才氣和成就，曹植並不比老爹遜色多少，他那一篇《洛神賦》，寫得讓後人歎為觀止。

不過因為曹操是馬上打天下的，所以在氣勢上就遠遠勝過兩個文人氣質更濃厚的兒子。曹操的詩，普遍比較雄渾大氣，讓人熱血沸騰。宋人劉克莊對辛棄疾詞作的評語是：「大聲鞺鞳，小聲鏗鍧，橫絕六合，掃空萬古。」這句評語送給曹操，同樣受之無愧。

曹操有三首《氣出唱》，尤其是第一首，開頭寫得極有氣勢：「駕六龍，乘風而行。行四海，路下之八邦。歷登高山臨溪谷，乘雲而行。行四海外，東到泰山。仙人玉女，下來翱遊。驂駕六龍飲玉漿。河水盡，不東流。」

「詩為心聲」，胸中有物，筆下才能龍蛇飛走，成就佳什，否則就枯燥無味。曹操性情豪放，氣魄雄偉，加上才情橫溢，所以曹操的作品充溢著積極向上的精神，可謂「王道蕩蕩」。曹操不是個輕易服輸的人，遇到挫折就向命運低頭，那不是曹操。

在名篇《龜雖壽》中，曹操這種不服老的精神表現得尤為突出，「老驥伏櫪，志在千里；烈士暮年，壯心不已。」人老志不老，虎老雄心在。曹操知道人的生命都有終點，但他不甘心就這樣垂垂老去，總想多做些事情，繼續證明自己存在的價值。

曹操的詩還有個特點，就是「以詩言志」，把自己的政治抱負和理想通過詩歌的形式表現出來。在曹操現存的二十六首詩中，知名度最響的，肯定是那首千古絕唱《短歌行》，其實曹操還有一首《短歌行》。這首不太知名的《短歌行》，與其說是四言詩，不如說是一篇施政綱領。

今不嫌其長，將此詩摘錄如下：

西伯昌，懷此聖德。三分天下，而有其二。修奉貢獻，臣節不隆。崇侯讒之，是以拘繫。後見赦原，賜之斧鉞，得使征伐。為仲尼所稱，達及德行，猶奉事殷，論敘其美。

齊桓之功，為霸之首。九合諸侯，一匡天下。一匡天下，不以兵車。正而不譎，其德傳稱。孔子所歎，並稱夷吾，民受其恩。賜與廟胙，命無下拜。小白不敢爾，天威在顏咫尺。

晉文亦霸，躬奉天王。受賜圭瓚，秬鬯（音「唱」）彤弓，盧弓矢千，虎賁三百人。威服諸侯，師之所尊。八方聞之，名亞齊桓。河陽之會，詐稱周王，是其名紛葩。

在這首毫無詩味的「詩」中，曹操表達了對周文王姬昌、齊桓公姜小白、晉文公姬重耳所建立功業的讚美。上面也講了詩可以言志，曹操寫這首詩，並不是無緣無故地吹捧三位先聖，而是藉此來闡述自己的政治思想。

周文王、齊桓公、晉文公都是當時天下的霸主，威服九州，但他們有一個共同點，就是絕不越政治雷池半步。他們無論功業有多麼偉大，都對當時的朝廷俯首貼耳，終身稱臣。

特別是周文王姬昌，姬昌和商紂可謂有深仇大恨，無時無刻不想消滅商朝，取而代之。姬昌一直在為這個政治目標奮鬥著，但姬昌明白自己所處的歷史大環境，他只能為兒孫滅商鋪路，統一天下的事情，交給兒孫們去做吧。

姬昌的這種「受實利而拒虛名」的做法，對曹操產生了直接而且深遠的政治影響，當然往大了說，也影響了三國歷史的大格局。曹操在統一北方之後，政治野心不斷膨脹，先後逼迫傀儡皇帝劉協封自己為魏公、魏王，位在漢諸侯王上，距離帝位只有一步之遙。

不過曹操深知漢朝立國四百年，威澤深遠，漢朝在法理上的正統地位並沒有天下大亂而受到太大的影響，至少在曹操時代，餘威尚在。所以曹操打定主意，他在法統上的政治地位就到魏王為止，終身做漢朝名義上的臣子，絕不公開廢漢稱帝。

曹操和另外一位亂世梟雄劉裕有著很多相似之處，都是在腥風血雨中艱苦打拼，天下三分有其二。但之所以劉裕可以公然廢晉稱帝，而曹操沒有，說到底，根子就出在一點上。

劉裕雖然沒有完全征服天下，但當時和劉裕對立的政權，如北涼、北魏、北燕、夏、西涼、西秦，都不是出自東晉政治系統，最多就是和東晉建立名義上的虛位君主關係。劉裕篡位，北方諸國根本找不到在政治上否定劉裕的藉口，晉朝內部的權力更迭，與卿等何干？

但曹操不一樣，曹操面對的蜀漢和東吳，全部都是由東漢政權內部的藩鎮衍化而來，至少在名義上，劉備和孫權都打著漢朝的旗號，特別是劉備這個漢朝「皇叔」。劉備和漢朝法統有著天然的繼承關係，一旦曹操換牌子，那最大的贏家一定是劉備，這點曹操非常的清楚。

如果曹操公然稱帝，就等於把手上最重要的政治牌——「挾天子以討不臣」自動廢掉，公開承認自己是漢朝的逆臣。這麼做對曹操來說幾乎就是政治自殺，曹操可沒袁術那麼蠢。劉備和孫權其實是一直希望曹操廢漢稱帝的，只有這樣，他們才能光明正大地打著漢朝旗號討伐曹操。

建安二十四年（二一九），孫權沒安好心地給曹操上書稱臣，請曹操稱帝建魏。曹操拿著孫權的信，仰天大笑，陳群、司馬懿等人都勸曹操應承天命，曹操搖頭拒絕。曹操說了一句話：「若天命在我，那我就是周文王。」

曹操的意思再清楚不過了，改朝換代是必然的，只不過罵名由兒子曹丕來背，老子種樹，兒子乘涼。曹操在自述式的文章《讓縣自明本志令》給自己的政治地位定了性：「（我）身為宰相，人臣之位已極，意望已過矣。」

這正是曹操的聰明之處，曹操雖然翩翩起舞，但他的舞步始終在政治紅線以內，讓劉備和孫權抓不到自己半點把柄，至少在法理上曹操可以自圓其說。

相比曹操的知進知退，歷史軌跡和曹操極為相似的梁太祖朱溫就愚蠢多了。朱溫殺皇帝、廢皇后，廢唐建梁，自以為得計，實際上是挖了一個政治陷阱自己往裏跳。朱溫的敵人全部是從唐朝原有官僚系統脫胎出來的藩鎮，這導致了朱溫在政治上的嚴重失分，歷史形象極臭。

曹操的手段其實比朱溫好不到哪去，除了不殺皇帝，皇后、皇子照樣捕殺，但曹操卻守住了自己的政治底線。當然，也可以這麼理解，曹操之所以不稱帝，是因為稱帝會導致曹操要承受來自劉備和孫權的政治攻擊，在曹操控制區內引發政治混亂。

終曹操一生，曹操在名義上都是漢朝臣子，憑曹操做的那些壞事，罵曹操是漢朝奸臣並不為過，但漢朝逆臣的大帽子卻戴不到曹操的頭上。三國三大領袖中，他們對政治紅線都有自己的一本小賬。

孫權肯定不會搶在漢朝正式滅亡之前稱帝，所以孫權一直希望曹操先往糞坑裏跳，自己再稱帝，就可以洗掉罵名。但曹操一直不上鉤，孫權只好繼續等，這一等就是九年（從曹丕稱帝算起）。

劉備更是個大滑頭，雖然他是漢朝宗室，但漢獻帝是天下承認的共主，劉備要搶在曹操之前稱帝，是比曹操稱帝還愚蠢的政治自殺行為。劉備最大的政治資源就是漢朝宗室的身分，你這個宗室都搶先背叛朝廷，還有什麼資格指責曹操篡位？

在古代的政治道德架構中，謀逆是第一等死罪，為臣不忠，是要背上千古罵名的。曹操是個非常務實的政治家，他只需要能施展平生抱負的政治舞臺，至於用什麼名義，都是無關緊要的。

曹操對歷史最大的貢獻就是統一了戰亂程度遠遠超過吳、蜀的北方地區，因為軍閥常年混戰，中原地區的經濟遭到了極大的破壞，生民塗炭。王粲在《七哀詩第一》悲哀地寫道：「出門無所見，白骨蔽平原。」

東漢末年的軍閥，至少有七八成集中在中原地區，大大小小的軍閥為了爭地盤，成天群毆，人口損失極大。如果不是曹操，而是袁紹統一北方，以袁紹的統治力，短暫的北方統一很可能是曇花一現，一如一百八十年後的苻堅一樣。

至於董卓、李傕、郭汜、袁術、呂布、張繡、韓遂、張魯，都只是些亂世草頭王，根本擔負不起從分裂走向統一的歷史重任。歷史選擇曹操，那是因為曹操非常優秀，優勝劣汰，這是歷史的鐵律。

曹操雖然屠殺過無辜百姓，但從總體上來看，曹操統治下的北方百姓，日子要遠遠好過於在董卓、呂布、袁術的統治。正如曹操在《讓縣自明本志令》所說：「設使國家無有孤，不知當幾人稱帝，幾人稱王。」

這話有些自負，不過曹操說得卻是實情，如果不是曹操掃滅群雄，中原地區的百姓還要遭受到更大的苦難。雖然曹操本人並沒有實現完全統一，但曹魏在北方的統治卻為幾十年後西晉王朝的大一統打下了最直接、最堅實的基礎。

司馬氏滅蜀前的統治疆域，一直維持在曹操臨終前的大致範圍內。西晉和後來的北宋一樣，都是守成多於開拓的時代，可以稱為「二次創業」，因為前人已經把他們統一的基礎打好了。西晉統一的首功是曹操，北宋統一的首功是柴榮，一個被深深隱藏在歷史背後的男人。

曹操是三國偉大的政治家、軍事家、文學家，一個非常有趣的男人。

十九、曹魏宮廷的鬥爭

曹操該批判的也批判了，該稱讚的也稱讚了，對於曹操，我們要一分為二地看。其實曹操這大半輩子活得也不容易，拎著腦袋在刀山火海中艱難拼殺，曹操表面上風光無限，但誰又知道曹操背後的辛酸？人在江湖中捨命搏殺，無外乎兩個目標，一是體現自己人生的存在價值，一是為兒孫謀個長久的飯碗。尤其是第二點，自古就是老子種樹兒乘涼，老子打天下，兒子坐天下，天經地義的事情，沒有人可以例外。

曹操經歷了千苦萬難，好不容易統一了北方，積攢了一份偌大的家業。雖然曹操鐵了心不稱帝，但曹家的江山自然由自己的兒子來繼承，曹操可不是堯舜。

說到曹操的兒子，據《三國志．魏武諸子傳》記載，曹操培育下一代的戰果豐碩，一共生了二十五個兒子，還不包括許多女兒。從歷史舞臺的曝光率來講，這二十五位曹家少爺中，絕大多數都是跑龍套的。在這些人中，夠得上明星大腕的，只有三個：曹丕、曹植、曹沖。

對於曹丕和曹植，我們已經非常的熟悉了，一個魏文帝，一個陳思王，文學史上的這哥倆都是大名鼎鼎的人物。其實曹沖的名氣並不在兩個哥哥之下，「曹沖稱象」的故事家喻戶曉。在進入正題之前，先講一講這個有趣的小故事。

曹沖生於建安元年（一九六），母親是曹操的側室環夫人，環氏生平不詳。曹沖來到人世間的，曹操已經四十二歲了，可謂老來得子。曹沖自幼聰明過人，極得曹操的寵愛，彷彿掌上明珠一般。

最能體現曹沖聰明才智的事情，自然就是給大象稱體重。應該是西元二〇〇年或二〇一年，孫權可能是從海外搞來了幾頭大象，當時孫權和曹操的關係還不錯，為了增強雙邊友誼，孫權就給曹操送了一頭。

曹操控制的中原地區沒有大象，所以這頭大象的到來，引起了曹魏官場的巨大轟動，大家都跑來看這個稀罕物。曹操也興致勃地欣賞這頭瑞獸，因為孫權並沒有同時送來這頭大象的體檢報告，所以曹操很想知道這頭大象到底有多重？

以前有部經典的木偶動畫片《曹沖稱象》，就非常有趣地再現了這個經典故事。在這部動畫片中，黑炭頭模樣的許褚準備把大象大卸八塊，稱大象的肉就能得到大象的重量，結果許褚被大象踢翻在地，曹操大笑。

還是年幼的曹沖聰明，他想到了一個絕招，曹沖騎在大象身上，用一把香蕉，將大象引到了河邊的大船上。然後曹沖在船的吃水處畫了一道白線，讓士兵搬來石頭放在船上，當石頭將船壓到了白線，曹沖再命人稱出這些石頭的重量。石頭重量等於大象重量，曹沖果然是神童。

曹沖稱象的這個辦法在現在看來，也許並不新鮮，這不過是簡單的重量對換。但曹沖當時只是個五六歲的幼兒，能有這般見識，實在是非常了不起的。

當然曹沖受到曹操寵愛，不僅因為曹沖的這些小聰明，而是曹沖「辨察仁愛，與性俱生，容貌姿美」。如果曹沖能長大成年，他極有可能是曹丕和曹植最強勁的奪儲對手，可惜曹沖在建安十三年就夭折了，年僅十三歲。

曹沖的早夭對曹操的打擊，幾乎是毀滅性的，老年喪子是人生三大至痛之一，另兩大至痛是早年喪父，中年喪妻。曹操每想到倉舒早夭，就流淚不止，形容哀戚。

曹丕勸父親節哀順便，沒想到曹操卻當頭給了曹丕一棒：「（曹沖之死）此我之不幸，而汝曹之幸也。」曹操很懷疑曹丕是否真的惋惜曹沖早夭，曹操這話的意思很明白：如果曹沖多活二十年，後來的儲君位子還不定是誰呢，未必就是你曹子桓。

在西元二〇八年，曹丕並沒有被立為儲君，那時曹操還生龍活虎到處亂竄，所以也不急於立儲。所以曹操這話並不只是衝曹丕來的，「汝曹」的意思是「你們」，當然也包括曹植、曹彰、曹熊等卞夫人嫡出的幾個兒子。

歷史上一直存在這個爭議，就是如果曹沖不早死，曹操有沒有可能立曹沖為嗣。晉人孫盛對此是持否定意見的，孫盛認為曹沖畢竟是庶出，「春秋大義，立嫡以長不以賢」，所以曹沖「雖存猶不宜立」。

孫盛的觀點其實只說對了一半，自古立嫡不立庶，但未必就立長不立次。如果曹操真下定決心立曹沖，辦法只有一個，先廢掉卞夫人的正室名份，扶正曹沖的生母環夫人，這樣曹沖立為儲君就名正言順了。

其實卞夫人本來也是側室，曹操的正室本來是劉夫人，劉夫人早亡，曹操便將劉夫人所生的長子曹昂交給繼任正室丁夫人撫養。建安初年，曹操廢掉丁夫人，這才扶正卞夫人，而這時卞夫人的長子曹丕都已經十歲了。曹昂才是曹家兄弟中真正的嫡出長子，可惜曹昂在宛城戰死，自動退出了日後的爭儲大戰。

在曹操之前，廢嫡立庶的例子也不是沒有。最著名的一例：漢光武帝劉秀為了扶正最心愛的女人陰麗華，不惜廢掉皇后郭聖通，並拿掉嫡長的皇太子劉彊，換上陰麗華的兒子劉莊。曹操要真的廢卞立環，扶正曹沖，以曹操的脾氣，誰又敢說個不字。

當然曹操在吸取了袁紹、劉表廢長立幼的教訓後，未必會冒著極大的政治風險去這麼做。其實自嫡長子曹昂戰死後，在曹操的心目中，日後的儲君之位，基本確定在卞夫人生的四個兒子中挑選。

在卞夫人所生的四個兒子中，曹彰、曹熊基本沒有什麼競爭力，真正的較量，將在曹丕和曹植之間展開。

曹丕和曹植這哥倆是天生的冤家，他們同母，皆卞夫人所生，而且都是文學大家，才情橫溢。最要命的是他們之間還有兩層勢如水火的關係，他們在政治上是你死我活的競爭關係，在感情上，他們也是牛眼相向。據說他們都曾經愛過一個絕色美女——甄宓。

甄宓可以說是三國時代（以演義為準）最負盛名的三大美女之一，另兩個是貂蟬和小喬。不過要論傳奇色彩，無疑甄宓是最讓後人好奇的。甄宓的身分背景非常顯赫，她先後做過袁紹和曹操的兒媳，嫁給曹丕後生下了魏明帝曹叡，甄宓同時還是大才子曹植的夢中情人。

曹丕和曹植這對同母兄弟最終反目成仇，險些上演骨肉相殘的人倫悲劇，原因並不主要因為曹丕吃曹植的酸醋，而是比感情更重要的權力。為了爭奪儲君之位，兄弟二人幾乎刺刀見紅，把曹魏官場攪得雞毛亂飛，差點沒把老爹曹操給折騰死。

曹丕比曹植大五歲，曹丕生於漢靈帝中平四年（一八七），曹植生於漢獻帝初平三年（一九二）。雖然兄弟倆同母所生，但他們的性格卻截然不同，曹丕內向穩重，「喜怒不形於色」；而曹植卻生性爽直，「不治威儀」，就是站沒站相，坐沒坐相，這點和曹操很相似。

歷史上有個非常奇特的現象，就是人物在政治史和文學史上的雙重人格表現症。比如李煜和趙佶，這兩個後主在政治史上的表現一塌糊塗，但文學史上的他們卻都是一代宗師，星光四射，曹植也是如此。

說到曹植，我們很自然的就會想起一個著名成語：才高八斗。南朝宋的一代狂才子謝靈運曾經大言：「天下才共一石（同蛋，量詞，一石共十斗），曹子建（曹植字）獨得八斗，我得一斗，自古及今共用一斗。」謝靈運這樣的大文豪如此崇拜曹植，可以想見曹植的才氣有多逼人！

曹植的文學成就，和父親曹操不一樣，曹操是以詩聞名於史，而曹植則是以賦著名。曹植流傳至今的總共有四十多篇賦，其中兩篇最為著名，一是後來曹植失意時寫下的那篇千古名篇《洛神賦》，一是曹植在年少得意時寫得《銅雀台賦》。

據《三國志．曹植傳》記載，曹操在鄴城建了一座雄偉壯麗的銅雀台，為了檢查兒子們的文學水準，曹操讓諸子每人都寫一篇《銅雀台賦》。曹植文思敏捷，率先完成了命題作文，曹操一看，嘴巴張大得能塞進去一個大麵包，「甚異之」。

不過這篇《銅雀台賦》在歷史上很有爭議，一般來說流傳著兩種版本，一是《三國志》附注的那個簡略版，一是後世經常傳載的豐腴版，我們所熟悉的是豐腴版的《銅雀台賦》。

我們之所以熟悉這個版本，是因為羅貫中在《三國演義》中曾經引用過，就是諸葛亮智激周瑜那段。原版本曾經有這麼兩句：「連二橋於東西兮，若長空之蝃蝀。」羅貫中為了情節的需要，很搞笑地改成了「攬二喬於東南兮，樂朝夕之與共」。

在演義中，諸葛亮為了激怒周瑜對曹操的仇恨，說曹操八十三萬大軍下江東的目的就是得到孫策之妻大喬和周瑜之妻小喬，以娛晚年。結果周瑜不甘心戴綠帽子，發誓和曹操勢不兩立，鐵了心要抗曹。羅貫中不愧是天才，這種情節也虧他想得出來，同時讓曹植背了一千多年的黑鍋。

在曹植燦爛的文化星光下，曹丕的文化形象相對有些黯淡，世人言「三曹」，其實更多的是在說曹操和曹植，曹丕彷彿成了可有可無的角色。實際上，曹丕的文學成就絕不在弟弟曹植之下，只不過兄弟二人走上了不同的人生道路而已。

曹丕在「三曹父子文學集團」中的地位，有些類似於「四蕭父子文學集團」中的蕭統。蕭統論文才絕不遜於兩個風流弟弟蕭綱、蕭繹，但蕭統卻不以詩著名，而是以一部《文選》笑傲文學江湖。

曹丕同樣以一部著名的《典論》名垂文學史，史載「文帝（曹丕）《典論》二十篇，兼論古者經典文章，有此篇論文章之體也」。開了歷代文學評論之先河，梁朝劉勰著的那部《文心雕龍》，就是明顯按照曹丕的路子寫的。

可惜因滄海桑田，這部《典論》並沒有流傳下來，現在只有三篇殘文傳世。我們應該感謝蕭統，要不是他在《文選》中摘錄了曹丕的這篇《典論．論文》，後人就無法欣賞到這篇絕妙好辭了。

曹丕和蕭統相比，有一點比較幸運，就是蕭統的二十篇詩文今已不存，但曹丕的詩集卻幸運地流傳了下來。在曹丕大量的詩文中，個人比較偏愛那首《樂府．善哉行》，詩不算太長，摘錄如下：

上山採薇，薄暮苦饑。谿谷多風，霜露沾衣。野雉群雊，猴猿相追。還望故鄉，鬱何壘壘。高山有崖，林木有枝。憂來何方，人莫之知。人生如寄，多憂何為？今我不樂，歲月如馳。湯湯川流，中有行舟。隨波轉薄，有似客遊。策我良馬，被我輕裘。載馳載驅，聊以忘憂。

從這首詩的字面上看，似乎是曹丕人生晚期所作，好像有看破紅塵的意思，很類似於蘇軾那首《臨江仙》：小舟從此逝，江海寄餘生。實際上這首《善哉行》是曹丕年輕時的作品，創作年代當為建安十七年

（二一二），曹丕隨父親曹操南征孫權時。

曹丕雖然是嫡長子（不算死去的曹昂），但他卻在和弟弟曹植爭儲的政治鬥爭中一直處在下風。對曹丕來說，他是天經地義的王儲人選，無論曹植有多麼優秀，曹丕沒得到獵物，就意味著失敗。所以曹丕站在浩蕩長江邊，心情鬱悶，感慨系之，寫了這首《善哉行》。

按照家天下的慣例，某人在稱帝稱王之時，會同時確立儲君的人選。比如劉備在當漢中王後，就冊立長子劉禪為王太子；孫權在做吳王時，也冊立長子孫登為王太子。

曹操在建安十八年（二一三）被漢朝傀儡朝廷進封為魏公的時候，就應該確定「帝國」的繼承人。由於長子曹昂早在十七年前（一九七）征張繡時戰死，所以曹丕作為實際上的嫡長子，他本來是儲君唯一的人選。

但曹操並沒有這麼做，而是將確定儲君的事情擱置下來，因為他對曹丕似乎並不太感冒，而曹操最喜歡的只有兩個兒子：曹沖、曹植。曹沖五年前（二〇八）早夭，曹沖的這份父愛，基本被曹植撈了去。曹丕？依然兩手空空。

曹丕的性格相對曹植來說，比較「沉悶」，不如曹植更活潑招人，所以曹植更得到了曹操的偏愛。曹操曾經說過：「子建（曹植），兒中最可定大事。」事實上曹操一直不早早確定曹丕的儲君身分，就是想給曹植機會。

曹植是個聰明人，他當然知道老爹在暗示他要主動些，別三棒子揍不出一個悶屁。曹植對儲君的位子也垂涎三尺，在等級森嚴的封建政治體系中，做諸侯和做皇帝的區別？官大一級壓死人，更不用說威福自享、生殺自專的帝王了。

為了能達到立儲的政治目標，曹植也開始四處活動，機會往往是可遇不可求的，一旦錯過，到時可沒地方買後悔藥吃。曹丕和曹植的奪位之爭，雖然沒有日後東吳孫和、孫霸兩兄弟爭儲的鬥爭那麼慘烈，但也在社會上造成了很不好的影響。

不過好在曹操對權力的掌控力非常強，曹魏統治集團一線重臣並沒有過多地摻和到爭儲的政治鬥爭中，二人的派系，主要是由一些文壇名士組成。曹植的心腹是「二丁」，即丁儀、丁廙，還有楊修、邯鄲淳等人。曹丕的人馬主要是吳質、徐幹、路粹等人。

因為曹丕和曹植都是讀書人，他們和文壇清流們交往甚密，有些人難以劃分嚴格的派系。但在當時的官場上，大多數人還是在感情上傾向於曹丕的，比如崔琰、毛玠、賈詡、朱鑠、陳群、司馬懿等人。

曹植和這些官場重臣的交情並不是特別密切，但曹植最大的優勢就是深得曹操的寵愛，「幾（立曹植）為太子者數矣」。從兄弟二人爭儲開始，曹植一直就佔有相當大的優勢，曹丕一度被曹植壓得喘不過氣來。

在這種不利的情況下，曹丕只能以守為攻，先紮好雲手，慢慢地等待機會再向曹植發動反擊。曹丕和曹操身邊那幫重臣的關係都不錯，為了擴展思路，曹丕私下派人找賈詡，請賈詡幫忙給他謀個出路。

賈詡向來不輕易做得罪人的事，他未必能確定曹丕一定能成功，所以他並沒有公開自己的選擇傾向。只是不鹹不淡地讓曹丕平時做事穩重些，孝敬父親，友好群賢。即使曹植上位，他也沒辦法揪住賈詡的小尾巴，至少賈詡的話裏並沒有特別的感情傾向，換了曹植他也一樣說。

但這些話對曹丕來說卻非常的重要，別的先不說，就是「不違子道」，做到這一點不一定會成功，但做不到這一點肯定會失敗。曹丕一直在隱忍，苦苦等待表現自己「仁孝」的機會。

機會總是留給有準備的人，有一次曹操出征，曹丕和曹植各懷鬼胎的來給父親送行。曹植一直沒改掉輕浮好顯擺的毛病，他現場寫了一篇賦，對父親進行肉麻的稱讚，「稱述功德」，把老曹頭哄得喜笑顏開。其實要耍筆桿子，曹丕並不比曹植差，但曹丕不可能再吃曹植嚼過的饅頭。曹丕的首席智囊吳質悄悄告訴曹丕，要以情制勝，辦法就一個字：哭！

曹丕天賦聰穎，演技過硬，哭誰不會？曹丕可能動了真情，感情壓抑已久的曹丕半真半假的在曹操面前淚流滿面，給父親行了大禮。曹操雖然不太喜歡曹丕，但看到曹丕如此動情，曹操也感動得老淚縱橫，從此對曹丕另眼相看，曹植無形中失了不少感情分。

吳質這招非常的毒辣，雖然曹操並沒有立即確定儲君人選，但曹丕通過此舉扭轉了被動的局面，至少在父親心中的地位，不至於被曹植甩得太遠。

在比賽中，如果想獲得勝利，一般來說需要具備兩個條件：一、自己發揮非常出色；二、對手出現重大失誤。真正能決定比賽勝負走向的其實往往是第二點，對手如果不出現重大失誤，即使自己發揮再出色，也很難笑到最後。

曹丕穩紮穩打，連哭帶鬧，漸漸追上了曹植。現在曹丕就希望曹植能多犯錯誤，正負相減，只有這樣，曹丕才有可能超過曹植。曹植也真「配合」兄長的心思，可能是曹植覺得自己勝券在握了，有些麻痹大意，犯了許多低級錯誤，最終被曹丕一個完美的逆轉，一切都完了。

在這場兄弟之爭中，曹植的優勢之大，幾乎讓曹丕絕望。且不說曹植是曹操自曹沖死後最寵愛的兒子，就是曹植身邊那幫跑腿打雜的，都是大有來頭的。

曹植帳下的首席智囊丁儀，是曹操政治恩公丁沖的兒子。曹操念及丁沖的舊情，特別高看丁儀，甚至想招丁儀做女婿。雖然在曹丕的阻撓下，丁儀沒登上龍門，但他在曹操心中的地位依然很強勢。丁儀經常在曹操身邊走動，對曹植的受寵起到了非常重要的作用。

至於曹植另一個高參楊修，出身更為高貴，楊修是東漢名臣、「關西孔子」楊震的玄孫，太尉楊彪的兒子。楊修在曹操時代晚期，基本屬於一線重臣，史稱「是時，軍國多事，修總知外內，事皆稱意」。幾乎就是曹魏的當家大總管。

楊修是曹操身邊的紅人，連曹丕都要想辦法巴結他，可見楊修的地位之高。在這些人的連番鼓吹下，曹植的形象包裝非常成功，差不多就是文武全才。

曹操之所以一直猶豫沒有立曹植，並沒有對曹植有意見，而是曹操在猶豫如何（立曹植為儲之後）面對曹丕。雖然曹操不喜歡曹丕，但無端廢掉他，曹操自然也會覺得在感情上虧欠曹丕。

不過感情歸感情，在立儲的問題上，曹操打定了主意，半點也不含糊。後來曹操因事廢掉了兩大在感情上嚴重傾向於曹丕的名臣崔琰和毛玠，崔毛之死的直接原因並不是曹丕，但曹操這麼做，似乎很難不和曹丕扯上關係，難道真是無巧不成書？

曹植各方面條件都強於曹丕，但曹植最大的問題，說白了就是不會演戲。同樣是在舞臺上，曹丕演技純熟，說笑便笑，說哭便哭，至於裝純潔、扮憨厚，更是曹丕的強項。曹植這點做得太差，他基本上是本色演出，不懂得掩飾，做什麼都直來直去，這樣太容易得罪人。

也許在智商上，曹植要強於曹丕，但在情商上，曹植遠不如曹丕。曹丕聰明之處就在於他會想辦法籠絡曹操身邊的人，不僅包括一線重臣，就是一些不入流的侍臣、婢女，都被曹丕感情收買了。

這些人成天圍在曹操身邊，有一句沒一句地說曹丕好話，「宮人左右並為之稱說」，時間久了，確實對曹操廢植立丕起到了很大的作用。當然，曹植的失敗主要原因還在他自己身上，曹丕想盡辦法討父親的歡心，而曹植卻接二連三地往曹操槍口上撞。

對曹植來說，他犯下的最嚴重的政治錯誤就是強闖司馬門事件，這件事情應該發生在名義上的魏國國都鄴城。漢朝的皇家制度有規定，除了皇帝本人外，任何人都沒有資格乘車穿越司馬門，必須步行經過，以示尊卑有別。

但不知道曹植抽了哪根筋，或者是喝醉了，他在光天化日之下「嘗乘車行馳道中，開司馬門出」。這是一起性質極為嚴重的政治事件，曹操再牛，在名義上還是漢朝的臣子。曹植此舉無疑將曹操的政治野心徹底暴露出來，給曹操的正面政治形象嚴重抹了黑。

曹操本來是非常器重曹植的，但當曹操聽到這件事後，氣得七竅冒煙。曹操萬沒想到，他心中最合適的繼承人曹植居然敢做下此等大逆不道的舉動！曹操也一直在反思，是不是自己對曹植還不是很了解，是個腦袋正常的人，都不可能做這等蠢事。

司馬門事件之後，曹操痛定思痛，下令嚴加管束兒子們的舉動，不許再出現這類犯政治禁忌的事情。雖然曹操並沒有因此事直接將曹植掃地出門，但曹植在曹操心中的地位一落千丈，「植寵日衰」。

在官場上混，最忌諱的就是「明知故犯」，上峰有令嚴禁做某事，卻偏偏去捅馬蜂窩，用句歇後語講，就是糞耙子搖頭——找屎（死）。司馬門事件對曹植來說，教訓不可謂不深刻，但曹植似乎並沒有引以為戒，結果再一次撞在老爹的槍口上。

因為漢末天下大亂，經濟凋敝，為了恢復生產，曹操厲行節約，曾經下令禁止貴婦人穿華麗的錦衣。不知道是曹植有意為之，還是曹植的妻子崔氏（崔琰的侄女）不把曹操當回事，公然穿著錦衣在大街上招搖。

曹操無意間發現了自己的兒媳婦違制之舉，心中的憤怒可想而知。孔子有句名言「己自正，不令則從；己身不正，雖令不從」。曹操頒告天下的禁令，自己的兒子兒媳帶頭違反，曹操的威信自然就大打折扣。如果處理不好的話，甚至可能嚴重威脅曹操統治區的政治穩定。

盛怒之下的曹操不顧親情，下令將崔氏趕回娘家，隨後賜死。崔氏和曹操並沒有直接的血緣關係，但曹操完全可以看在曹植的面子上，對崔氏嚴加懲治即可，也沒有必要賜死。

最關鍵的問題，曹植在曹操心中的地位已經無足輕重了，上次的司馬門越制事件已經讓曹植在政治上嚴重失分，這次又闖了大禍，曹操對曹植徹底的失望。

不過最終讓曹操下定決心拋棄曹植，立曹丕為儲君的原因還有兩個。一個是殺楊修，一個是賈詡說風涼話。

楊修之死，一方面是曹操在政治上對楊修不太放心，因為楊修是袁術的外甥。另一方面楊修的治政能力非常強，從楊修「忖度太祖（曹操）意，豫作答教十餘條（使曹植在曹操的政治考試下過關）」。

如果曹操立曹植為儲君，以後曹植繼位後，楊修很有可能會形成一股強大的相權勢力，對曹魏皇室造成嚴重的政治威脅。而且楊修出身非常高貴，在上流圈子人脈很廣。曹操對楊修始終不放心，最後尋了個不三不四的理由，殺掉了楊修，以絕後患。

在建安二十二年（二一七）的五月，曹操逼迫漢獻帝劉協封他為魏王，這一年曹操已經六十三歲了，天知道他還能活幾年？所以曹操已經沒有時間再拖延立儲問題了。

其實這時曹操已經基本將曹植踢掉了，但曹操似乎還在猶豫，一直定不下決心。曹操找來賈詡，想聽聽賈詡的看法。雖然在名義上賈詡並不是曹丕黨羽，但賈詡卻是希望曹丕上臺的，至少從性格上來說，賈詡和曹丕很相似，而曹植，從來就不是和賈詡一個世界的。

賈詡故意賣關子，不理曹操，把曹操惹毛了，賈詡才不陰不陽地說了句：「我在想袁紹、劉表父子的事情。」有話不直說，拐彎抹角繞圈子，兩頭都不得罪。

曹操當然能聽懂賈詡話裏的弦外之音，袁紹和劉表都是廢長立幼，導致統治集團內部嚴重分裂，才被曹操有隙可乘的。曹操不希望內部發生裂變，為了曹魏江山的長治久安，曹操終於下定決心了。

在同年的十月，曹操正式宣布立曹丕為王太子，確定了曹丕為日後大魏天下的繼承人，曹植落選。

對於這樣一個結果，可以說是情理之外，意料之中。帶頭領跑的，不一定能第一個衝過紅線，曹植的失敗，主要原因在於他自己。是他不停地犯錯誤，直到曹操對曹植的耐心用完了，曹丕等於白撿一個天大的便宜。

歷代都有一個現象，就是在爭儲的鬥爭中，那些過於出鋒頭的，或者是氣質文弱的，往往都競爭不過性情厚重、氣質雄悍的。比如劉彊敗於劉莊、楊勇敗於楊廣、趙德昭敗於趙光義、朱高燧險些敗於朱高煦、胤禩敗於胤禛等。

曹操之所以最終選擇曹丕，恐怕還有一個原因，就是曹操的歷史任務是開創，而歷史大環境則要求第二代是個守成令主。歷代守成令主，多半性情溫和，處事穩重，而曹丕無疑最符合條件。

曹植雖然才華出眾，但為人輕浮驕躁，曹操對曹植這個性格缺點一直放心不下。如果曹植最終即位稱帝，以他的性格脾氣，很可能成為漢元帝第二，在藝術上是天才，在政治是昏君，這絕不是曹操希望看到的。

曹操選擇曹丕，從某種意義上來說，是曹植自己不爭氣，煮熟的鴨子讓他自己踢飛了。曹操對立曹丕為儲似乎還有些猶豫，畢竟他對曹植的感情要比曹丕深。即使曹植接連犯禁，但曹操的氣頭應該是過去了，他總是有意無意的在暗示曹植：只要好好表現，你還是有機會。

在建安二十四年（二一九），關羽從荊州北伐，曹魏南線形勢吃緊。曹操本來有意讓曹植率軍南征，給他一個自救的機會，如果曹植能在這場戰爭中有上佳的表現，曹操甚至有可能重新考慮繼承人的問題。

曹丕是個聰明人，他當然知道老爹心中想什麼，從曹丕的利益角度考慮，他絕對不能允許曹植有這樣重大的自我表現機會。為了保住自己的位子，在曹植臨行前，曹丕設計請曹植喝酒，說是替弟弟壯行，結果陰險的曹丕灌醉了曹植。

曹操準備給曹植送行，等了半天也沒見曹植的影子。曹操一打聽，曹植居然喝醉了，正在睬覺覺呢。曹操的臉色那叫一個難看，曹操對曹植已經徹底失望了，當國家危難之際，你還有心思喝花酒？我還敢把江山交給你嗎？

當然曹操可能並不知道這是曹丕下的黑手，但主要責任還應該由曹植自己來背，曹植簡直就是有頭無腦，他怎麼就輕易相信曹丕？曹植的情商之低，讓人搖頭。

曹丕和曹植的爭儲戰爭，如果用一句話來形容他們勝敗的原因，那就是曹丕智商不如曹植高，但曹丕情商要高；曹植之所以失敗，正好相反，有智商，沒情商，失敗是必然的。

曹丕這種性格，最適合在官場上吃飯，而曹植過於散漫的性格，士林江湖也許才是他真正的歸宿。曹丕的勝利讓人驚歎，但曹丕的心胸卻不夠寬廣。

曹操死後，曹丕順利地繼承了魏王位，從這一刻開始，曹丕開始發洩對曹植的怒火，極為狠毒地報復弟弟。曹丕先是殺掉了曹植帳下的兩大智囊丁儀、丁廙兄弟，剪除曹植的羽翼。殺了二丁，但曹丕依然不肯收手，他甚至想一勞永逸地在肉體上消滅曹植。

之後的故事我們再熟悉不過了，曹丕尋了個不三不四的罪名要殺曹植，幸虧母親卞太后苦苦哀求，曹丕才答應給曹植一個自救的機會。曹丕要求曹植在七步之內寫一首詩，否則就別怪哥哥無情無義了。

曹植對自己的爭儲失敗也許並沒有太多的傷感，但他無法忍受曹丕對自己的絕情，在這種悲愴絕望的氣氛中，曹植寫下了這首悲唱千古的《七步詩》：「煮豆持作羹，漉菽以為汁。萁在釜下燃，豆在釜中泣。本是同根生，相煎何太急？」

這首詩在《三國演義》中被簡化成了：「煮豆燃豆萁，豆在釜中泣，本是同根生，相煎何太急？」但兩個版本的意思都是一樣的，曹植含著眼淚責問曹丕為什麼要對他斬盡殺絕？

曹丕「深有慚色」，知道自己做得太過分了，再加上老娘以死相逼，曹丕只好饒了曹植，雖然曹丕恨不得親手宰了曹植，以絕後患。曹丕雖然不講兄弟親情，但相比南北朝的父子兄弟殘殺，已經算是非常厚道了。

曹丕很虛偽，他明明想殺曹植，卻胡說什麼「植，朕之同母弟。朕於天下無所不容，而況植乎？骨肉之親，捨而不誅」。這話鬼都不信。不過曹丕的人品總體來說還算不錯，至少他還能顧及名聲，哪像劉駿、劉彧、蕭鸞、高湛這夥變態，殺起兄弟來如屠豬宰羊，毫無人性。

曹植還算幸運，雖然爭儲失敗，但終曹丕之世，曹丕並沒有太過為難他。曹植的政治生命早在西元二二〇年，父親曹操撒手人寰的那一刻，就已經結束了。不過對歷史來說幸運的是，曹植的藝術生命不但沒有因此終結，反而更加頑強，為後人留下了一篇篇佳什，這也是曹植的幸運。

二〇、諸葛亮北伐的得與失

在第八、九兩篇中，我們講了諸葛亮的職業選擇和職業規劃，即為什麼選擇輔佐劉備和諸葛亮為什麼沒有改朝換代。本篇再次回到諸葛亮的話題上，主題是諸葛亮的北伐。

說到諸葛亮北伐，不由得想起南宋大詩人陸游那首著名的《書憤詩》，原詩如下：

早歲那知世事艱，中原北望氣如山。
樓船夜雪瓜洲渡，鐵馬秋風大散關。
塞上長城空自許，鏡中衰鬢已先斑。
出師一表真名世，千載誰堪伯仲間。

這首詩最經典的兩句是「頷聯」部分：樓船夜雪瓜洲渡，鐵馬秋風大散關，是千古傳誦的名句。但陸游這首詩的詩眼卻在「結聯」，就是最後兩句：出師一表真名世，千載誰堪伯仲間。

陸游是在六十二歲（一一八六）的時候寫下這首詩的，我們都知道陸游對北方金國的態度始終沒有改變，陸游是個強硬的主戰派。但當時南宋一味主和，主戰派得不到重用。

陸游奔走半生，鬱鬱不得志。看著年華老去，白髮徒添，陸游悲憤交加，寫下了這首千古名作。陸游雖然沒有獲得較高的政治地位，但他對北伐的堅決態度，和諸葛亮卻是相通的，這也是陸游為什麼會提到諸葛亮《出師表》的原因。

話題回到諸葛亮，歷史上的諸葛亮並不以文學著名，他是成功的政治家和不太成功的軍事家，和文壇很難扯上直接的關係。但諸葛亮有兩篇文章在文學史上大名鼎鼎，一是他初出茅廬時的《隆中對》，一就是他在北伐前給皇帝劉禪上的那道名垂千古的《出師表》。

《出師表》的創作時間是蜀漢建興五年（二二七）五月，這時距離諸葛亮托孤秉政，已經過去了四年。蜀漢章武三年（二二三），蜀漢昭烈帝劉備為了奪回被孫權襲取的荊州，傾國之兵殺向東吳，結果被陸遜一把火給請了回去。劉備氣病交加，不久撒手人寰。劉備在死前，任命諸葛亮為「內閣首輔大臣」，確立了諸葛亮在蜀漢政壇一哥的地位。

自三國鼎立以來，曹魏最強，東吳次之，蜀漢最弱，而在夷陵之戰後，蜀漢元氣大傷。本就弱小的國勢更加雪上加霜，這就是諸葛亮在《出師表》開頭說得：「今天下三分，益州疲弊，此誠危急存亡之秋也。」

按正常的邏輯講，實力弱小，就應該保境安民，不主動向大國挑釁。但蜀漢卻反其道而行之，從建立至滅亡四十餘年間，可以說是「生命不息，攻魏不止」。一次次穿越千山萬水，悲壯地向北進攻，又一次次失敗，最終無力再戰，被司馬氏控制著的魏國一朝滅亡。

先不說蜀漢為什麼要不斷地北伐，只談談諸葛亮時代的北伐問題。諸葛亮之所以不顧與曹魏的國力差距，屢次北伐，大致有以下幾個原因：

一、蜀漢的立國方針就是消滅曹魏，復興漢朝。劉備出道江湖以來，一直舉著「復興漢室」的政治旗幟，態度極為堅決。如果蜀漢建國後，和曹魏稱兄道弟，或者乾脆稱藩稱臣，那麼蜀漢就在天下人面前自動喪失了道義上的高度，蜀漢的合法性就會受到質疑，進而影響內部穩定。

二、基於第一條，劉備「創業未半而中道崩殂」，所以北伐曹魏的歷史任務自然就落到了諸葛亮的肩上，諸葛亮北伐，不過是繼承了劉備的遺志而已。

三、諸葛亮雖然當上了蜀相，但他在政治上並不是益州土著派系。諸葛亮在官場雖然屬於武官系統，但他在當丞相之前，一直沒有獨立建立軍功的機會。在亂世中混江湖，要讓弟兄們心服口服，沒有軍功，是絕難服人的。

如果諸葛亮按兵不動，那麼諸葛亮就很難在益州官場樹立自己的威信。無論是從蜀漢政權的角度，還是從諸葛亮自身利益的角度，北伐曹魏都是諸葛亮沒有選擇的。

四、蜀漢的存在對魏國來說是重大的戰略威脅，如果蜀漢不主動出擊，以攻為守，那麼魏國就會大舉進攻蜀漢。正如《後出師表》所說「然不伐賊，王業亦亡。惟坐而待亡，孰與伐之」？從這個角度來說，蜀漢北伐也是無奈之舉。

五、北伐曹魏符合諸葛亮本人的政治理想，諸葛亮早年就在《隆中對》提出了分兵兩路北伐曹魏的戰略構想。只可惜關羽大意失荊州，從荊襄北伐成為泡影，諸葛亮只能走艱難的山路。但諸葛亮滅魏的決心從來沒有變過。

北伐曹魏雖然是蜀漢的立國方針，但夷陵敗後，蜀漢暫時沒有實力發動戰爭，他們最需要做的就是養精畜銳，來年再舉。蜀漢的疆域和曹魏比起來，實在過於弱小，蜀漢自失荊州之後，只實際控制著益州，偏居西隅。

一般來說，東漢三國時期的益州，明顯可以分成兩個部分：北部、南部。北益州是蜀漢國土的主體，約為大渡河以西、長江以北地區。南益州就是我們經常提到的南中地區，這裏胡漢雜居，經濟相對北益州來說，比較落後，但戰略價值卻非常重要。

劉備之前的西蜀政權對南中地區的控制力相對比較弱，所以當夷陵之敗後，南中幾大豪強，比如建寧土帥雍闓、牂牁太守朱褒、越嶲夷王高定都造了蜀漢的反。南中幾郡的叛亂，導致本就疆域狹小的蜀漢平白少了一半國土，三面受夾擊，生存壓力空前增大。

諸葛亮想要集中全蜀之力北伐曹魏，就必須先解決南中叛亂，這是一個諸葛亮無法選擇的命題。蜀漢建興三年（二二五），經過了兩年多的隱忍休整，諸葛亮親提銳旅，南征南中。

好在南中幾郡的軍事實力都明顯弱於蜀漢正規軍，蜀軍在南中並沒有遇到什麼像樣的抵抗，就敲掉了雍闓等叛將。即使是在南中地區威望甚著的土帥孟獲，諸葛亮也沒把孟獲當盤菜，七擒七縱，遂成歷史佳話。

諸葛亮在南中的行動目的非常明顯，就是不以兵耀威，而是以德服人，確保南中幾十年的政治安定。其實以孟獲的軍事實力，諸葛亮真想殺他，第一擒的時候就可以開刀了。諸葛亮攻心為上，最終將孟獲感動得淚流滿面，發自肺腑地向諸葛亮起誓：「公，天威也，南人不復反矣！」

諸葛亮圓滿得完成了南中戰略，穩定了大後方，同時獲得了南中地區大量的物質支援，這對日後北伐曹魏起到了非常重大的幫助。歷代戰爭的勝利者，無不有一個穩定而豐饒的大後方，無論是政治意義，還是軍事意義，亦或是經濟意義，大後方的重要性都不言而喻。

對蜀漢來說，對南中的軍事行動不是孤立的，而是北伐曹魏的前奏。南中平定之後，諸葛亮一邊調整休養，一邊積極準備發動對曹魏的戰爭。建興五年（二二七），一切準備就緒後，諸葛亮心情複雜地給皇帝劉禪上了那道《出師表》，繼續他人生的冒險之旅。

我們不從現實政治利益的角度來看，而是從感情的角度來看《出師表》，可以看出，諸葛亮確實是動了真感情了。諸葛亮在《出師表》中，除了明確了北伐曹魏的戰略任務外，其他的多是在和小皇帝劉禪談心，談自己的人生，談先帝（劉備），也談到了劉禪本人。

當年劉備「迎娶」諸葛亮的時候，是劉備人生中最為落魄黯淡的時期，「（諸葛亮出茅廬後）後值傾覆，受任於敗軍之際，奉命於危難之間」已經二十一年了。人生中有幾個二十一年？可以說諸葛亮的大好青春都奉獻給了劉備，風風雨雨這麼多年，難怪諸葛亮無限感慨。

諸葛亮是鐵了心要北伐，但諸葛亮最擔心的並不是曹魏，擔不擔心，曹魏的實力都明擺著。諸葛亮最不放心的是劉禪，阿斗平庸之才，更兼年少無知，諸葛亮不在他身邊，最怕阿斗學壞。所以諸葛亮以「相父」的身分半是勸誡、半是警告阿斗：「親賢臣，遠小人，此先漢所以興隆也；親小人，遠賢臣，此後漢所以傾頹也。」

《出師表》最大的魅力並不在於諸葛亮的雄心壯志，「攘除奸凶，興復漢室，還於舊都」。而在於諸葛亮的真情流露。我們可以想見，一千七百多年前的一個夜晚，在臥室裏，鬚髮皆白的諸葛亮藉著蠟燭的微光照映，伏案走筆。寫到動情處，諸葛亮不禁淚流滿面……

諸葛亮北伐前，做足了一切準備，包括人事上的、軍事上的安排。在一個風和日麗的日子裏，諸葛亮拜辭了劉禪，無限感慨地北上。為了報答劉備的三顧之遇，諸葛亮決定拼上自己的老命，至於能不能成功，聽天由命吧。

至於諸葛亮的北伐路線，從諸葛亮駐紮漢中來看，當然是走山路，北進關中。自荊州失陷，以及上庸三郡降魏之後，蜀漢的北伐路線只剩下漢中這一條路了。

不過諸葛亮很快就得到了一個好消息，當年叛蜀降魏的上庸軍頭孟達，在曹魏不受重視。在諸葛亮的引誘下，孟達決定回到諸葛亮溫暖的懷抱中。可惜孟達做事太磨嘰，被諸葛亮日後的對手司馬懿以閃電之勢迅速攻到上庸，孟達根本不是司馬懿的對手，被擊斬之。

其實孟達這一路只是諸葛亮北伐的一個重要選擇，但諸葛亮似乎更願意走漢中這條路。諸葛亮行事穩重，如果他得到上庸三郡，也只能以偷襲取勝，但以曹魏的國力，打奇襲戰的效果明顯不佳。

諸葛亮從漢中北伐的戰略目的非常明顯，就是不斷蠶食雍涼，席捲關中，斬斷曹魏的戰略右臂，重現當年秦統一六國之前的格局。如果能達到這一目的，蜀就變成了秦，雄踞天下之高地，而曹魏就變成了除了楚之外的關東五國，至於孫權，當然就是楚國的翻版。

戰略目標已經確定好了，接下來要做的就是如何選擇具體的戰術手段來達到戰略目標，這就引出了三國史上著名的「子午谷之爭」。蜀漢頭號大將魏延向諸葛亮提出了一個極為大膽的作戰計畫：魏延帶五千精兵，備足乾糧，穿子午谷北上，奇襲長安，成不世奇功。

這個說法是《魏略》載附於《三國志．魏延傳》，而其本傳中記載的卻和《魏略》的版本略有不同，本傳中原文是「（魏延）輒欲請兵萬人，與亮異道會於潼關，如韓信故事」。

比較魚豢（《魏略》著者）和陳壽的記載來看，魏延都是要輕兵北進打偷襲戰，但目標不同。魚豢說魏延是要控制長安，席捲雍涼，陳壽則說魏延要扼守潼關。

魚豢的說法雖然要比陳壽的詳細，但漏洞較多，首先魏延怎麼敢肯定他兵臨長安，鎮守長安的魏安西將軍夏侯楙就會被嚇跑？再者，子午谷艱險崎嶇，魏延的五千步兵翻山越嶺，勉強在十天後滾到長安城下，也疲憊不堪，而且肯定會有相當數量的非戰鬥減員。夏侯楙再膽小如鼠，也不至於怕這幾千疲兵。

兩個版本再比較，還有一個非常重要的因素，就是魚版的魏延雖然認為可以奇襲長安，扼死雍涼魏軍的東歸之路。但卻忽略了一個問題，就是雍涼魏軍雖然被困死，但關東魏軍卻可以大量西進增援。即使諸葛亮隨後率大軍達到長安，也會和魏國的關中兵、雍涼兵以及援軍打成一團，勝負尚難預料。

而陳壽的版本則很好地解決了這個問題，陳壽說魏延奇兵奔襲潼關，目的在於掐斷魏軍在關東的主力向西增援的通道，然後「關門打狗」，一舉殲滅魏雍涼軍。

無論是魚版還是陳版，魏延的這個計畫都異常的冒險，但相對來說，偷襲潼關顯然要比直接奇襲長安更有可行性，邏輯上也能圓得通。潼關是連接關中、雍涼地區和中原地區的險隘重鎮，戰略地位極為重要。

依魏延的計畫，一旦蜀軍奇襲潼關得手，等於攔腰截斷魏軍的蛇字戰略布局。而且還有一點對蜀軍非常有利，就是蜀軍在局部的（和關中魏軍）的力量對比中佔有相當大的優勢，如果魏軍率領這一萬多蜀軍能在潼關頂住關東魏軍的瘋狂進攻，幾乎提前宣判了雍涼魏軍的死刑。

再有一點，這次魏延奇襲潼關是絕對保密的，可以打魏軍一個措手不及。從「（魏）以蜀中惟有劉備。備既死，數歲寂然無聲，是以略無備預；而卒聞亮出，朝野恐懼，隴右、祁山尤甚」這段記載來看，魏朝上下對諸葛亮從正面的北伐都沒有心理準備，何況是魏延的偷襲？

雖然魏延奇襲潼關的計畫也是非常冒險的，但兵貴用奇，如果當年劉邦不是「明修棧道，暗渡陳倉」，出奇制勝，劉邦根本沒有戰勝項羽的可能。有句老話說得好：馬無夜草不肥，人無橫財不富。富貴就要險中求，沒點冒險精神，是很難發大財的。

可惜諸葛亮並不認同魏延的這個計畫，認為太過冒險，所以「制而不許」。諸葛亮的軍事思想比較正統，或者說是保守，所謂「舉堂堂正正之旗，布堂堂正正之陣」。

諸葛亮和魏延在戰略上並沒有衝突，只是在於具體的戰術手段不同，「諸葛一生唯謹慎」，過於冒險的事情，諸葛亮是不會做的。諸葛亮更傾向於穿越地勢相對比較平坦的斜谷進入關中，穩紮穩打，伺機殲滅魏軍主力，慢慢地蠶食雍涼，諸葛亮相信一口吃不成大胖子。

一個極有可能改變三國戰略大戰局的偉大的冒險計畫就這樣被諸葛亮給否定了，留下了千古謎題，是是非非，爭論不休。魏延沒有得到諸葛亮的批准，心情非常懊喪，經常諷刺諸葛亮膽小如鼠，沒少在背後罵諸葛亮。

但諸葛亮是蜀軍統帥，魏延不過是一個方面大將，小胳膊擰不過大粗腿，只好忍氣吞聲。諸葛亮有他自己的想法，魏延有提出建議的自由，自己也有投否決票的權力。

其實正面決戰未必就沒有勝算，何況在關中地區，蜀軍是佔有相當大的兵力優勢的。說諸葛亮不懂軍事，並不客觀，用兵謹慎是每個軍事統帥都應該具備的基礎作戰理論，不能說諸葛亮膽小如鼠。

諸葛亮即將開始的北伐，是一場勝負未可知的持久戰，魏蜀的爭霸戰不是一場大規模的戰役能解決的，比如確定三分天下的赤壁之戰。諸葛亮不想冒險，不等於說他沒有膽量，誰都知道刀兵無情，敢傾一生心血堅持北伐，這是需要非常大的勇氣的。

關於諸葛亮北伐的次數，《三國演義》說是六次，就是我們熟知的「六出祁山」，實際上諸葛亮總共只有五次北伐（以《三國志》記載為準）。從時間上來看，這五次北伐分別是：

一、建興六年（二二八）年初；
二、建興六年（二二八）年底；
三、建興七年（二二九）年初；
四、建興九年（二三一）二月；
五、建興十二年（二三四）二月。

其中前三次北伐是在一年之內完成的，頻率非常密集，尤其是第一次北伐，聲勢最大，形勢最好，也最為知名。上面我們講了魏延想用奇兵制勝，但這一次北伐，因為魏國毫無準備，所以也可以稱為奇兵。

在第一次北伐時，諸葛亮雖然拒絕了魏延的冒險計畫，但諸葛亮卻借鑒了魏延的思路，就是效法韓信，「明修棧道，暗渡陳倉」。諸葛亮開動宣傳機器，揚言要從斜谷北上，攻取郿城（今陝西眉縣）。郿城西距長安不過二百多里，一旦郿城失守，蜀軍就可沿渭水西進。所以諸葛亮的聲東擊西之計，果然騙住了坐鎮長安的魏明帝曹叡。曹叡派大將軍曹真率魏軍主力火速趕往郿城，嚴防死守，不能放過一個蜀兵進入關中地區。

諸葛亮成功地穩住了魏軍主力，他真正的攻擊目標是隴西地區。隴西是連接涼州和關中的重鎮，如果蜀軍能佔領隴西，就等於攔腰斬斷了魏國的西線戰略體系。諸葛亮這次走的是祁山（今甘肅禮縣東北），在行政區劃上屬於魏國秦州（曹丕時置秦州）的天水郡。

諸葛亮的戰略意圖其實還是沒有跳出魏延「佔領潼關，隔斷關東、關中聯繫」的思路，二人的區別只是在於魏延打的是一場戰役，而諸葛亮打的一場戰爭。魏延是「奇中見奇」，諸葛亮是「正中見奇」。

諸葛亮聲東擊西，確實取得了非常好的實戰效果，自劉備死後，蜀漢一直沉寂無聞，魏國沒有想到，蜀軍會大舉北伐，「（魏）朝野恐懼……關中響震」。蜀軍聲勢浩大的北伐，讓關西各郡頭目開始盤算自己的未來，難道蜀軍北伐真是當年劉邦漢軍的重複？曹叡是項羽第二？

一切皆有可能，蜀軍雖然相對較弱，但當年漢軍從紙面上的實力來看，也絲毫看不出劉邦有戰勝項羽的可能，結果又如何？南安、天水、安定三郡在沒有受到蜀軍攻擊的情況下，向諸葛亮搖了白旗。

兵家之上者，是不戰而屈人之兵，諸葛亮憑空得到了三郡，幾乎提前實現了斬斷關中和涼州之間聯繫的戰略目標。從某種角度來說，也間接實現了魏延的奇襲戰略。

諸葛亮雖然拿下南安等三郡，但諸葛亮也清楚，魏國是不會對此善罷甘休的，肯定會大舉反撲。魏國現在最擔心的就是三郡的叛變會引發多米諾骨牌效應，其他郡縣會紛紛效仿，或者在蜀軍的攻擊之下失陷。

對蜀軍來說，阻止魏軍西進最有效的辦法就是扼守險峻要塞，至於這個阻塞點，諸葛亮選擇了街亭。街亭位於廣魏郡東部，這裏傍山而立，地勢開闊，是關西和關中地區的交通要塞。只要蜀軍能守住街亭，就等於扼死了魏軍西進的咽喉。

在街亭守將的作用方面，諸葛亮出人意料地選擇了當時名頭不太響的參軍馬謖。諸葛亮似乎在刻意模仿當年劉備出人意料的選擇魏延為漢中守將一樣，而放棄了當時已經成名的魏延和吳懿。

馬謖可不是個簡單的人物，是諸葛亮帳下的一流高參。幾年前諸葛亮南征南中時，就採取了馬謖提出的「攻心為上」的戰略方針，結果大獲成功。所以諸葛亮對馬謖格外看重，絲毫不顧及劉備臨死時說得那句話：「馬謖言過其實，不可大用。」

只是讓諸葛亮沒有想到的是，這次用馬謖是他軍事生涯中少見的大敗筆，直接導致了第一次北伐的全面潰敗。接下來的故事我們已經耳熟能詳了，京劇有出名段「失空斬」，這「失」指的就是馬謖的失街亭。

馬謖最大的問題不是他的智力水準，而是他的實戰能力，也就是能不能將紙面上的優勢在現實中表現出來。馬謖飽讀兵書，但卻有些泥古不化，屬於紙上談兵的典型人物。

街亭位置險要，依山傍水，諸葛亮在馬謖臨行前應該是給馬謖下過命令的，要求馬謖將部隊駐紮在河邊，這樣可以保證蜀軍人畜的水源供應。但馬謖卻冥頑不化地認為兵家所云：置之死地而後生，「違亮節度」，拉著隊伍上了山，所謂一夫當關，萬夫莫開。

至於蜀軍的飲水問題，估計馬謖是讓士兵一擔擔往山上挑水。與馬謖同行的副將王平雖然識字不多，是個粗獷武夫，但王平卻理解諸葛亮的作戰意圖，勸馬謖千萬別玩火，小心燒著了自己華麗的屁股，驕傲的馬謖瞧不起王平，不聽。

敵人的失誤就是自己最大的幸福，馬謖的對手張郃是一代名將，一眼就看穿了馬謖的用兵失誤，立刻抓住戰機，將蜀軍趕出街亭。張郃先掐斷蜀軍的水源供應，從心理上沉重打擊蜀軍的鬥志，然後魏軍大舉圍山，「大破之」。雖然蜀軍的傷亡可能並不算重，只不過「士卒離散」，但張郃奪取街亭的戰術目的已經達到。

從蜀漢的角度看，街亭的丟失對諸葛亮的北伐成果幾乎造成了致命的傷害，魏軍可以長趨直入關西，諸葛亮蠶食隴涼的計畫已經沒有實現的客觀條件了。諸葛亮萬般無奈之下，只好拔軍南撤，轟轟烈烈的第一次北伐就這樣虎頭蛇尾地收場了。諸葛亮除了收穫一場慘重的教訓，什麼也沒得到。

因為馬謖嚴重違反軍紀，按律當斬，諸葛亮也判了馬謖的死罪。不過綜合史料來看，馬謖應該不是死在諸葛亮刀下的，而是先畏罪潛逃，丞相長史向朗知情不報被免官。後來馬謖被緝拿歸案，踢到大牢準備殺頭，馬謖運氣好，沒等吃刀頭麵的時候，就病死在獄中。

馬謖是一流的前線高參，但他在守街亭之前從來沒有單獨領兵作戰的經歷，諸葛亮選擇馬謖是一個天大的錯誤。這和劉備選擇魏延守漢中不同，當時魏延就是一流大將，作戰經驗豐富，這才是劉備敢將事關身家性命的漢中要地交給魏延的原因。

馬謖泥古不化，但失街亭的責任主要還在於諸葛亮用人不明，古代官員舉薦有個「連坐」原則，就是甲推薦了乙做官，如果乙犯了錯，甲要承擔連帶責任。馬謖呆板的效仿韓信背水一戰，而諸葛亮則想學劉備，結果全都砸了鍋。明末大儒王夫之批評諸葛亮：「武侯之任人，一失於馬謖，再失於李嚴，誠哉知人之難也。」是有道理的。

用人講究的是因才適用，捨其長就其短，必然要壞事的。清人顧嗣協有首詩說得好：「駿馬能歷險，犁田不如牛。堅車能載重，渡河不如舟。捨長以就短，智高難為謀。生材貴適用，慎勿多苛求。」當時蜀軍帳下有許多名將，別人不說，有個超大牌的魏延，諸葛亮卻不知道出於什麼考慮，對魏延百般限制，嚴重浪費了人才資源。

馬謖因街亭之失而喪命，對本就選才範圍相對狹小的蜀漢來說是莫大損失。馬謖有才，但用之非所，很難想像曹操會派郭嘉領兵作戰，劉備會讓法正和夏侯淵玩命。諸葛亮用人有失明察，雖然諸葛亮也誤用馬謖向朝廷請罪，自貶三等，但這是諸葛亮應該負的政治責任，無話可說。

第一次北伐雖然失敗，但不幸中的萬幸是蜀軍主力並沒有受到重創，只不過諸葛亮白忙活了一場，大不了甩掉包袱，從頭再來。不過從諸葛亮在當年年底又再次北伐來看，諸葛亮對第一次北伐的失敗非常地不甘心，從哪裏跌倒的，就從哪裏爬起來。

第二次北伐的契機是這年五月，魏軍大舉伐吳，卻慘遭失敗。魏軍橫東跨西，在打退了諸葛亮的第一次進攻後，曹叡就把精力放在了東線，對付孫權。諸葛亮認為魏軍主力都被孫權牽制在了東線，關中的魏軍兵力相對空虛，機不可失，失不再來。

這次北伐和第一次北伐有個相同之處，就是諸葛亮在臨行前又寫了一道《出師表》，就是《後出師表》。這道表的作者現在存疑，極有可能是後人偽託諸葛亮之名寫的，我們不深究這個問題，《後出師表》的主體精神還是非常符合諸葛亮的人品性格的。比如那兩句精準概括諸葛亮一生忠誠品質的名言：「鞠躬盡瘁，死而後已。」

諸葛亮在第二次北伐時，放棄了前次北伐時的奇襲思路，不再走祁山一線，而是從散關北上，去攻取渭河要塞陳倉。我們對陳倉這個地方再熟悉不過了，一代戰神韓信初出江湖，就使出了「明修棧道，暗渡陳倉」的大手筆。

陳倉對長安的戰略意義不言而喻，諸葛亮這次選擇陳倉，目標非常明顯，就是兵鋒直指長安。長安是雍涼等州的首腦重鎮，如果蜀軍能攻克長安，關西魏軍則喪其膽，一鼓可取。

和韓信「暗渡陳倉」相比，這次諸葛亮是明渡陳倉，但戰略目標是一致的。雖然諸葛亮當初拒絕了魏延的冒險計畫，但諸葛亮卻一直沒有走出魏延的戰略思路，從某個角度講，諸葛亮是魏延奪取關西戰略的忠實執行者。

諸葛亮選擇陳倉為突破點，應該是個臨時決定，或者認為陳倉魏軍較少，可以一戰破取。蜀軍只帶了為數不多的糧食，得志滿滿的來攻陳倉，結果在陳倉城下，諸葛亮吃了陳倉守將郝昭一記大悶棍，「陳倉已有備，亮不能克」。

一千多魏軍在郝昭的率領下，抵抗數萬蜀軍足足二十多天，諸葛亮拿郝昭沒有一點辦法。再加上魏軍主力火速前來支援，蜀軍糧食又不夠吃，諸葛亮只好恨恨而退，這一趟又白跑了。

從歷史記載來看，這次突襲陳倉，諸葛亮是想出奇制勝，不過是魏延奇計的翻版。諸葛亮在軍事理論上是一代大家，但他的臨戰能力總感覺少了些什麼，或者說是缺乏冒險精神。

與其出散關攻陳倉，倒還不如押上魏延那一寶，出奇兵，翻越子午谷，穿過塚嶺山、灌舉山，直搗潼關。諸葛亮和魏延就像兩個賭徒，魏延賭紅了眼，什麼都敢往賭桌上押。諸葛亮就不行，他只敢下小注，賺了更好，賠了也不傷筋骨。

第二次北伐的失敗，主要原因有兩個，一是諸葛亮選錯了攻擊點，二是諸葛亮對攻克陳倉的難度準備不足。這場陳倉攻堅戰是諸葛亮軍事生涯中難得一見的艱苦戰役，諸葛亮幾乎用上了所有攻堅戰的作戰方式，但全被郝昭給頂了回去。

諸葛亮似乎不太善於打攻堅戰，元人胡三省認為郝昭能守住陳倉，並不是郝昭有多厲害，而在於諸葛亮不會用兵。胡三省引用孫武「用兵之術，攻城最下」，批評諸葛亮不懂變通，雖有些刻薄，大體上還是有道理的。

經歷了兩次北伐的挫折，諸葛亮似乎在戰略上的氣勢明顯不足，不再尋求一戰定江山，而是轉向戰術層次的北伐，第三次北伐（二二九）就是這樣。這次蜀軍北伐，主將並不是諸葛亮本人，也不是魏延、吳懿等大牌，而是副將陳式（有可能是陳壽之父）。

陳式的主攻方向也不是關中地區，而是較為偏僻，但對漢中極有戰略意義的武都、陰平兩個郡。這兩郡緊挨著漢中的西邊，魏軍在這兩郡的軍事存在，對漢中的威脅非常大。最要命的是，這兩郡距離成都也不算遠，萬一魏軍抄小路南下，一旦進入平原地區，諸葛亮的麻煩就大了。

這次北伐相比前兩次來說比較順利，原因主要是魏軍在這裏的軍力比較薄弱，陳式很快就把兩郡劃進了蜀漢的版圖。不過第三次北伐雖然相對來說比較務實，但諸葛亮北伐的總體思路並沒有轉變，他依然在尋求一戰定江山的機會。從這個角度來講，在諸葛亮五次北伐中，只有第三次北伐是以戰術性為主，其他四次都是戰略層次上的。

第四次北伐，諸葛亮依然選擇了以祁山作為戰略突破口。除了對第一次北伐莫名奇妙的失敗心有不甘外，諸葛亮認定斬斷魏關中、關西地區的戰略通道，對北伐成功起到至關重要的作用。

這次北伐，諸葛亮取得了非常不錯的戰績，除了大破魏軍主力郭淮和費曜所部外，還得到了上邽地區的糧食，「大芟刈其麥」。不過即使如此，蜀軍的糧食供應依然是個大問題，因為山地險峻，所以諸葛亮在北伐時是動用新式運輸工具——木牛流馬。

諸葛亮在第四次北伐遇到的最大困難也許還不是糧食，而是他的對手——天下梟雄司馬懿！司馬懿是何等人物，他算準了諸葛亮想速戰速決的心思，下令嚴守不戰，和諸葛亮耗糧食。

兩軍對壘時，拼的就是糧食，看誰咬牙堅持的時間更長。諸葛亮因中都護李平的糧食供應沒有跟上，上邽的麥子也吃完了，諸葛亮只好長歎後退。雖然司馬懿在張郃的威迫下，勉強出山追擊諸葛亮，張郃被諸葛亮在木門道射殺，但諸葛亮的第四次北伐依然是虎頭蛇尾。

在這幾次北伐勞而無功後，諸葛亮認識到了糧食是取得軍事勝利的首要物質基礎，所以從漢中撤回來後，諸葛亮「勸農講武」，休養生息。諸葛亮第四次北伐和第五次北伐中間相隔的時間最長，足足三年！

在這三年時間裏，諸葛亮做足了第五次大舉北伐的準備，除了準備大批軍糧，諸葛亮日夜操練士卒。在第五次北伐的前一年，諸葛亮將軍糧運到了斜谷南口，以方便軍隊就地取食，這也是削減軍隊作戰成本的一個重要步驟。

諸葛亮這些年來身體情況一直不太好，他也似乎隱隱感覺到了什麼，第五次北伐也許就是他人生的謝幕演出。一切準備就緒後，建興十二年（二三四）二月，諸葛亮親率十萬雄師，在春暖乍寒之際，高舉大漢旗幟，心情複雜地穿越斜谷，悲壯地向關中挺進……

諸葛亮早就感動了歷史，但依然沒有感動他的敵人，做為諸葛亮最強大的對手，司馬懿在渭水之濱靜候著老友的到來。司馬懿算定了諸葛亮不會從郿城出武功，而是駐屯五丈原，諸葛亮果然留在了五丈原。

諸葛亮這麼用兵確實太過保守，不過諸葛亮有自己的苦衷。如果走武功沿渭水北岸向東進攻，蜀軍未必有多大的勝算，畢竟魏軍主帥是老奸巨猾的司馬懿。最重要的是蜀軍雖然糧食豐足，但也經不起太長時間的消耗，一旦糧食吃完了，就將陷入死局。

諸葛亮之所以選擇五丈原做屯兵之所，主要原因是五丈原正好處在斜谷北口，斜谷是蜀軍糧食運輸的命脈，萬不可有失。同時一旦蜀軍被魏軍打敗，蜀軍可以及時地通過斜谷南撤，避免被司馬懿下鍋煮了餃子。

諸葛亮行事過於謹慎，但諸葛亮的求戰之心依然強烈，他屢次向司馬懿下戰書，要求兩軍決戰。司馬懿這個人最大的能耐就是忍，無論是在官場上還是在戰場上，在形勢不利的時候，司馬懿比誰都能裝孫子。任憑你跳腳罵大街，我自裝聾作啞，你能奈我何？

現在蜀軍士氣正盛，司馬懿也不會蠢到撞諸葛亮的槍口，就一個字：拖！司馬懿從多方管道打聽到了諸葛亮身體每況愈下，看樣子撐不了多久了，更堅定了死守的決心。

諸葛亮從二月出兵，一直耗到八月，在半年時間裏，都沒有機會和魏軍正面決戰。諸葛亮心情抑鬱，再加上公事操勞，終於扛不住命運的進攻，大病一場，臥床不起。在勉強向朝廷來使李福託付了他死後的人事安排後，諸葛亮含恨病逝於五丈原，壽五十四歲。

諸葛亮為報「先帝厚遇之恩」，明知不可為而為之，鞠躬盡瘁，死而後已，將歷史感動得一塌糊塗，成為三國歷史上一座偉大的豐碑。諸葛亮一直是歷史上的熱門議題，各種角度的評論、詩詞不絕於書，從這層意義上講，諸葛亮確實是三國當之無愧的第一人！

關於諸葛亮北伐，歷代史家貶多於褒，宋人何去非的觀點就很有代表性：「孔明有立功之志，而無成功之量；有合眾之仁，而無用眾之智。故嘗數動其眾而亟於立功，功每不就而眾已疲。此孔明失於所以用蜀也。」

諸葛亮北伐失敗，拋開魏蜀綜合國力的差距，諸葛亮用兵過於拘泥於「行堂堂正正之陣」，不敢用奇，是主要原因。唐人呂溫指責諸葛亮「奇謀非長」，是有一定道理的。諸葛亮雖然也有用奇兵之處，比如第一次北伐就是，但諸葛亮的「奇」，更多是戰術層面的，歸根結底，諸葛亮用的還是「正兵」。

何去非在《蜀論》中舉了一個例子，范蠡曾經告訴越王勾踐：「兵甲之事，（文）種不如蠡；鎮撫國家，親附百姓，蠡不如種。」何去非認為諸葛亮就是蜀漢的文種，他的長處在於政治，而非軍事。以諸葛亮之所短，「出其兵乃與魏氏角，其亡宜也（蘇洵語）」。

我們再舉一例，如果小霸王孫策初出江湖時就掛掉了，讓孫權披掛上陣，鐵血打江山，孫權能拿下江東嗎？答案顯然是否定的。諸葛亮在軍事理論上是對歷史作出巨大貢獻的，但他和馬謖一樣，都長於理論，短於實戰，這點遠不如油滑的軍頭司馬懿，也許這就是歷史的無奈之處。

諸葛亮的話題就講到這裏，以明朝大儒王陽明一首《龍岡漫興》來結束本篇：

臥龍一去忘消息，千古龍岡漫有名。
草屋何人方管樂，桑間無耳聽咸英。
江沙漠漠遺雲鳥，草木蕭蕭動甲兵。
好共鹿門龐處士，相期採藥入青冥。

二一、孫權和群臣的博弈

羅貫中的《三國演義》，實際上就是三個人的江湖：喜羊羊諸葛亮、美羊羊關羽，以及灰太狼曹操。慢羊羊劉備作為蜀漢開國君主，實際上也沒在羅貫中筆下撈到多少戲分，有些本該劉備出演的戲分，都被勻給諸葛亮和關羽，甚至是沸羊羊張飛了。

但不管怎麼說，劉備還算是領銜主演，在演義中依然屬於一線角色，不算吃虧。要說《三國演義》中最大的黃金配角，不是劉備，而是同樣鼎足三分、偏霸一方的懶羊羊孫權。

「三國」，顧名思義，少了孫權的吳國，還能稱為三國嗎？可惜歷史就是這麼莫名其妙，雖然孫權的蛋糕做得比劉備、諸葛亮都大，但無論是正史中，還是演義裏，「三國」都是魏蜀爭霸、東吳攪局的格局，孫權成為跑龍套的了。這對孫權來說，確實有些不太公平。

孫權是東吳政權發展壯大的關鍵人物，他短於開創，強於守成。但不可否認的是，要論個人魅力，且不說曹操和劉備、諸葛亮這些外人，就是在東吳內部比較，孫權也遠不如孫策和周瑜。孫權不是偶像派，但這不能說孫權沒實力，實力派和偶像派的區別也只在於鎂光燈下的次數。

在對孫權各色各樣的評價中，也許他的哥哥孫策說得那句名言最為貼切，後人對孫權的了解肯定不如孫策。孫策在臨死前指出了他和弟弟的優劣，「舉江東之眾，決機於兩陣之間，與天下爭衡，卿不如我；舉賢任能，各盡其心，以保江東，我不如卿。」換句通俗的話講，孫策是軍界精英，天生就該上戰場的，而孫權是政界精英，命裏注定要吃官場飯的。

孫權是漢末三國時代少有的壽星，活了七十一歲，比曹操、劉備都高壽。關於孫權的統治時間，有三種演算法，一是從西元二二九年孫權稱帝算起，共二十四年；二是從西元二二二年孫權受曹丕封為吳王算起，共三十一年；三是從西元二〇〇年孫權接替哥哥孫策主政江東，共五十三年。

孫權的運氣比曹操、劉備都要好，江山是哥哥鐵血打出來的，從這層意義上來講，孫權是守成令主，不是開國雄主。孫權有許多缺點，但他最大的缺點就是氣局不夠雄，缺乏一股雄心壯志，這點孫權比不過孫策。

曹操和劉備的統一戰略非常明晰，他們從始至終都在為自己的統一戰略服務。孫權的統一戰略相對曹劉來說比較模糊，說孫權不想統一也不客觀，但孫權的統一行動更多的是一種紙面上的遊戲，喊喊口號而已。有時甚至連口號都懶得喊，只想守著一畝三分地，做個快樂的土財主。

孫權自己不思進取，也難怪羅貫中會無視他，《三國演義》實際上是一部《魏蜀爭霸》，孫權只是個黃金配角。在三國的戰略格局中，魏蜀像兩個秤盤，孫吳像一隻重重的砝碼，偏於魏，蜀吃緊；偏於蜀，魏吃緊。

當然，配角也不是好當的，沒有相當紮實的舞臺功底，也是很難勝任的。孫權這點做得很好，他缺乏戰略遠見，注定不能成為開拓性帝王。不過孫權是個戰術高手，他適合做具體的事務，這點曹操和劉備都似乎比不過孫權細緻。孫權有許多戰術上的長處，其中最大的優點是會用人，也就是孫策所說「舉賢任能，各盡其心」。

之前我們講過了三國另兩大巨頭曹操和劉備的用人方式，曹操、劉備都是從基層搏殺出來的，曹劉和追隨他們打江山的一線人才感情很深，這點不多介紹了。

孫權則是另外一個情況，東吳的江山是孫策開創的，江東官場一線人物有許多都是孫策時代、甚至是孫堅時代的老資格，孫權對他們來說是個小字輩。這種關係決定了孫權天生在這些老一輩面前就要矮一頭，用人的方式是仰視角度，而不是曹操的俯視角度。

這裏先把東吳官場重要人物的出場時間做一個歸整（截止於孫權中期），以便大家閱讀下文：

孫堅時代

文官系統：白板

武官系統：程普、韓當、黃蓋、朱治、芮祉

孫策時代

文官系統：張昭、張紘、顧雍、秦松、虞翻、陸績、胡綜、

武官系統：周瑜、太史慈、朱然、呂範、鄧當、呂蒙、賀齊、芮良、芮玄、蔣欽、周泰、陳武、董襲、甘寧、凌操、凌統

孫權時代

文官系統：諸葛瑾、嚴畯、程秉、薛綜、劉基、張溫、駱統、吾粲、是儀、吳範

武官系統：魯肅、陸遜、朱桓、全琮、呂岱、潘濬、徐盛、潘璋

從這個表中，我們可以看出，孫權手上的牌面，可能要比曹操那邊稍遜些，但遠強於劉備（早

期）。孫權也確實會利用自己的人力資源，把自己的利益最大化。孫權的能力不用懷疑，像程普、張昭、周瑜這樣的老資格都對孫權俯首貼耳，可見孫權的能力是得到官場一線公認的。

用人和買菜其實是一個道理，都有保鮮期和過質期，極少有例外，不過是保鮮期的時間長短而已。曹操和荀彧是公認君明臣賢的組合，曹操也視荀彧為肱股心腹，結果後來二人翻了臉。劉備和諸葛亮也是如此，如果法正不早死，蜀漢政壇的NO.1還不知道是誰呢。

孫權也沒有逃脫這個怪圈，關於從完美結合到產生分裂的這個標界點，如果說曹操的標界點是荀彧反對他稱魏公，劉備的標界點是法正的強勢介入，孫權的標界點就是赤壁之戰前，張昭等文官系統堅決投降的觀點，對孫權造成的強烈刺激。

建安十三年（二〇八）十月，曹操率大軍席捲而至赤壁。曹操寫信給孫權，要和孫權「會獵於東南」，實際上是敦促孫權早點投降。在對曹操的態度上，東吳的武官系統基本上同仇敵愾，要和曹操決一死戰。而文官系統則苦勸孫權投降，代表人物就是張昭。

孫權的本意是不想投降的，但他懾於曹操強大的武力威脅，一直在痛苦地猶豫著。幸好魯肅、周瑜從孫權的個人待遇上以及吳魏實力對比上開導孫權，再加上諸葛亮的煽風點火，孫權這才下定決心，聯合劉備，武力抗曹。

孫權對張昭等篾片清客的醜陋表現非常的厭惡，罵他們「各顧妻子，挾持私慮」。孫權隨後在高層會議上拔刀砍桌子，喝道：「誰他××再嘰嘰歪歪地勸孤投降曹老瞞，別怪老子翻臉不認人！」實際上這話就是說給張昭、秦松這些鐵杆投降派聽的。

雖然赤壁之戰後，孫權並沒有追究張昭這些人的投降罪，但孫權在骨子裏已經對張昭絲毫沒有好感了。只不過張昭作為東吳官場的頭牌人物，孫權還想榨乾張昭的剩餘價值，讓張昭做一個政治花瓶，撐撐場面。

表面上孫權對張昭畢恭畢敬，跟乾兒子差不多，張昭敢公開指責孫權做錯事。但一旦涉及政治利益，孫權堅持自己對張昭的政治打壓，堅決不重用張昭。

文官系統的最高職務是丞相，孫權在黃武元年（二二二）被曹丕封為吳王，有資格開府拜相了，百官就推薦張昭當丞相。如果從官場資歷來說，張昭比任何人都有資格當選，不過孫權卻不同意讓張昭做丞相。

孫權對張昭毫不留情面，他的理由是：「方今多事，職統者責重，非所以優之也。」意思是現在亂世多事，丞相的人選必須有能力幫助我處理軍國大事，而不是找一個政治花瓶。孫權放棄了張昭，而讓當時的二線角色孫邵入圍。

幾年後，也就是黃武四年（二二五），孫邵病故，丞相的位子又空缺了。看來張昭在官場上的人脈非常廣，這次東吳百官又再次聯名推薦張昭，這下看你孫權沒藉口可找了吧。

孫權還是不給張昭面子，向眾人暗示張昭心胸狹窄，「所言不從，怨咎將興」。孫權再次拋棄了張昭，改任太常顧雍為相。張昭知道孫權依然對自己當初勸他降曹心懷忌恨，什麼怕麻煩自己、為人性剛，都不過是孫權的藉口。

在孫權的內心深處，他永遠無法原諒張昭在赤壁之戰前對他造成的感情傷害，只要有機會，孫權就會當眾給張昭難堪，出這口惡氣。孫權在建國稱帝的時候（黃龍元年，西元二二九年），設宴招待百官。

張昭一直改不了上杆子拍馬的老毛病，又想拍孫權的馬屁。還沒等張昭動嘴，孫權冷不丁來了一句：「如張公（赤壁迎曹）之計，今已乞食矣。」弄得張昭面紅耳赤，好不難堪。看到張昭難堪，孫權的心裏肯定笑開了花。

堅決不用張昭為丞相，是孫權用人的一個不公開的政治底線，因為當年張昭押錯了寶，這不過是他應該受到的（來自孫權的）報復。其實東吳官場的丞相一職，相對於主管蜀漢軍政的諸葛亮來說，是個榮譽性的虛職，東吳的丞相不過是個大號的三公。

以張昭在官場和士林中的閱歷，無論他當不當這個虛位丞相，張昭都是東吳官場和士林當之無愧的NO.1，顧雍的分量遠遠不如張昭。張昭未必就稀罕這個丞相位子，但孫權對張昭的忌恨，卻讓張昭感到非常的不爽。

赤壁之戰前的勸降，是張昭對不起孫權，但張昭自認給孫家兄弟做了一輩子的牛馬，沒有功勞，也還有苦勞。張昭是個欺軟怕硬的主，他對曹操可以奴顏婢膝，但對孫權，張昭還是敢硬頂的。

孫權和張昭之間最有名的一場戰爭，發生在吳嘉禾二年（二三三），盤踞在遼東的軍閥公孫淵跨海來使，向孫權稱臣。好大喜功的孫權興奮得不得了，派使節跨海赴遼東，準備和公孫淵結成反魏同盟。

關於這次公孫淵稱臣，東吳群臣又犯了膽小怕事的毛病，生怕因此得罪了強大的曹魏。以張昭、顧雍為首，東吳群臣一擁而上，勸孫權不要上公孫淵的當，咱們沒來由替公孫淵背黑鍋。

孫權已經走火入魔了，根本聽不進勸，後來張昭把孫權給說急了，惱羞成怒的孫權拔刀出鞘，指著張昭的鼻子罵：「江東人士，入宮拜我，出門拜君，我已經夠給你面子了。每次我做點什麼事情，張公都要跳出來搗亂，我已經忍你很久了！」

張昭知道孫權還沒有忘記赤壁的那場仇恨，張昭在孫權幕下吃了二十多年的官飯，對付孫權這個愣頭青不在話下。張昭不知道是演技高超呢，還是真情所致，張昭提到了孫權的母親吳氏在臨死前將孫權託付給他的往事，張昭當眾老淚縱橫，孫權也被張昭感動了，扔了刀，對著張昭號啕痛哭。

但感情是感情，政治是政治，一碼歸一碼，孫權在禮數上對張昭當親爹一樣供養著，但就是不聽他的。張昭因為孫權聽不進勸，已經在家裝病了。張昭這時也在氣頭上，孫權自己做錯了事，就應該謙虛一點。

孫權進入中晚年以來，脾氣極壞，一聽張昭不給他面子，氣頭上的孫權命人用黃土將張昭宅子的門給封死。孫權氣咻咻地想：老不死的，看誰能耗得過誰！張昭看來是下決心和孫權死扛到底了，也讓家人用土從門裏封死，老夫還真不信能敗在你這個碧眼小兒手上。

孫權還是派人去遼東勾結公孫淵，結果公孫淵盤算了魏吳的實力對比，感覺孫權並不可靠，就把孫權給賣了，吞了吳國送來的禮物。消息傳到江東，孫權彷彿被公孫淵當眾狠狠扇了幾個大嘴巴，恨不得找個地縫鑽進去。

孫權這才意識到張昭當初勸自己是正確的，孫權還不想和張昭的關係鬧僵，孫權親自來到張府宅外，大聲叫喊請張昭開門。張昭推說自己有病不能上朝，請皇帝回吧，老臣就不出門遠送了。

看到張昭這麼不給面子，孫權的火爆脾氣又上來了，讓人放火燒門，看誰能扛過誰？當然這是在假燒，真把張昭燒成烤鴨了，顧雍他們還敢給自己賣命嗎？

這場著名的「塞門之戰」，是孫權和張昭幾十年恩恩怨怨的總爆發，眼看局勢不可收場，張昭的兒子們將老爹強行架出門。孫權知道戲該收場了，對著張昭又是一番鬼哭狼嚎，然後用小車載著鬍鬚花白的張昭向宮裏駛去，兩個老男人的背景漸漸模糊……

對於這場奇怪的戰爭，晉人習鑿齒站在君主本位論的基礎上，對張昭提出了嚴厲的批評。習鑿齒認為張昭這是在演戲，有意給自己臉上貼金，不無道理。但問題並不是出在張昭這裏，孫權才是這場鬧劇的根源所在。

當初孫策說孫權「舉賢任能，各盡其心」沒錯，以前的孫權確實禮賢下士，但人都是會變的。其實我們在偷襲荊州得手之前看到的那個孫權，並不是真正的孫權。偷襲荊州得手後，那個驕傲狂悖、果於殺戮的暴君，才是真正的孫權。

在孫權執政早期，東吳官場到處都是錦瑟和諧的溫馨場面，文盡其智，武盡其勇。張昭主內政，周瑜主外政，周瑜死後，魯肅依然是一個合格的繼任者。但魯肅的死，應該是孫權性格發生重大轉變的前奏。

孫權一直不認同魯肅割讓荊州與劉備，吳蜀聯合抗魏的戰略構想，只是出於對魯肅的敬重，孫權一直和魯肅打馬虎眼，就這樣不陰不陽地撐著。不過在西元二一七年魯肅病死後，孫權就從戰術上否定了魯肅正確的戰略構想。兩年後，孫權偷襲荊州得手，做了一個快樂的土財主。

得到荊州後，孫權的事業達到了最鼎盛的時期，但這同時也是孫權人格發生重大變化的關鍵期。陳壽批評孫權「性多嫌忌，果於殺戮」更多的是指孫權的中老年時期，年輕時代的孫權可不是這樣的。

在三國三大領袖中，孫權是和群臣爆下戰爭最多的一位，曹操只和荀彧交過火，劉備更多是和諸葛亮發生心理暗戰。孫權的火爆脾氣決定了東吳百官幾乎都成了他潛在的敵人，成天打打罵罵，東吳官場一地雞毛。

孫權在東吳官場上有兩個最著名的敵人，一個是上面講過的張昭，另一個是虞翻。虞翻和張昭一樣，都是江東士林的一線名士，而且虞翻的資歷並不比張昭遜色多少，也是孫策時代的老資格。

虞翻是東吳士林中少見的俠儒，虞翻不僅善使矛槍，而且一日能步行二百里，屬於文武全才。虞翻什麼都好，唯獨他的脾氣一直惹人詬病，實在太火爆了。孫權這樣的驢脾氣，虞翻都看不上眼，可見虞翻狂到了何種程度。

虞翻是個直筒子脾氣，向來是有一不說二，他沒少在孫權面前給孫權添噁心，「（虞）翻數犯顏諫爭（於孫權）」。結果惹得孫權很不高興，將虞翻下放到地方上一個小縣，好好反省去吧。

雖然孫權後來又將虞翻調回了身邊，但虞翻的驢脾氣一直沒改過來，照樣見誰罵誰。孫權偷襲荊州得手後，釋放了被關羽關押的曹魏名將于禁，因為這時孫權和曹操是暫時的結盟關係，所以孫權對于禁還是非常客氣的。

這本來沒有虞翻什麼事，但虞翻就是想出鋒頭，一邊罵于禁沒骨氣，一邊要拿鞭子抽于禁。于禁再怎麼沒骨氣，也輪不到你虞翻充好漢。當初張昭勸孫權投降曹操，也沒見虞翻拿鞭子抽張昭，典型的小人得志，醜態百出，讓人鄙視。

虞翻隨後又在孫權舉行的宴會上公然羞辱于禁，惹得孫權極為不高興。孫權還要利用于禁來鞏固他和曹操的同盟關係，因為隨後劉備必須要傾蜀之兵來奪荊州。但如果因為虞翻的胡鬧，而影響了自己的聯魏抗蜀的大局，孫權能恨死虞翻。

但虞翻喜歡出鋒頭的毛病一直沒有改掉，有次孫權在宮裏舉辦宴會，文武百官歡笑宴飲。孫權藉著酒興，起身給大臣們敬酒，別人都畢恭畢敬地起身接酒。虞翻可能是喝醉了，不想再喝了，趴在地上假裝醉酒，張牙舞爪地沒少出洋相。

孫權真以為虞翻醉了，就回到座上，哪知道他剛回頭，虞翻就嬉皮笑臉地回到了位子上，繼續吃喝。孫權一看就急了，丫的這不是有意駁我面子嗎？我已經忍你很久了！孫權頭腦一熱，拔劍就要當眾殺死虞翻，要不是大司農劉基死死抱住孫權，苦苦相勸，虞翻的小命早就沒了。

虞翻再怎麼二百五，也是官場上的一線重臣，而且是海內名士，殺了他，對孫權的負面影響是非常大的。孫權也就不再和虞翻計較，但不久後虞翻再次跳出來給孫權搗亂，最終孫權忍無可忍，將虞翻趕到了交州，從此虞翻在交州過了十幾年的謫居生活，再也沒有回到江東。

孫權每次見到虞翻，二人都跟鬥眼雞似的，撲楞著翅膀廝咬起來。可當虞翻從孫權身邊消失之後，孫權似乎總感覺少了些什麼。是不是真愛一個人，最好的試驗就是把這個人從自己的生活中抽走，讓時間來證明這份感情是真純還是假純，一試就靈。

孫權終於意識到，他對虞翻是有真感情的。雖然他從此再也沒有見過虞翻，但在孫權心裏，虞翻似乎一直沒有遠離，每想到虞翻，孫權都感覺非常的愧疚。

最後孫權終於良心發現，念起了虞翻的好，派人去交州尋找虞翻的下落，這時距虞翻被趕出江東，已經過去了十六年。而虞翻在吳嘉禾二年（二三三）的時候，就在交州壽終正寢了。

虞翻被流放交州的十幾年裏，一直沒有忘記自己是孫權的馬仔，每逢吳國發生大事，虞翻總想盡臣子的一番赤誠。只是上次孫權要拔劍殺他的陰影，在虞翻心裏已經紮下了根，虞翻每想到這事都感覺後怕，「欲諫不敢」。

虞翻是江東最著名的狂徒，像他這樣的人物，都被孫權給整得畏首畏尾，孫權真夠厲害的。客觀來說，虞翻雖然脾氣不好，但終究是個諍臣，有句老話說得好：「家有諍子不敗家，國有諍臣不亡國。」虞翻就像是一盆涼水，孫權什麼時候頭腦發熱，虞翻這盆涼水可以澆到孫權頭上，幫助孫權保持冷靜。

可以說虞翻是東吳唯一一個具有反抗精神的諍臣，張昭不完全算是，而陸遜、諸葛恪又都是統籌全局的方面大員，不是虞翻這種類型的。孫權損失了虞翻，從某種意義來說，遠比陸遜之死給孫權造成的損失更大。

虞翻是個優秀的諫臣，虞翻被驅逐出朝廷後，在孫權身邊得寵用事的是呂壹——一個刻薄宵小。雖然當時東吳的權力架構是文有顧雍主內，武有陸遜主外，但呂壹實際上才是東吳政壇的頭牌。

呂壹的權力非常大，史稱「舉罪糾奸，纖介必聞，重以深案醜誣，毀短大臣，排陷無辜」。顧雍這樣的國寶級重臣都沒少喝呂壹的洗腳水，更不用說其他大臣了。當然，呂壹其實只是孫權養的一條官場鬥犬，呂壹做的這些壞事，哪樁哪件沒有孫權的授意在前？不然呂壹敢玩火嗎？

呂壹得勢的時候，虞翻可能已經被謫居交州了，不然以虞翻的火爆脾氣，不當眾扇呂壹的耳光才怪。也就是顧雍這樣的老好人，能忍受得住孫權這號不按常理出牌的。如果黃皓早生幾十年，在劉備的授意下，給諸葛亮添噁心，不知道諸葛亮會是個什麼心情。

顧雍和張昭、虞翻一樣，都是江東士林的一線名士，但顧雍的性格與張虞二人完全不是一個類型的。張昭、虞翻都是屬螃蟹的，眼睛長在腦門上的主，橫著走路。而顧雍卻非常地謙恭，行事極為低調，不張揚，是東吳官場上難得的老好人。

顧雍在歷史上的形象比較模糊，感覺就是一個政治花瓶，除了被孫權拎出來裝點官場外，別無長處。其實不是這樣，顧雍是個有真才實學的人，和張昭、虞翻從來沒有在基層鍛鍊過相比，顧雍有著相當豐富的地方工作經驗，這也是孫權為什麼選擇顧雍為相的原因之一。

史稱顧雍在二十歲的時候就當上了合肥長（縣令），這一年是西元一八七年或西元一八八年，這資歷在東吳官場是非常老的。從派系上講，顧雍也是孫權的嫡系人馬，孫權剛主政江東時的正式官銜是會稽太守，但真正管理會稽的卻是顧雍。

顧雍的治政能力很強，在會稽任內，顧雍「討除寇賊，郡界寧靜，吏民歸服」。幾年後顧雍離開地方，來到東吳權力核心層，孫權非常器重顧雍，視為左右臂。

顧雍應該是了解孫權為人的，「伴君如伴虎」，別看今天孫權和你勾肩搭背，明天說翻臉就敢捅你刀子。顧雍的為官哲學，說得雅一點，就是：「萬言萬當，不如一默。」說得俗一點就是裝傻充愣，千萬別在孫權面前逞英雄，老虎的忍耐度是有限的。

顧雍的政治生涯平靜如水，沒有什麼大起大伏。也許是顧雍內向的性格使然，顧雍和孫權糾結了幾十年，從來沒見顧雍因為什麼事情和孫權紅過臉。

每次孫權舉辦宴會，顧雍雖然都在座，但顧雍每次都像尊泥菩薩一樣，面無表情地坐著。顧雍從來不喝酒，他只悶頭叨菜吃，絲毫起不到調節現場氣氛的作用。

這還不算，顧雍不喝酒，也不喜歡看到別人耍酒瘋，誰要是當著孫權的面耍酒瘋，別怪顧雍現場給他難堪。孫權是個野猴子性格，喜歡上竄下跳、吱哇亂叫，顧雍這麼壓制酒會氣氛，讓孫權非常不滿，說了句：「顧公在坐，使人不樂。」

顧雍不是虞翻，虞翻給孫權添噁心，孫權就敢拿劍要虞翻的小命。但對於顧雍，孫權除了尊重，還是尊重，毫無辦法。孫權在戰略上是個淺見者，但在政治上，孫權大事還是能拎得清的。

顧雍不僅是東吳文官系統的頭牌，最重要的是顧雍在江東士林中的地位是非常崇高的。顧雍的背後站著江東的士大夫階層，他們是孫權維護統治的兩大基石之一（另一為武將集團），孫權再不喜歡顧雍悶倒驢的性格，但也不因為這個和顧雍過不去。說得確切些，是和自己過不去。

東吳的權力格局與曹魏、蜀漢有著明顯的區別，如果說曹魏是集體決策制、蜀漢是諸葛亮一超獨大制，東吳就是雙頭鷹格局。說得通俗一些，東吳權力分配就是孫權主內政，四大巨頭周瑜、魯肅、呂蒙、陸遜主軍事。

東吳的軍界首腦因四人的相繼病故而發生變化，但東吳的政界首腦一直就是孫權本人。從孫權時代一開始，東吳就是這種「君主內，將主外」的權力分配格局，只不過剛開始幾年，孫權經驗尚淺，由張昭代行幾年政界首腦職責而已。

在這種權力分配格局下，東吳丞相的職能明顯的被弱化了，孫權本人的治政能力非常強，所以並不需要顧雍起到諸葛亮那樣的作用。從某種角度來講，顧雍也是一只政治花瓶。但和張昭「金玉其外，敗絮其中」不一樣，顧雍這只花瓶是非常實用的，可以「堵漏補缺」。

顧雍當了十九年的丞相，基本上沒有什麼轟轟烈烈的動作，顧雍「星味」不足，但他的能力是毋庸置疑的。孫權之所以敢於拋棄張昭，就是相信顧雍的治政能力，不然孫權也不會輕易冒險。

孫權對顧雍的使用實際上是東吳內政具體用人選擇上的調整，並沒有觸及東吳「君主內、將主外」權力格局的核心。上面我們講了，東吳是四大軍界巨頭和孫權平分權力的局面，這才是東吳權力分配的核心問題所在。

四大軍界巨頭在孫權時代具體的執外政時間如下：

周瑜：從建安五年（二〇〇）至建安十五年（二一〇）

魯肅：從建安十五年（二一〇）至建安二十二年（二一七）

呂蒙：從建安二十二年（二一七）至建安二十五年（二二〇）

陸遜：從吳黃武元年（二二二）至吳赤烏八年（二四五）

從上面這個簡表，我們可以看出，周瑜和魯肅是東吳正式建國前的兩大軍事主管，而呂蒙在四大巨頭中的地位最弱，是個過渡性角色。陸遜主管東吳軍政的時間最長，長達二十三年。可以這麼說，孫權時代的中後期，東吳官場，實際上就是孫權和陸遜的權力遊戲。

陸遜在東吳軍政兩界的地位不用多說，自呂蒙死後，陸遜是官場上的真正頭牌花旦，張昭、顧雍都要比陸遜低一頭。無論是白衣渡江襲荊州，還是夷陵放火敗蜀軍，陸遜的功勞都是實打實的。

吳黃武元年（二二二），陸遜率領的吳軍西線兵團在夷陵大敗蜀軍後，他就一直駐紮在荊州，替孫權守住西大門。這時的東吳實際上是由揚州朝廷和荊州朝廷組成的，孫權負責揚州（江東本部），陸遜打理荊州。

荊州對孫權來說是西線命脈，一旦荊州被蜀漢或曹魏奪回，江東本部就將陷入萬劫不復的深淵，這是孫權無論如何都承受不起的代價。孫權把事關身家性命的荊州交給陸遜，是孫權沒有選擇的選擇。當時除了陸遜，東吳軍界沒有誰比陸遜更有資格守荊州了。

孫權和陸遜的政治蜜月期相對較長，直到陸遜臨死前一年，就是吳赤烏七年（二四四），孫權封陸遜為丞相，正式成為東吳官場的 NO.1。但讓意氣風發的陸遜作夢也想不到的是，就在他的仕途達到最頂峰的時候，災難正悄悄的向他靠近……

陸遜即將面臨的這場災難，實際上也是孫權的災難。說得嚴重一些，是東吳歷史上空前的政治災難，直接導致了東吳政權由穩定向混亂、由清明到殘暴、由興盛到滅亡的轉變。

這場政治災難的總導演，就是孫權本人。

二二、孫權的家庭悲劇

上面我們講了東吳即將發生一場政治災難，但這同時也是一場孫權主導的家庭悲劇。東吳官場近乎所有的一線人物、包括孫權的至親兒女，全都被牽扯進來。打擊面之大、後果之嚴重，冠絕東吳歷史。

有句老話說得非常好，「虎毒不食子」，但陷入政治、感情漩渦的孫權，顯然不在此列。在這場因為「奪儲」而引發的空前政治地震中，孫權嗜血殘暴的本質，被完全暴露出來，心腸之狠、手段之毒，讓人歎為觀止。

讓我們從頭說起。

這場家庭悲劇的起因是孫權的幾個兒子對皇太子位置的爭奪，我們先來了解孫權這個東吳第一家庭的人員組成。孫權在七十一歲的高壽人生中，總共育有七個兒子，這七位龍種分別是：

長子孫登，生於西元二〇九年，卒於西元二四一年。

次子孫慮，生於西元二一三年，卒於西元二三二年。

三子孫和，生於西元二二四年，卒於西元二五三年。

四子孫霸，生年不詳，卒於西元二五〇年。

五子孫奮，生年不詳，卒於西元二七〇年。

六子孫休，生於西元二三五年，卒於西元二六四年。

七子孫亮，生於西元二四三年，卒於西元二六〇年。

另外，孫權還有兩個著名的女兒，長女孫魯班，乳名大虎，因嫁給全琮，所以稱為全公主。次女孫魯育，乳名小虎，因嫁給朱琚，所以稱為朱公主。

要說東吳歷史最著名的女人，至少有四個：大喬、小喬、孫尚香、全公主。全公主是東吳中期政壇的一個活躍人物，在孫權這場虎毒食子的家庭悲劇中，孫魯班扮演了一個極不光彩的角色。可以這麼講，沒有孫魯班在其中攪渾水，這場奪儲之爭不至於鬧到如此不可收拾的地步。

說到東吳的儲君，在剛開始的時候並沒有什麼爭議。因為孫登是長子，在西元二二一年，曹丕冊封孫權為吳王後不久，孫權就確定了孫登為東吳王國的繼承人。孫權對孫登抱有非常大的期望，為了將孫登培養成可用之才，孫權不惜血本。

孫權讓張昭做孫登的師傅，同時命鎮守荊州的陸遜總領太子宮事，並以江東的四位頂級名流諸葛恪（諸葛瑾子）、張休（張昭子）、顧譚（顧雍子）、陳表（陳武子）來輔弼孫登，號稱太子四友。另外，謝景、范慎、刁玄、羊衜等人都是江東一線名流，陣容是非常豪華的。

孫登的人品是相當不錯的，雖然孫登有時很貪玩，喜歡到野外射獵，但至少孫登還知道「常遠避良田，不踐苗稼，至所頓息，又擇空間之地，不欲煩民」。在這些江東一線名臣的重點關照下，孫登的政治素質完全可以讓孫權放心，日後可以順利地接班。

但讓孫權沒有想到的是，孫登天生沒有皇帝命，吳赤烏四年（二四一）五月，孫登病故，時年三十三歲。孫登的早逝，打亂了孫權對日後帝國運轉的部署，孫權必須重新在餘下五個兒子們中間選擇一個繼承人——古代確定儲君的原則是「有嫡立嫡，無嫡立長」，由於孫登本人就不是嫡子，所以孫家皇子只能按年幼順序排。由於皇次子孫慮早在孫登死前九年就掛了，諸王子中老三孫和年齒最長，孫權很自然地就立孫和為皇太子，這一年是赤烏五年（二四二）。

孫權立孫和，除了孫和年齒順序佔優外，還有一個原因，就是孫和的生母王夫人很受孫權的寵愛。古代宮廷鬥爭不僅是母憑子貴，子憑母貴的例子也不鮮見。

孫權有兩個王夫人，大王夫人在黃武年間（二二二—二二九）得幸於孫權，生下皇三子孫和、皇四子孫霸。小王夫人在嘉禾年間（二三二—二三八）受寵，生下皇六子孫休。

孫權貴為大國天子，身邊自然不缺少美女。而孫權在諸多嬪妃中，最喜歡的應該是步夫人，即全公主和朱公主的生母。雖然孫權一直沒有正式冊封步夫人為皇后，但步夫人是當時公認的準皇后，在宮中說一不二的。

赤烏元年（二三八）步夫人卒後，王夫人（即大王夫人，下同）才終於熬出頭來，成為宮中的一號人物。孫權一直比較寵愛王夫人，再加上孫和已經被立為皇太子的緣故，孫權準備扶正王夫人，冊封她做皇后，算是對這些年來王夫人傾心伺候自己的褒賞。

孫權作夢也沒有想到，就因為他突然有立王夫人為皇后的念頭，拉開了東吳政壇這場空前浩劫的大幕……

在古代的後宮制度中，皇后就是皇帝的後宮版，身分是極尊貴的。一旦王夫人當上了皇后，她就是江東一人之下、萬人之上的國母。看到王夫人即將飛上枝頭做鳳凰，王夫人名義上的女兒全公主孫魯班心急如焚，她擔心王夫人真的當上皇后，那她以後就沒好日子過了。

孫魯班和王夫人向來不和，積怨甚深。雖然《三國志》並沒直說孫魯班和王夫人之間到底有什麼仇恨，但從王夫人要當皇后對孫魯班的刺激來看，二人的仇恨應該是非常深的，而且還可能是王夫人先得罪了孫魯班。

孫魯班是在官場上混大的，自然知道王夫人一旦立為皇后，對自己來說意味著什麼。她也明白自己反對王氏立后，必然會得罪王氏的兒子孫和。以後等到孫和繼位後，還會有自己的好果子吃嗎？不如一併將王氏母子幹掉，絕了後患。

從政治基礎來說，孫和是王氏的根基，只要刨掉了孫和這棵大樹，王氏就是無根之木，輕輕一推就得乖乖倒下。但孫和是法定的皇位繼承人，不是孫魯班說扳倒就能扳倒的，她需要等待機會。

還有一點，孫魯班要扳倒孫和，就要對準孫權對孫和的容忍底線。這底線是什麼？就是孫和不把自己放在眼裏。其實不僅是孫權，任何一個帝王都不希望在生前被兒子們視若無物，老子還沒掛呢，你們這些小崽子們就敢人五人六，老子算喝哪碗粥的？

孫魯班很聰明地抓住了孫權這個心理特點，在老爹面前拼命抹黑弟弟。有一次孫權讓孫和去朱雀橋邊的長沙桓王廟拜祭，長沙桓王廟就是孫策在陰間的據點，孫權稱帝後，追封孫策為長沙桓王，故有此名。

這本來是件稀鬆平常的事情，孫魯班按理是沒辦法在這件事上尋孫和的霉頭的，但事情偏偏壞在了揚武將軍張休身上。張休是孫和太子妃張氏的叔父（張妃父親是張承），自然就是孫和陣營的重要人物。

不知道張休少了哪根筋，就住在桓王廟附近的張休突然邀請皇太子來他家喝茶聊天，孫和也沒多想，就串到張休家喝茶去了。孫和可能不知道，在他的身後，早就被皇姐孫魯班安插了眼線，孫和的一舉一動，都被線人及時彙報給了孫魯班。

孫魯班得到這個消息後，如獲至寶，立刻妖嬈嫵媚地竄到宮裏告孫和的刁狀。孫魯班這個女人非常工於心計，她雖然是在抹黑孫和，但絕不添加半點個人意見，只是客觀敘述，具體什麼滋味，讓孫權自己品嘗好了。

孫魯班抹黑孫和的原話是：「太子不在（桓王）廟中，專就妃家（張休宅）計議。」孫魯班多餘的話一句都不說，但這話是非常有殺傷力的。孫魯班的潛臺詞是孫和背著孫權，暗中和張休等人勾結，不知道會幹出什麼見不得人的勾當。

上面這盆髒水是孫魯班送給弟弟的，送給王夫人的那盆髒水，孫魯班也準備好了。孫魯班難得抓到一次機會，乾脆把王氏母子一鍋燴了。相比抹黑孫和時的「和風細雨」，孫魯班抹黑王夫人可就不客氣了，雖然孫魯班一樣是「客觀敘述」，至於真假，孫魯班心裏最清楚。

孫魯班告訴孫權，某次父皇龍體欠安，她發現王夫人臉上春風無限，喜上眉梢。孫魯班的潛臺詞非常明顯，就是王夫人巴不得孫權這個老不死的早點伸腿瞪眼，好讓兒子孫和早點登基做皇帝。

孫權年輕的時候確實英武過人，但老年孫權卻總給人一種殘暴昏聵的印象，偏聽偏信，尤其是寵愛孫魯班，簡直到了「喪心病狂」的地步。孫魯班說太陽是黑的，孫權不說太陽是白的。在東吳官場上混的都知道，孫權最疼這個女兒，從來不會拂全公主的面子。

孫權從孫魯班嘴裏得知王氏對自己如此不敬，果然怒火沖天，氣頭上的孫權立刻派人去責罵王夫人。具體罵什麼不清楚，但從史料上這句「（王）夫人以憂死」來看，孫權對王夫人沒有講半點夫妻情分，估計什麼難聽的話都講了出來。

王夫人就這麼不明不白的被孫權罵死了，王夫人的死對孫和的政治前途幾乎是致命的打擊。孫權這個人大多數時間都比較清醒，可一旦糊塗起來，那是六親不認的。孫權恨屋及烏，對孫和已經沒有多少好感，「太子（孫和）寵益衰」。

這句「寵益衰」是《資治通鑒》的說法，而《三國志》的說法是「寵稍損」。當然，不管孫和在孫權心中的地位是「寵益衰」還是「寵稍損」，孫和在孫權心中的地位大幅度下降，是不爭的事實。

孫和在感情上的嚴重失分，導致他的儲君地位出現了動搖，至少不如以前那麼穩固了。孫權當初立孫和為太子，下面幾個弟弟就嚴重不服孫和，尤其是孫和的同母弟——魯王孫霸，早就瞄上三哥那個讓人眼熱的位子了。

其實東吳鬧出這場兄弟骨肉殘殺的悲劇，孫和與孫霸勢同水火，絕大部分的責任要由孫權來背。換句話說，孫霸的野心，是孫權給嬌慣出來的。

孫權對子女的溺愛，在三國史上是出了名的。在子女的教育問題上，孫權做得不如曹操和劉備，曹操對待子女不可謂不嚴厲，家教甚好。劉備雖然是草根出身，但在臨終前，也教育劉禪：「勿以惡小而為之，勿以善小而不為！」

孫權的子女教育原則性不強，出於對子女的慈愛，孫權在不知不覺中走上了袁紹和劉表的老路：嫌長愛幼。當然孫權沒有袁劉做得那麼直白，孫權初時也沒嫌棄孫和，但孫權對孫霸的態度，則在無形中助長了孫霸的奪儲野心。

從封建禮法上來講，皇太子是預備皇帝，他的禮儀級別僅次於皇帝，遠高於諸侯王。孫和做了皇太子，在政治待遇上自然就應該比弟弟們高，以顯示尊卑有別。

但孫權並沒有這麼做，而是將孫霸的政治級別提高到與孫和同一個檔次，史稱「太子（孫和）與魯王同宮，禮秩如一」。孫權這麼安排，表面上看是一視同仁，但孫和畢竟是未來的皇帝，孫權希望日後吳國出現兩個皇帝？難道孫權不怕袁紹和劉表的悲劇重演？真是腦袋鏽掉了。

「天無二日，國無二主」，這是古代官場最基本的政治原則，一旦破壞這個基本原則，政局動盪是不可避免的。孫權偏愛孫霸，導致孫霸取代孫和做太子的野心暴漲。在孫霸的潛意識裏，父皇安排自己等同太子，就是在給自己進行政治暗示，自己應該主動一些。

孫權給了孫霸「分宮別僚」的特權，就是允許孫霸在官場上公開成立自己的小團夥，「魯王黨」就這樣被孫權人為的製造出來，與孫和的「太子黨」相抗衡。

先將「太子黨」和「魯王黨」的主要人員構成簡單介紹一下：

孫和「太子黨」	孫霸「魯王黨」
張休（張昭子）	全寄（孫魯班嫡子）
顧譚（顧雍孫）	楊竺
朱據（孫魯育丈夫）	吳安
吾粲	孫奇

從陣容上來看，孫和的人馬在官場上的分量要更重一些，但由於孫權對孫霸的公開偏袒，使得孫霸系

人馬有恃無恐，敢於公然向孫和發難。

也因為這層原因，東吳官場被非常明顯地分裂成親太子系和親魯王系兩派，對立情緒非常嚴重，成天拍板磚，雞毛亂飛。

孫霸系人馬公開炮轟太子，「魯王之黨楊竺、全寄、吳安、孫奇等共譖毀太子，吳主惑焉。」這個「惑」字用得非常絕妙，將孫權老邁昏聵的形象非常生動地表現出來。兩子爭寵的糟糕局面，完全是孫權給搞出來的，孫權是這場家庭悲劇的幕後總導演。

不過孫權也逐漸認識到兩子爭寵會對官場造成巨大的分裂，對統治不利。孫權有意識地限制孫和、孫霸的政治待遇，「吳主奪二宮備衛、抑絕賓客，四方禮敬不復得通。」

孫權這麼處理二子爭寵，明顯又是一個大敗筆，真正吃虧的還是孫和。打個比方，孫霸搶了孫和的寶貝，而孫權卻判定二人皆有罪，各打四十大板，豈非滑稽？爭儲事件理虧在孫霸，不在孫和，孫權所謂的處理其實是火上澆油，導致局勢更加無法收拾。

太子和魯王的爭儲大戰在東吳官場引發了巨大的爭議，所有一線官員都不可避免地被捲進了這場紛爭中，其中就包括東吳的鎮國之寶陸遜。對於孫權人為製造內部分裂，陸遜非常地擔憂，就給孫權上了一道奏疏。

從派系上來講，陸遜既不是太子黨，也非魯王黨，陸遜嚴格約束子弟，不允許他們摻和進二宮爭儲的政治鬥爭中，立場相對中立。但陸遜和太子黨骨幹成員有親戚關係，比如顧承、顧譚就是陸遜的外甥。在感情上，陸遜是明顯偏向於孫和的。

陸遜的態度非常明確，孫和是法定的皇位繼承人，孫霸再受寵，畢竟長幼尊卑有別。陸遜希望孫權從國家千秋大業著想，降低孫霸的政治待遇，只有這樣，才能避免兩敗俱傷。

陸遜這時並不在京師，而是坐鎮武昌，陸遜對孫權的影響在後期其實並不大。而且孫權在楊竺等人的狂轟濫炸下，已經開始動搖對孫和的信任了，準備拿掉孫和，扶孫霸上馬。

看到陸遜在外面對自己指手畫腳，孫權顯得相當不滿，「吳主不悅」。孫權越老越自負狂妄，孫權認為自己是永遠正確的，根本聽不進去任何苦口良言，陸遜也不行。孫權和陸遜幾十年的交情，風風雨雨都走過來了，卻因為這件事情，讓兩人之間的感情出現了巨大的裂痕。

在這場兄弟內耗中，孫和剛開始是比較主動的，朝中重臣基本都站在他這一邊。除了陸遜上表替他說話外，顧譚也公開請求孫權將孫霸逐出建業外放，顧譚知道這麼做肯定會得罪孫霸，所以顧譚拼命撇清自己，「今臣所陳，非有所偏，誠欲安太子而便魯王也」。

顧譚說話還算是客氣的，至少沒明說要驅逐孫霸，而公認的太子黨——太子太傅吾粲，出手遠比顧譚狠得多。吾粲上表請求孫權將孫霸驅逐出朝廷，遠放夏口，楊竺等人盡數流放。

吾粲的本意其實也是想保全孫霸一黨，至少不會讓兩兄弟同歸於盡。但吾粲的做法太過激進，再加上吾粲是公認的太子黨，所以孫霸認為吾粲這是在故意往死裏整他。孫霸和楊竺開始向吾粲瘋狂報復，不知道孫霸對孫權說了吾粲什麼，導致孫權大怒，立刻將吾粲下獄，不久吾粲被殺於獄中。

讓人感覺到不可思議的是，吾粲出事的罪名居然是「數與（陸）遜交書」，就是說吾粲犯的是「與陸遜勾結罪」。孫權冷不丁的來這麼一手，瞬間就將本置身於事外的陸遜強行扯了進來，看來孫權對陸遜的不滿已經到了他無法容忍的地步，火山即將噴發……

陸遜作為東吳最有分量的大臣，陸遜的存在對孫權的威望會構成相當的負面影響，至少大多數人會認為孫權之所以能當皇帝，是因為有陸遜輔佐他，而這恰是自負的孫權所不能容忍的。

孫權對陸遜的徹底決裂，與孫和並沒有太大的關係，東吳君弱臣強的權力構架，才是孫權決定向陸遜動手的真正原因。不然陸遜如果死在孫權後面，天知道陸遜會不會對東吳幼主（不一定就是孫和）產生重大威脅？

孫權這個人做事非常果絕，從不拖泥帶水，他必須盡快解決陸遜。孫權三番兩次地派太監去武昌「責問」陸遜，實際上是想罵死陸遜，陸遜這等級別的人物是絕對不能動刀子的。

在這場莫名其妙的災難中，陸遜甚至都不知道自己做了什麼，更遑論做錯了什麼。孫權如此不給陸遜留情面，確實讓陸遜悲憤異常，幾十年風裏雨裏替孫權做牛做馬的功勞，就這麼被孫權一筆給勾銷了，換了誰，也嚥不下這口惡氣。

陸遜是個剛烈性子，被孫權派來的太監惡狠狠的羞辱，一時受罵不過，「憤恚而卒」，時年六十三歲，這一年是吳赤烏八年（二四五）。

陸遜可以說是東吳中期的官場擎天柱，陸遜會鎮荊州，北禦曹魏，西防蜀漢，對孫權來說，重要性不言而喻。但孫權之所以敢拿下陸遜，倒不是孫權老糊塗了，而是孫權已經有了取代陸遜的最佳人選。

這個「最佳人選」是諸葛瑾的兒子、都鄉侯諸葛恪。陸遜被罵死不久，孫權就下詔讓諸葛恪全面接管陸遜的權力地盤，「會遜卒，恪遷大將軍，假節，駐武昌，代遜領荊州事。」孫權也許是覺得陸遜太老了，該升級換代了。

陸遜的倒臺，從人事角度來看，並沒有什麼不妥之處，只是孫權太不講情面了，做事太絕。但從孫和的角度來看，陸遜的倒臺，幾乎是災難性的結局。陸遜是公認的親太子派，有陸遜在，孫和還能躲在大樹下乘涼。現在大樹倒了，孫和只能被曬在烈日下了。

孫權拿掉陸遜，也確實有這麼一層意思，孫權對孫和的不滿也不是一兩天了，未必沒有考慮過換太子的事情。孫權踢掉孫和並不意外，官場上大多數人都已經有了心理準備，但意外的是接替孫和的人選，並不是孫和的政敵孫霸，而是孫權最小的兒子孫亮。

孫亮生於西元二四三年，陸遜死的那一年，孫亮只有三歲。孫亮之所以迅速上位，有兩個原因，一是他的生母潘夫人極受孫權的寵愛，二是全公主孫魯班將賭注全部押在了孫亮的盤口上，和潘夫人結成政治聯盟。

全公主仗著自己在孫權面前受寵，經常替孫亮說好話，「數稱亮美」。孫魯班覺得孫霸有些靠不住，畢竟孫霸與孫和同母，假使孫霸上臺，萬一孫霸要念起當初自己害死他母親王夫人的舊仇，自己還有好日子過嗎？

現在的形勢對孫魯班非常有利，孫權太年老，而孫亮太年幼。一旦孫亮上臺，那麼孫魯班的勢力就有可能趁機控制最高權力，至少確保十年富貴。從自身的利害角度來衡量，孫魯班也不會再跳上孫霸的那條破船，天知道孫霸的那條破船什麼時候就翻了。

很難說孫魯班在孫權撤換孫和的決策過程中起到多大的作用，以孫權的智力水準，不至於被孫魯班牽著鼻子走。孫和的失勢，主要原因還在於孫權已經對三兒子失去了興趣，孫魯班不過是搭上了這趟順風船而已。

孫權對孫和的不滿，似乎讓孫霸看到了無限的希望，但孫和失勢，不等於孫霸得勢。孫權對孫霸也越來越反感了，理由是「魯王霸結朋黨以害其兄」，所以「（孫權）心亦惡之」，孫權卻把自己縱容孫霸企圖奪儲的責任推得一乾二淨。

孫權的下一步打算已經非常明確，廢掉孫和，改立孫亮，但如果不除掉孫霸，對孫亮來說依然是個重大威脅。從道德的標準上來衡量孫和做太子這幾年的得失，並沒有什麼不可赦之罪，但孫權顯然不是按常理出牌的人，只要他想做，那就是正確的，因為在孫權的潛意識裏，他才是世界上唯一正確的。

在吳赤烏十三年（二五〇）的秋天，孫權終於對他的兒子們舉起了屠刀，像當年偷襲盟友關羽一樣。在三國幾大領袖裏，孫權是公認的「薄情寡義」，不如曹操真性情，也不如劉備講義氣，孫策的豪爽坦誠，也是孫權比不了的。

孫權先拿孫和開齋祭旗，史稱「吳主遂幽太子和」，孫權雖然暫時沒有廢掉孫和，但在政治上已經判了孫和死刑。孫和的政治地位決定了這將是一場腥風血雨的開始，官場中人已經嗅到了一股濃重的血腥味。

驃騎將軍朱據就勸孫權不要輕易動太子，這是動搖國本的大事，不可草率行事，可孫權鐵了心要拿下孫和，不聽。從派系上來講，朱據是朱公主孫魯育的丈夫，與孫和私交甚好，可以劃進太子黨。

朱據的政治經驗不太豐富，在被孫權拒絕的情況下，朱據與同為太子系的尚書僕射屈晃帶著一班手下「泥頭自縛」，就是把自己綁上，用泥巴糊住頭髮，跪在宮外，請求孫權放孫和一馬。朱據這麼做是典型的逼宮行為，是要遭到天忌的，果然孫權大怒，「（對朱據）甚惡之」。

東吳宮、府關於在處理孫和問題上的矛盾，被朱據這麼一攪和，徹底公開化了。太子系人馬見朱據率先打響頭炮，覺得這是個難得的挽救孫和的機會，紛紛上書勸孫權給孫和留條活路，其中表現最為激進的是無難督陳正和五營督陳象。

這時的孫權已經走火入魔，太子系人馬如此冒失地勸諫，實際上是在火上燒油。孫權的脾氣就是個順毛驢，凡事千萬別逆龍鱗，否則只能適得其反。

被太子系人馬逼得走投無路的孫權決定出重手反擊，不給你們點顏色看看，不知道馬王爺長幾隻眼！孫權早就打算對太子黨一網打盡了，現在機會來了。

孫權先是下詔處死陳正和陳象，如果僅是殺了他們，也不算什麼。最讓人髮指的是，孫權居然對二陳滅族！二陳何罪？家眷何辜？孫權簡直就是喪心病狂，天知道歷史怎麼會選擇孫權的。

至於率先挑起戰爭的朱據和屈晃，依然不肯向孫權低頭，在大殿上，二人「叩頭流血」，再向孫權做最後一次的爭取。孫權沒殺他們就已經給足面子了，在這種關係徹底破裂的情況下，孫權怎麼可能再聽得進去他們的勸諫？

孫權冰冷著老臉，命令武士將朱據和屈晃撲倒在地，每人賞了一百殺威棒，趕出朝廷。至於其他的太子系人馬，孫權殺的殺，貶的貶，「群司坐諫誅放者以十數。」剪掉了孫和的政治羽翼，孫權就開始對孫和下手了，「廢太子和為庶人」，貶居故鄣，正式宣告了孫和的政治死刑。

孫和的運氣比孫霸好多了，至少還活著，三年後，孫和鬱鬱而終，年僅三十歲。孫和的皇帝夢終究是一場鏡花水月，但讓孫和意外的是，他這一脈的皇帝夢卻在他的兒子身上得到了延續，而且一坐江山就是十六年。孫和的兒子非常有名——東吳末代皇帝、著名暴君孫皓。

孫和的勢力徹底倒臺，並不意味著孫霸等到了春天，在孫權的計畫中，孫和與孫霸都必須給孫亮讓路。只是讓天下人沒有想到的是，孫權會對孫霸下狠手。

孫和只是被孫權廢掉了政治生命，但孫霸卻沒有三哥這麼好的運氣。孫權下詔，賜孫霸自盡，讓孫霸從此從地球上徹底消失，心腸之狠，讓人歎為觀止。

為了能扶正孫亮上位，孫和的太子黨與孫霸的魯王黨都是必須打掉的，留下任何一方，都是養虎遺患。太子黨全盤被廢，魯王黨的下場也一樣悲慘，孫霸的幾大心腹楊竺、全寄、吳安、孫奇悉數被殺，罪名是黨附孫霸，圖謀對前皇太子孫和不軌，這個藉口實在牽強得可笑。

不知道在賜死孫霸的那一刻，孫權的心理狀態是什麼樣的起伏。孫霸其實並沒有做出什麼傷天害理的事情出來，並且孫霸「謬和」，完全是孫權給慣出來的。孫權不去反思自己的錯誤，反而將所有責任一股腦兒全推給兒子，實在讓人心寒。

孫亮的兩大政治障礙全部被孫權拔掉了，接下來的事情就順理成章了，吳赤烏十三年（二五〇）十月，孫權正式冊立年僅八歲的幼子孫亮為皇太子，這一年孫權已經六十九歲了。

漢武帝劉徹生下漢昭帝劉弗陵時也是六旬老翁，劉徹也是在那場影響空前的巫蛊之禍中廢掉皇太子劉據，改立幼子劉弗陵。孫權似乎在刻意模仿劉徹。

平心而論，孫權比起劉徹來差距大得離譜，且不說劉徹的功業遠大於孫權，就是劉徹臨終前下的那道《輪台謝罪詔》，向天下人認錯的這份胸懷，孫權就不具備。

孫權和劉徹不具備可比性，倒是和越王勾踐有得一比，二人同樣能忍辱負重，成就一番偏霸之業。但二人都是性情刻薄，只能共患難，不能同富貴。文種為了勾踐的江山，陸遜替孫權做牛做馬，到頭來被生生逼死，兔死狗烹，可歎。

這場虎毒食子的家庭悲劇，是東吳歷史的一個重大轉捩點。這不僅為孫權時代的行將結束畫了一個不太完美的注腳，也直接影響東吳政權的穩定。兩年後，七十一歲的孫權撒手人寰，年僅十歲的孫亮「終於」當上了東吳皇帝。

孫亮的上臺簡直就是漢昭帝劉弗陵的翻版，孫權是劉徹第二、孫和是劉據第二、潘夫人是鉤弋夫人第二（運氣稍好些，被刺殺）、孫亮是劉弗陵第二。至於霍光第二，自然就是號稱東吳第一神童的諸葛恪。

諸葛恪在孫權的刻意扶持下，終於登上了東吳第一權臣的寶座，孫權也到地下找漢武帝探討老年得子的心得去了。但孫權留下的這個爛攤子，卻沒有誰能夠力挽狂瀾，只能眼睜睜看著東吳帝國這艘巨艦，一點點地往下沉沒。

東吳帝國在這場奪儲悲劇之前，整體上還是積極向上的，至少派系分裂沒有那麼明顯。但孫權徹底打破了權力分配上的平衡格局，導致權力高層出現了真空。諸葛恪雖然表現得很強勢，但東吳官場的巨大分裂，卻導引著諸葛恪走向了一條充滿血腥味的不歸路。

同時走上不歸路的，還是積孫堅、孫策、孫權父子兩代三人之功打下來的東吳帝國。

二三、三國跳槽史

說到「跳槽」這個詞，我們已經非常熟悉了。在現代經濟活動中，跳槽是很正常的人事變動行為，沒有什麼大驚小怪的。人才在社會上尋找自己的存在價值，需要一個能展現自己才華的發展平臺，如果人才認為在原有的平臺上發揮不了自己的才華，跳槽也是不可避免的。

《後漢書．馬援傳》記載，東漢建武四年（二十八），河西軍閥隗囂派部下馬援到洛陽來拜見劉秀，馬援說了一句在歷史上特別有名的話：「當今之世，非獨君擇臣也，臣亦擇君矣。」

無論是用人方，還是人才，他們之間的合作都是一個互相選擇的過程，大家各取所需，其樂融融。尤其是在競爭日益激烈的社會大環境下，人才的流動非常頻繁，今天在甲公司出勤拿工資，明天就可能跑到乙公司點名報到去了，這實在再正常不過了。

現代的人才市場競爭如此，古代政治軍事集團之間的人才爭奪戰同樣慘烈，最有名的應該是春秋戰國時代，「楚材晉用」的例子不勝枚舉。本國人終生效力於本國的例子並不多見，更多的是周遊列國，在各諸侯國間尋找自己的存在價值。

比如齊國人孫武子效力於吳國，衛國人吳起效力過魯、魏、楚，秦國名相商鞅本是衛國貴公子。蘇秦更牛氣，戰國七雄被這個賣嘴的蹚了個遍，最後還佩上了關東六國的相印。

相同的話題，我們回到三國。三國的跳槽史比起春秋戰國的跳槽，名氣上可能不如春秋戰國，但激烈和混亂程度絲毫不比春秋戰國差。我們所熟悉的那些三國人物，大部分都有過跳槽的歷史，真正從一而終的不算少，但也不算多。

下面我們把有過跳槽史的三國名人簡單列個表：

一、魏國方面（以最終效力為標準）

姓名——原屬集團
荀彧——袁紹
賈詡——董卓、李傕、張繡
郭嘉——袁紹
張遼——丁原、董卓、呂布
張郃——袁紹
董昭——袁紹
鍾繇——李傕
華歆——孫策（非嫡系）
王朗——孫策（非嫡系）
于禁——鮑信
徐晃——楊奉
龐德——馬超

文聘——劉表
袁渙——袁術、呂布
張範——袁術
崔琰——袁紹
陳琳——袁紹
黃權——劉璋、劉備（黃權降魏是被動之舉）
蒯越——劉表
韓嵩——劉表
孟達——劉璋、劉備

二、蜀漢方面

姓名——原屬集團
趙雲——公孫瓚
許靖——劉璋
法正——劉璋
董和——劉璋
劉巴——曹操、劉璋
馬超——自為一路諸侯，兵敗來投
李恢——劉璋

費禕——劉璋

姜維——魏國

三、東吳方面

姓名——原屬集團

甘寧——劉表

潘濬——劉表、劉備

糜芳——劉備

太史慈——劉繇

四、其他方面

姓名——原屬集團

呂布——丁原、董卓

陳宮——曹操、呂布

從這個簡表上，我們可以看出，曹魏陣營中有跳槽史的最多，東吳陣營的多是江東本土精英，所以跳槽率最低。蜀漢因為是一個外來軍事集團，所以蜀漢精英有相當一部分是從劉璋陣營轉投過來的，而蜀漢原屬集團的精英也相當多，比如關羽、張飛、陳到、諸葛亮、龐統。

在這些有過跳槽史的三國歷史精英中，他們的跳槽也各自有自己的特點，大致來說，可以分為以下幾種類型：

一、鄙視原主型，代表人物是荀彧、郭嘉、法正。

二、借用一去不復返型，代表人物是趙雲。

三、原主失敗、被迫改投新主型，代表人物是蜀漢的原劉璋集團旗下精英，以及張遼、潘濬、黃權（降魏）

四、強扭的瓜不甜型，代表人物是劉巴。

五、輾轉反覆型，代表人物是馬超、龐德、甘寧。

在這五種跳槽類型中，爭議最大的當屬第一類「鄙視原主型」的，因為這類人物跳槽後直接和舊主反目成仇，這就引出了一個爭議話題。像這樣跳槽的方式，是屬於「棄暗投明」呢，還是「忘恩負義」呢？

我們先來講講荀彧的問題。關於荀彧的生平事蹟，在第三章《曹操的智庫》那一篇裏已經詳細講解過了，這裏只簡單分析一下荀彧的跳槽史。

荀彧出身於東漢第一等的清流名門——潁川荀氏，戰國大思想家荀子的嫡派傳人。東漢潁川的具體位置就在現在河南省鄭州以南、許昌以西地區，地處中原腹地，自古就是四戰之地。

因為這個原因，荀彧有先見之明的認為這裏不宜久居，正好同是潁川人的冀州刺史韓馥久慕荀彧高名，派人來請荀彧，荀彧順著杆子往上爬，帶著荀氏家族北遷至冀州。韓馥是個中庸之才，能力一般，荀彧這次北遷冀州不代表他選擇了韓馥做自己的事主，純粹避難而已。

韓馥只是歷史上的一個匆匆過客，真正和荀彧的命運發生交集的是與荀彧同為貴公子的袁紹。袁紹是東漢末年橫跨官場、士林的頂尖精英，無論是論出身，還是論江湖威望，袁紹都遠遠在當時的奮武將軍曹操之上。

袁紹用一些見不得光的手段，將韓馥驅趕出冀州，自為冀州牧。早期的袁紹也非常懂得收攏人才，像荀彧這等級別的人才自然受到了袁紹的格外垂青，「（紹）待彧以上賓之禮」。說得通俗一點，就是袁紹待荀彧以無雙國士，彷彿當年劉邦待張良一樣。

但讓袁紹感到鬱悶的是，自己微笑著倒貼送給荀彧，荀彧居然連正眼都不瞧自己。荀彧通過自己的觀察，他發現袁紹並不符合自己心中「明主」的標準，「彧度紹終不能成大事」，最終拋棄了袁紹，這一年是初平二年（一九一）。

荀彧關於袁紹不能成大事的判斷，是建立在將袁紹與東郡太守曹操的對比基礎上的。曹操在得到荀彧後，笑得合不攏嘴，連稱「此吾之子房也」。荀彧在袁紹那裏可能並沒有得到如此高的評價，但這顯然不是荀彧拋棄袁紹的根本原因。

袁紹為人的弱點，前面我們也講了不少，袁紹最大的問題是「多謀少決，外寬內忌」。在亂世中，像袁紹這種溫吞水式的性格，是最容易吃虧的，曹操為人處世的特點正好與袁紹相反，非常適合在亂世中撈飯吃。

荀彧年輕的時候就已經在江湖上闖出了自己的名號，南陽名士何顒稱讚荀彧為「王佐才」，荀彧之前最有名的「王佐才」是誰？張良！荀彧本人也自視甚高，一般的買家，荀彧是瞧不上眼的。

在亂世爭雄時代，人才的流動是雙向的，也就是我們經常提到的「君可擇臣，臣亦可擇君」。袁紹選擇荀彧，是因為袁紹看中了荀彧的能力，而荀彧拋棄袁紹，也是因為荀彧覺得袁紹不是自己最合適的買家。

袁紹很對得起荀彧，但荀彧這麼做是否就對不起袁紹了？如果袁紹和曹操是兩個具有法律主體地位的國家，而荀彧就生在袁紹這個「國家」，那荀彧的棄袁投曹的行為有待推敲。

問題在於，當時的法律主體政權是東漢王朝，袁紹和曹操只是東漢王朝下屬的兩個相對獨立的政治軍事集團。從法理上講，荀彧的跳槽不過是從東漢政權內部的一個角，跳到了另外一個角而已，從法理意義上講，談不上背叛。

郭嘉的情況和荀彧幾乎如出一轍，但又略有不同。不同之處在於，荀彧當初是找韓馥避難的，袁紹取代韓馥，荀彧才和袁紹發生命運的交集。而郭嘉則是在袁紹統治河北後，主動找袁紹討生活的。

郭嘉和荀彧是同鄉，而且從史料上來看，荀彧應該是非常了解郭嘉才能的。郭嘉具體北上找袁紹的時間不太確定，但肯定在西元一九七年之前（此年郭嘉投奔曹操）。

對於袁紹，郭嘉的態度與荀彧沒什麼差別，都認為袁紹不是合適他們的買家，雖然袁紹待郭嘉也非常厚道，「甚敬禮之」。前面也講了，人才出來混江湖，需要的是發展平臺，而非華而不實的禮遇。

袁紹和曹操在用人上最大的區別是，袁紹能「致人而不能用人」，而曹操則是「能致人亦能用人」。在三國一線人物中，有許多是從袁紹叛逃到曹操那裏的，比如荀彧、郭嘉、張郃。但從曹操那裏叛逃的，幾乎沒有，勉強算是一個兵敗投降關羽的于禁。曹操的亂世生存能力和人格魅力都遠強於袁紹，這也是為什麼郭嘉在和曹操一番長談後，仰天長笑曰：「真吾主也！」

人才有選擇發展平臺的自由，鐵打的營盤流水的兵，有的人才離開了，又有人才進來了，這都是很正常的。荀彧、郭嘉拋棄袁紹選擇曹操，和陳宮拋棄曹操選擇呂布一樣，從人員流動的角度來看，確實沒什麼可指摘之處。

有個現象說起來很有意思，同樣是背叛舊主，在歸附新主後，對舊主發起了無情進攻，最終導致舊主徹底滅亡，但荀彧、郭嘉和法正的待遇顯然不一樣。三人的行為如出一轍，可從古至今基本聽不到對荀彧、郭嘉的指責，倒是對法正「忘恩負義」的指責鋪天蓋地，讓人不解。

我們在第七篇中講過了法正，但那一篇講的是法正在劉備手下的受寵程度，本篇的側重點再講一講法正的叛逃行為。法正是右扶風人（今陝西西安附近），祖父是關中名士法真，是士林中的頂尖人物。漢獻帝建安初年，軍閥連年混戰，天下饑荒，法正沒地方吃飯了，就和同鄉孟達一直南下入川，投靠在益州刺史劉璋門下。法正在劉璋門下混得並不如意，只做過新都縣令和軍議校尉，在官場上屬於三線職務。

法正自負國士無雙，卻因為個人的一些原因，不受劉璋重用，「志意不得」，鬱鬱寡歡。在建安十二年（二〇七）的時候，益州別駕張松在被曹操莫名其妙的拒絕之後，私通荊州軍閥劉備，準備迎接劉備入川。

因張松和法正是多年的至交好友，張松就推薦了法正去荊州聯絡劉備。這時法正和劉備素昧平生，法正對劉備也沒多少了解，還磨磨嘰嘰不想去。後來被逼得沒辦法，法正才不情不願的跑了趟荊州，和劉備進行了有生以來的第一次接觸。

這次在法正看來純粹是混差旅費的荊州之行，卻極大地改變了法正對劉備的看法。法正回到西川後，激動地拉著張松的手，歌頌劉備的英明神武。法正在反覆權衡劉璋和劉備的比較後，最終下定決心，拋棄劉璋，歸附在劉備的大旗下。

在益州集團對待是否迎接劉備入川的問題上，劉巴、黃權、王累等人是堅決的拒絕派，而張松、法正又是堅決的歡迎派。最終張松、法正等人的主張獲得了劉璋的批准，這麼講，劉備之所以後來能順利奪取西川，張松、法正是兩大首功之臣。

因為張松後來私通劉備事發，被劉璋殺害，所以法正就成了劉備進攻西川的活地圖。事實上，在龐統中箭死後，諸葛亮不在劉備身邊，法正是劉備帳下的頭號謀士。

在劉備戰勝劉璋的過程中，法正起到了至關重要的作用，尤其是法正憑著對劉璋的了解，算定劉璋不會採用鄭度「堅壁清野」的戰略主張，果然劉璋沒採用鄭度的建議，讓劉備避免了一場大禍。

法正被稱為「小人」，主要是法正曾經在劉備圍攻雒城的時候，給劉璋寫了一封信，估計這才是法正的形象被醜化的主要原因。在這封信中，法正以劉備集團首席幕僚的身分，對劉璋進行戰略恐嚇，勸劉璋早點投降，不然的話，哼哼……

人都是要講良心的，人們最欣賞的是「以德報怨」，最鄙視的是「忘恩負義」。而法正的所作所為，恰恰被認為是「忘恩負義」之舉，再加上法正得志之後，肆意報仇，所以法正的形象非常糟糕。

法正拋棄劉璋、選擇劉備到底算不算是忘恩負義？嚴格意義上來講，恐怕算不上。「忘恩負義」的前提是劉璋對法正有恩，而且是大恩，劉璋對法正有恩嗎？從劉璋對法正的任用級別來看，劉璋並沒有給予法正很高的待遇和重視，不過是以一般人才視之。

戰國時代有個刺客，名叫豫讓，他有一個著名觀點，就是「中行氏以眾人遇我，我故眾人報之；智伯以國士遇我，我故國士報之」。豫讓為了報答智伯的厚遇之恩，在趙簡子滅亡智伯後，豫讓三番兩次地要行刺趙簡子。

豫讓的行為和法正其實沒什麼區別，中行氏待豫讓如常人，所以豫讓沒有替中行氏報仇。同理，劉璋以常人之遇待法正，法正也可以以常人之遇待劉璋，禮尚往來而已，不必對法正過於苛責。

還有一點，就是上面講過的，法正拋棄劉璋、選擇劉備，不過是東漢政權內部的跳槽行為。劉璋是東漢王朝認可的益州牧，劉備也是東漢王朝認可的左將軍，二劉相爭只是內部火拼而已。

其實如果以法正「忘恩負義」的行為來看，荀彧和郭嘉同樣少不了要戴上了一頂「忘恩負義」的大帽子。郭嘉人品上也有瑕疵，陳群就舉報過郭嘉「不治行檢」。

荀彧雖然反對曹操稱王稱帝，一生忠於漢朝，但法正為之效力的劉備也是正牌漢裔，劉備建立的也是漢朝政權，法正並沒有背叛漢朝，更何況法正死的時候，劉備還沒有正式稱帝。

綜上所述，法正不是君子，但也不是小人，他是個絕頂的天才，僅此而已。不能因為法正效力的是現在不受歡迎的劉備，就將法正定性為「忘恩負義的小人」，如果法正為曹操效力呢，是否要另當別論？對法正的態度，要參考對郭嘉的態度，如果郭嘉是小人，那法正的小人帽子戴著也不憋屈。如果郭嘉不是小人，那和郭嘉行跡如出一轍的法正自然也不是。

在上面提到的五種跳槽類型中，最有意思的是第四類，即「強扭的瓜不甜型」，代表人物是劉巴。劉巴的跳槽比較特殊，雖然劉巴的後半生是在劉備統治下度過的，但劉巴從來就不希望和劉備纏在一起，因為他瞧不起劉備。

劉巴總共跳了兩次槽，全部都是在被逼無奈下跳的。第一次跟著曹操，曹操在荊州失敗後，劉巴不想投靠劉備，逃到了交阯找士燮混了一段時間，然後來到益州投靠了劉璋。第二次是劉璋被劉備打敗，在劉備的軟磨硬泡下，劉巴為了活命，只好違心地和劉備一起攪馬勺。

劉巴和劉備的「結合」，是典型的亂點鴛鴦譜，命運把兩條平行線硬生生扭在一起。劉巴為劉備效力，是場三輸的結局。劉巴自己不願為劉備效全力，自己的才能得不到充分發揮，劉備也等於失去了一個可用的大才，曹操更不用說，劉巴最渴望為之效力的就是曹操。

從尊重人才本意的角度來看，劉備應該大度地放劉巴北上，讓劉巴的才能在曹操那裏得到充分的發揮。可現實就是這樣殘酷，劉巴一心想走，劉備寧可將劉巴徹底地爛掉，也絕不會放他去投曹操，自己還想不想混了？

在這一點，劉備做的似乎不如曹操胸懷大度，曹操得到關羽之後，因為關羽「降漢不降曹」，曹操大度地放關羽回到劉備身邊。當然，劉備不放劉巴，還有另一層考慮，就是像劉巴這樣的名流士大夫在蜀漢底層武人集團中的點綴作用。

關羽雖然是萬人敵，但當時曹操手下同樣名將如雲，不缺關羽一個。但劉備手下名士極度稀缺，蜀漢具有全國知名度的名士，只有許靖和劉巴。許靖年齡太大，不知道什麼時候就伸腿瞪眼了，而劉巴時當壯年，劉備是準備留下劉巴接替許靖的。只是劉備沒想到，劉巴死得那麼早。

在三國的跳槽史上，有兩種情況值得關注，就是領導與被領導的變化關係。說句通俗點的，就是以前是打工的，後來機緣巧合，自己創了業；另一種情況是原來自己當老大，後來失了勢，被迫給人打工領工錢。這兩種類型的具體人物，前者是呂布，後者是馬超。

呂布本來是丁原和董卓手下的頭號打手，從來沒當過老大，丁原和董卓先後被淘汰後，呂布這才混出頭，拉起了屬於自己的一票人馬，在江湖上縱橫闖蕩。

雖然最後呂布被更強勢的曹操幹掉了，但呂布的人生軌跡卻說明了一個真理，就是陳勝、吳廣當年衝著天空吶喊的那句「王侯將相，寧有種乎」！老大不是天生的，普通的小弟通過自己的努力，或機緣巧合，同樣可以做老大。

至於馬超，則是呂布的另一個方向。馬超在三國前期（東漢末年）也是一路響噹噹的霸主，雄踞西涼，虎狼之兵數十萬，是曹操的心腹大患。可惜馬超有勇無謀，嫩雞鬥不過老鴨子，被曹操打成了光棍，老婆孩子及馬氏宗族，悉數被殺。

倉皇無計的馬超帶著堂弟馬岱和心腹名將龐德逃到漢中，給五斗米道主張魯當了小弟。但張魯顯然不是個做大事的，馬超跟著他不是長久之計，後來劉備即將攻下西川，馬超輾轉南下，投靠了劉備。憑藉馬超的威名和家世，馬超不出意外的當上了蜀漢「五虎上將」，位列第三。

有句老話說得好：由儉入奢易，由奢入儉難。換個角度說也是一樣的：由小弟變老大，是人人都能接受的；由老大變小弟，則是非常人能忍受的。這種滋味，劉備也曾經嘗過，最典型的是越王勾踐，以堂堂國主之尊，給夫差當馬奴，受盡凌辱，非大胸襟者，難以為之。關於馬超，以後會專門進行講解。

三國跳槽的事情，就先講到這裏。

二四、三國名女漫談

三國是一個偉大的英雄時代，各路好漢懷著一腔熱血，從不同的角落裏殺出來，在歷史舞臺上縱橫殺伐，給後人留下無限的感慨。因為體質和各方面因素的作用，在人類進入階級社會之後，活躍在歷史舞臺上的多是男人。

歷朝歷代的帝王將相史，說白了，就是一部男人的專史。和佔盡風光的男人相比，人類的另一半——女人，卻成了歷史的配角，這對廣大婦女同胞來說，是非常不公平的。

即使是在相對不公平的歷史競爭中，還是有一大批優秀的女性脫穎而出，成功擠進男人主宰的歷史主流舞臺，上演了一幕幕或精彩、或悲壯的歷史活劇。

具體到三國來講，三國（東漢末年）的名女人們從數量上看，並不算太多。不過因為三國時代在歷史上的極高知名度，她們的知名度也跟著水漲船高。三國的名女人大致分為兩種類型：

後宮型（帝王們的女人）：卞氏、甄宓、郭女王、甘夫人、糜夫人、吳氏、步氏等。

官場型（帝王將相們的女眷、江湖名士）：貂蟬、蔡文姬、大小喬、孫尚香、孫魯班等。

關於後宮型的名女人，我們將在下一章中進行專門講解，這一章著重講一講第二種類型的名女人。

在三國的後宮型名女人和官場型名女人中，無疑後者的知名度更為響亮。除了孫魯班（即孫權之女全公主）外，上面提到的五個女人的知名度，遠遠超過了許多三國的二三線人物。貂蟬曾經在第十一章《三國的亂世草頭王》的呂布部分中講過了，不再重複。下面我們講講另外四個三國名女人，首先講的是蔡文姬。

整個三國（東漢末年）時代的名女人中，唯一能被劃進文學家範疇的，只有一代才女蔡文姬。蔡文姬的出身在東漢魏晉時代，可謂顯赫至極，既是一線貴族豪門出身，又是一線清流名門出身。

蔡文姬本名叫蔡琰，字昭姬，晉人為了避晉文帝司馬昭的名諱，強行給她改名為文姬。蔡文姬的老爹蔡邕，是東漢末年文壇的一代宗師，在士林中的威望極高。關於蔡邕，將放在《三國文學》篇中講解，這裏只講蔡文姬。

蔡文姬姐姐或妹妹的女兒，嫁給了後來的魏朝大將軍、「晉景帝」司馬師，就是景獻皇后羊徽瑜。蔡文姬有個外甥更是不了得——晉朝第一風流名將羊祜，羊徽瑜的弟弟。

因為得到了蔡邕優質的文學基因的薰陶，所以蔡文姬的家學淵源非常深厚。《後漢書．蔡琰傳》稱她「博學有才辯，又妙於音律」，是個全面型才女。可以這麼講，東漢有兩位在後世極負盛名的才女，前有班昭，後有蔡琰。

有句老話說得好：自古紅顏多薄命，其實將這句話換成「自古才女多薄命」，也是一樣可以講通的。那些歷史上有名的才女，比如班昭、左芬、謝道韞、徐惠、關盼盼、蕭觀音、李清照、朱淑真、秦淮八豔、賀雙卿莫不如是，當然也包括蔡文姬。

蔡文姬的感情歷程非常坎坷，也非常複雜，下面作一個簡單的介紹。蔡文姬的第一任丈夫是河東人衛仲道，這個衛仲道於史無名，蔡文姬嫁給他後不久，衛仲道就去世了，沒有留下孩子。

喪夫的蔡文姬暫時還沒有找到感情的歸宿，後來天下大亂，蔡文姬生活的地點非常靠近匈奴，在興平年間（一九四－一九五），蔡文姬被匈奴人俘獲，被強行帶回匈奴。

史書上沒有記載蔡文姬的容貌如何，但以蔡文姬的絕世文才，長相應該是非常美麗的。蔡文姬被南匈奴的左賢王看上了，強行霸佔了蔡文姬，孤苦伶仃的蔡文姬無路可逃，只好違心地留在了匈奴，這一留，就是十二年。

這個南匈奴左賢王，從歷史記載來看，很有可能是劉豹。說到劉豹，在歷史上沒什麼名氣，但他有個大名鼎鼎的兒子——開創五胡時代的前趙（漢）光文皇帝劉淵。

劉豹在晉武帝司馬炎滅吳前一年（二七九）去世，距離他納蔡文姬那年已經過了八十五年！如果劉豹納蔡文姬屬實的話，那劉豹非常地高壽。男生一般來說在十三四歲就有了性能力，而這一年的蔡文姬，為十八九歲。

蔡文姬和劉豹的夫妻感情一直若有若無，至少蔡文姬在匈奴過得並不快樂，但在匈奴的十二年裏，蔡文姬卻給劉豹生了兩個兒子。說到蔡文姬，很自然想到在歷史上另外一個和蔡文姬人生軌跡極為相似的女人——宋高宗趙構的生母韋賢妃。

西元一一二七年，女真鐵騎踏破東京汴梁城，將包括韋氏在內的宋朝后妃掠到北方。韋氏被金國皇族完顏宗賢（即蓋天大王）看上，上演了龍鳳配好戲，生了兩個可愛的大胖兒子。後來宋金議和，孝順的趙構想方設法把母親從女真人手上贖了回來，尊為皇太后，安然度過了後半生。

如果說趙構是韋氏人生中的「貴人」的話，那蔡文姬的生命中同樣有一個「貴人」，就是大名鼎鼎的曹操。曹操和蔡文姬的父親蔡邕私交很好，從年齡上看，蔡邕比曹操大二十三歲，應該不是朋友輩的交情，可能是曹操和蔡邕有過師生之誼。

曹操重金贖回蔡文姬的時間，應該在建安十年（二〇五）或建安十一年（二〇六）。尤其是西元二〇六年，曹操消滅了河北袁氏軍事集團，曹操的勢力達到了極盛。

曹操和劉豹做的這筆交易，肯定會讓劉豹心裏非常不爽。只是曹操的實力非常的強大，小胳膊擰不過粗大腿，劉豹只好不情不願地放蔡文姬南下，但蔡文姬在匈奴生的兩個兒子必須留下來。

蔡文姬是個至情至性的奇女子，雖然曹操重金贖她，讓蔡文姬感動得淚流滿面，畢竟她可以回到魂牽夢繞的中原故土。但那兩個帶有匈奴血統的兒子卻是她的親生骨肉，無論她委身於劉豹是否情願，畢竟女人的心都是肉長的，骨肉分離時刻，讓蔡文姬痛斷肝腸。在回到中原後，蔡文姬滿懷悲情地寫下了中國文學史上的絕世之作——《胡笳十八拍》。

《胡笳十八拍》在漢樂府詩中的地位，就相當於《念奴嬌．赤壁懷古》在宋詞中的地位、《三國演義》在小說中的地位，影響非常巨大，地位極為崇高。這首詩之所以稱為《十八拍》，是因為分成了十八個小段，每一段為一拍，故名。

《胡笳十八拍》是一首蔡文姬的人生自敘詩，蔡文姬用文學的手法，戚戚哀哀地講述了自己是如何在漢地被擄到匈奴，在匈奴如何生活，最後又如何回到中原的故事。

這首充滿血淚和悲傷的千古絕唱，最感人之處就是蔡文姬用的是寫實手法，雖有一定的藝術誇張，但事件本身是真實的。真實的藝術，是最容易感動人的。宋人嚴羽在《滄浪詩話》中評點王安石版的《胡笳十八拍》就說「渾然天成，絕無痕跡。如蔡文姬肝膈間流出」。

最能反映蔡文姬與兩個兒子生死訣別時的痛苦心態的是第十三拍：「不謂殘生兮卻得旋歸，撫抱胡兒兮泣下沾衣。漢使迎我兮四牡，胡兒號兮誰得知？與我生死兮逢此時，愁為子兮日無光輝，焉得羽翼兮將汝歸。一步一遠兮足難移，魂消影絕兮恩愛遺。十有三拍兮弦急調悲，肝腸攪刺兮人莫我知。」

蔡文姬絲毫不留戀匈奴的異域生活，但她無論如何也捨不下兩個親生骨肉，這種徹入骨髓的痛，外人很難體會。也因為如此，蔡文姬回到中原後，異常珍惜這來之不易的自由，從新開始一段感情，最痛苦的是往事並不如煙，在夢裏依稀出現，欲說還休，奈何？

蔡文姬回到中原後，曹操做了一回撮合山，將蔡文姬介紹給了她的同鄉董祀。曹丞相介紹來的一位絕代才女，單身的董祀豈能拂了曹丞相的美意，曹操滿面春風地做了一回蔡文姬的娘家大哥，「重嫁於祀」。

曹操和蔡文姬這段超然男女情愛之外的感情，實在讓人羨煞。論年齡，蔡文姬比曹操小二十多歲，當是晚輩，但他們卻形同兄妹。換句肉麻的說法，蔡文姬應該是曹操的紅顏知己，也許是曹操一生中唯一的紅顏知己。

曹操與蔡文姬之間，有段文學佳話，就是曹操懇請蔡文姬將已經散佚的蔡邕的四千多篇文章靠記憶整理出來。因為連年戰亂，文壇宗師蔡邕的文章多所亡佚，是蔡文姬靠著自己強大的記憶力，勉強抄下了四百多篇。雖然數量只是總量的十分之一，但這已經是蔡文姬對後世文壇作出的巨大貢獻了，也足以告慰亡父蔡邕的在天之靈了。

略帶誇張地講，蔡文姬是東漢末年（三國時期）的第一號才女，她在文學上的成就，罕有其匹。在才女緊缺的三國時代，能擁有蔡文姬，從這個角度來講，是三國的幸運。

講完了蔡文姬，接下來我們講一講三國時代的另外兩位知名大美女，一個是孫策的老婆，一個是周瑜的老婆，就是我們熟知的大喬和小喬。大小喬在《三國志》裏難覓芳蹤，卻在《三國演義．赤壁之戰》裏大出鋒頭。

在《諸葛亮智激周瑜》那一章裏，諸葛亮為了說服周瑜起兵抗曹，背誦了一段曹操次子曹植寫的《銅雀台賦》，其中有兩句：「攬二喬於東南兮，樂朝兮之與共！」

諸葛亮明知道大小喬是孫策和周瑜的老婆，有意刺激周瑜，結果把周瑜惹毛了，紅頭漲臉地要和曹操玩命，男人誰願意被人扣上一頂綠帽子。其實羅貫中在篡改曹植的名句，曹植的原文是「連二橋於東西兮，若長空之蝃蝀」。羅貫中為了醜化曹操，簡直是無所不用其極了。

曹操傾其精銳之兵討伐孫權是因為曹操想得到大小喬，這個觀點實際上並不是羅貫中提出來的，至少在唐朝就有了類似觀點。晚唐風流才子杜牧寫過一首名詩《赤壁》：「折戟沉沙鐵未銷，自將磨洗認前朝。東風不與周郎便，銅雀春深鎖二喬。」就把周瑜抗曹的原因歸納成了要保護老婆和大姨子。

把大小喬說成赤壁之戰的主因非常可笑，但大小喬卻是當時公認的天下絕色，極品女人。其實大小喬並不姓喬，而是姓橋，《三國志．周瑜傳》記載了孫策和周瑜娶大小喬的過程：「（瑜）從攻皖，拔之。時得橋公兩女，皆國色也。策自納大橋，瑜納小橋。」當然還有種觀點認為，喬姓與橋姓在漢朝的時候其實是一個姓氏，「喬」字與「橋」字是同字異寫，這也有可能。

不過心高氣傲的孫策似乎有些小瞧自己的岳父「橋公」，在《三國志》周瑜本傳的後面，裴松之還附錄了《江表傳》的一句史料：（孫）策從容戲瑜曰：「橋公二女雖流離，得吾二人為作婿，亦足為歡。」

羅貫中在寫劉備去東吳相親時，大小喬的父親喬國老為劉備娶得美人歸（即孫尚香，後面談到）起到了非常大的作用。這個喬國老，於史無徵，如果以橋姓論，東漢末年最有名的橋姓人物是大名士、太尉橋玄。

橋玄是二橋生父的可能性極小，橋玄死於光和七年（一八三），壽七十一歲。孫策、周瑜娶大小喬的時間應該在建安四年（一九九）滅張勳之後，這時的大小喬年齡上限當在二十歲左右，也就是說橋玄當在六十餘歲生下大小喬。

六十多歲生子並不稀罕，劉徹六十四歲生下劉弗陵，孫權六十二歲生下孫亮。不過如果大小喬真是橋玄的女兒，史書不會不留下記載。橋玄在東漢末年士林中的地位非常崇高，孫策和周瑜如果真是橋玄的女婿，那臉上可不是一般的光彩。

《三國志》只是提到了大小喬是「喬公」之女，「公」在當時是尊稱，沒有一定的社會地位，是不會被受如此尊敬的。也許這個「喬公」是喬玄的什麼親戚，或者是當地有頭有臉的名士，這也不一定。

這位橋公也許並不知道自己的兩個絕色女兒的人生路是如何走過來的，但大小喬能嫁給當時江東的兩大美男軍帥孫策和周瑜，絕沒辱沒她們的家世。所謂美人配英雄，孫策、周瑜與大小喬的結合，可以說是絕配。

他們四個人中，任何一個人換了配偶，都會讓人感覺不舒服，也許這就是前生注定的緣分。緣分看不見摸不著，但又確實存在。民國絕世才子徐志摩在《致梁啟超》文中寫得好：「我將於茫茫人海之中，訪我惟一靈魂伴侶，得之我幸，失之我命，如是而已。」

在三國各類名女中，大小喬的知名度是極響亮的，特別是小喬，比三國許多二線人物的名氣都大。其實這類現象並不少見，最典型的就是《水滸傳》，梁山上的那幫好漢，除了少數一線人物外，大多數都是跑龍套的，這些人的名氣遠不如武松的風流嫂子，甚至是他嫂子的姘頭。

可惜的是，在權威史料上極難尋覓到大小喬的芳蹤，她們的人生是怎麼度過的，有哪些快樂與憂傷，後人全無從知曉。甚至連孫策和周瑜的兒女們是不是大小喬生的，都不清不楚，不得不說是個遺憾。

相比大小喬，東吳另外一位名女相對就比較幸運了，在歷史上多露了幾把美麗的小臉。這個女人論知名度絕不在小喬之下，而且她還是大喬的小姑子，她就是三國頭號刁蠻公主——孫尚香。孫尚香這個名字實際上也是後人附會出來的，這位刁蠻公主的芳名是什麼，今已無考。

與大小喬一樣，孫尚香的名氣同樣是被羅貫中給捧出來的，在《三國演義》那華麗的名段《甘露寺》中，孫尚香出盡了鋒頭。不過客觀來說，羅貫中對孫尚香的描寫，基本上是按照史料來寫的，沒有太大的發揮，但這樣的孫尚香已經足夠驚豔了。

如果說蔡文姬是（東漢末年）三國的頭號才女，那孫尚香就是（東漢末年）三國的頭號打女，標準的巾幗不讓鬚眉的形象。說來好笑的是，有關孫尚香的權威史料，不是出自《三國志．吳書》，而是意外的出現了《三國志．蜀書．法正傳》裏，還有一部分散落在《蜀書．趙雲傳》中。

孫尚香是孫權同父異母的妹妹，在東吳政權實際上處在半獨立的情況下來看，孫尚香是有實無名的東吳公主，地位非常尊貴。孫尚香與一般的貴族女子溫婉內秀不同，她更像是一個假小子，為人行事有男人之風。

史稱孫尚香「才捷剛猛」，一個女孩子的氣質被稱為「剛猛」，可以想見孫尚香的勇悍。所謂東吳兒女多奇志，不愛紅裝愛武裝，孫尚香這名太溫婉，不符合她的剛猛氣質，不如改名孫尚武得了，呵呵。

不過孫尚香畢竟是個女孩子，在一般情況下，女孩子長大了，都是要嫁人的。孫尚香的地位決定了她的婚姻必然是帶有某種政治性的，這是古代貴族女子難以抗拒的命運安排，為了家族的最高利益，她們往往都要犧牲個人的幸福。

孫權一直是把妹妹當成自己的政治籌碼來看的，他要在合適的時機，選擇合適的買家，將妹妹賣個好價錢。在西元二〇九年，孫權為了拉攏實力日益見強的劉備，決定利用妹妹做誘餌，固定和劉備的戰略同盟關係，將孫尚香嫁給了劉備。

雖然不知道孫尚香的具體出生年份，但劉備至少比孫尚香大二十二歲（劉備生於西元一六一年，孫權生於西元一八二年），從劉備的角度來說，這是老牛吃嫩草。如果從孫尚香的角度看，她嫁給劉備也沒有辱沒自己，劉備可是當時響噹噹的天下梟雄，總比嫁給士燮更有面子吧。

在這場政治婚姻中，劉備是徹底的輸家，孫權才是贏家。孫尚香平時喜歡習武，身邊養著一支百餘人編制的娘子軍，孫尚香和劉備纏綿的時候，這些娘子軍都要仗劍侍立兩旁，劉備每次都要提心吊膽，生怕孫尚香一時犯混，割了自己的腦袋。

政治婚姻有一個天然的缺陷，就是家族利益高於夫妻感情。孫尚香即使和劉備的夫妻感情培養出來了，畢竟還是孫權的妹妹，她在劉備身邊，更多的是代表東吳集團的利益。孫權把妹妹安插在劉備身邊，就像是一顆定時炸彈，不知道什麼時候就炸了，到時粉身碎骨的只能是劉備。

孫尚香刁蠻公主的脾氣，並沒有因為嫁給劉備這個老滑頭而有所改變，孫尚香來到荊州後，依然是驕橫跋扈，不可一世。作為孫尚香的陪嫁，孫權調撥過來護衛孫尚香的江東兵，「縱橫不法」，搞得荊州雞飛狗跳，一地雞毛。

劉備和孫尚香表面上是夫妻，同床共寢，但心裏根本信不過孫權的妹妹，「（劉備）內慮孫夫人與變於肘腋之下」。為了防止孫尚香對自己下黑手，劉備特定選派趙雲做自己的貼身保鏢。這種把對方當賊一樣防著的婚姻，對劉備和孫尚香來說，都是一種感情折磨。

對於孫尚香婚姻的不幸福，孫權已經感覺出來了。當然以孫權刻薄的為人，他估計不會憐惜妹妹的不幸，而只是嘆惜自己並沒有利用妹妹在劉備那裏得到好處。既然妹妹這張政治牌打不下去了，那再讓妹妹留在荊州就沒什麼意義了，不如把妹妹接回來，另尋買家。

孫權接孫尚香回吳的時間，是在建安十六年（二一一），這一年劉備發兵西上，去竊取劉璋控制下的益州。孫權覺得機會來了，就派心腹竄至荊州，悄悄地接回孫尚香，同時順走了劉備唯一的兒子阿斗。

決定帶阿斗回吳的孫尚香本人，可能是她和阿斗已經建立了深厚的感情，捨不得阿斗。但她卻沒有意識到帶走阿斗，對劉備來說意味著什麼！幸虧留守荊州的張飛和趙雲反應奇快，在長江中截住了孫尚香的船，強行奪下了阿斗。《三國演義》中那齣精彩的《截江奪斗》，並不是羅貫中的藝術虛構，而是實有其事。

不過在晉人常璩撰寫得《華陽國志》中，卻對孫尚香回吳給出了另外一種解釋。在這個版本中，孫尚香回吳並不是孫權的主意，而是因為孫尚香為人過於囂張跋扈，法正勸劉備將孫尚香給休了，趕回了東吳娘家，但《華陽國志》並沒有提孫尚香回吳是否帶著阿斗。

其實不管哪一種說法更接近歷史的真實，孫尚香和劉備的婚姻已經徹底破裂是不爭的事實。而二人的婚姻實際上只維持了兩年的時間，聚少離多，再加上孫權的因素。二人的關係與其說孫尚香是劉備的夫人，不如說孫尚香是孫權派到劉備身邊的臥底，感情破裂是遲早的事情。

由於史料不全，不知道孫尚香回到東吳後的人生軌跡是什麼樣的，是否再嫁？是否快樂？不過關於孫尚香的人生結局，倒有個非常著名的「投江殉夫說」。

說是西元二二二年，劉備伐吳，兵敗夷陵之後，江東有謠言稱劉備死於亂軍之中。獨居的孫尚香聽到噩耗後，素服來到江邊，面對夷陵的方向失聲痛哭，最後跳江自盡，到地下追尋丈夫去了。

這種說法不知從何而來，但如果孫尚香真的投江自盡，反而是一個最接近完美的結局。這樣最符合孫尚香平時剛烈的氣質，女人慷慨剛烈，那是非常震撼人心的。這種可能性到底有多大呢？只有天知道！

二五、三國后妃

這一篇可以算作上一篇的姊妹篇，就歷史影響來說，上一篇出場的那些女人在知名度上要遠遠大於本篇要講的這些女人。但就當時的社會地位來說，本篇要講的女人，都是人中龍鳳，非后即妃，都是女人世界的統治者。

無論是皇后（王后）還是皇妃（王妃），關於她們的身分，一言以蔽之，她們都是帝王的女人。不過皇后（以下包括王后）和皇妃（以下包括王妃）在社會等級上還是有差別的，皇后就是女人世界中的皇帝，而皇妃雖然是「一人之下，萬人之上」，畢竟上面還有人壓著她們。

皇后還有種稱謂，就是「海內小君」，母儀天下，身分極為尊貴，所謂「皇后之尊與帝齊體」。至於皇妃，說得難聽些，就是皇帝的小老婆，多一個不嫌多，少一個不嫌少。

從秦朝開始算起，除了極個別受制於河東獅的帝王，比如楊堅之於獨孤伽羅，明孝宗只愛張皇后等外，歷史上大多數帝王都有一個大老婆，幾十個甚至上百個、上千個小老婆。英明神威如漢武大帝者，後宮塞進了近兩萬名美婦人，供劉徹日夜淫樂。

具體說到三國，有可能是因為連年戰亂，人口驟減的原因，三國帝王的後宮人數並不算很多（不包括普通宮女）。當然，自古帝王的感情生活向來都是非常豐富的，誰的人生路上沒有幾段感情故事呢？

以三國三大領袖來講，在他們漫長的人生道路上，都發生過不只一段感情。曹操有過三任夫人，分別是丁夫人、劉夫人以及卞夫人。劉備有過糜夫人、甘夫人和吳后，孫權更多：謝夫人、徐夫人、步夫人、兩個王夫人，外加一個潘夫人。我們先來講一講曹魏宮廷的事情。

在曹操的三任夫人中，最為後人所熟悉的，是第三任卞夫人。不僅因為她是曹操的壓軸夫人，而是因為她生下了魏文帝曹丕和陳思王曹植這兩位三國史上重量級的名人，曹丕稱帝後，尊卞氏為皇太后，地位尊崇，想不出名都難。

卞夫人出身於倡家，也就是世代藝人家庭，與後世理解的那個「娼」字不是一個概念。但在門閥制度深入人心的東漢時代，倡家出身是非常卑微的，比東晉紡織婢出身的皇太后李陵容好不到哪去。

卞夫人嫁給曹操的時候是在西元一七九年，這一年曹操二十五歲，卞夫人二十歲。這時的曹操還只是個微末吏員，沒什麼江湖名望，他娶卞氏，從男人的角度來看，也不算辱沒了曹操的家世。

卞氏做了曹操的女人，但她的身分只是侍妾，而非正妻。當時曹操的正妻有兩個，一個是丁夫人，第二個劉夫人，但劉夫人早卒，留下了兒子曹昂，由丁夫人代為撫養。

卞氏本來沒有機會取代丁夫人的位置，她的上位，可以說完全是丁夫人自毀前程，這才給了卞夫人機會。雖然曹家長子曹昂不是丁夫人生的，但丁夫人極疼愛曹昂，視如己出。

建安二年（一九七）對曹操、丁夫人、卞氏以及卞氏所生的兒子曹丕的人生來說，都是一個顛覆性的年份。在這一年正月，曹操討伐南陽軍閥張繡失敗，隨軍出征的曹昂被張繡軍所殺，年歲不詳。

曹昂的死，對丁夫人造成了毀滅性的精神刺激，成天念叨是曹操殺死了曹昂，每天「哭泣無節」。丁夫人非常的有個性，她恨曹操，就一恨到底，甚至三次拒絕了曹操對她的善意討好。曹操連吃了三回閉門羹，心情悲涼的仰天長歎：「真訣矣！」

曹操徹底斷絕了對丁夫人的念頭，也正式結束了和丁夫人之間的婚姻關係，兩人形同陌路。但像曹操這等身分的人物，身邊不能沒個大太太鎮場子，這才扶正了卞氏。

其實當時曹操並不是只有卞氏這一個選擇，他身邊還有其他侍妾，比如曹沖的生母環夫人等人。但曹操之所以堅定地選擇卞夫人繼任正室，還有一個原因，就是卞氏當年在曹操最落魄的時候，沒有背叛曹操。曹操為了獎賞卞夫人的忠誠，正室之位非卞夫人所屬。

那件事發生在中平六年（一八九）的冬天，董卓在洛陽專權跋扈，作惡多端。董卓看中了曹操的才幹，想重用曹操，但曹操覺得董卓志大才疏，久後必敗，所以微服東逃回鄉。

古代交通和通信都不太方便，曹操東逃之後，留在洛陽的卞氏和曹操失去了聯絡。袁術不知道從哪弄來的消息，說曹操已經在路上掛了，告訴了卞夫人。

曹操原來的那幫親信一聽曹操死了，那還留在洛陽做什麼，都想捲舖蓋另尋財路。卞夫人不太相信袁術說的話，告訴弟兄們：「曹君現在生不見人，死不見屍，萬一沒死，日後相見，臉面往哪擱？再者，我們都是曹公的人，理當同甘苦，共患難，背主而逃是很可恥的。」

就因為卞氏說的這些非常感人的話，讓曹操聽到了，曹操感動得不得了，卞氏在他心中的好感呈N倍增加。所以曹操在選擇正室的時候，絲毫沒有考慮，直接扶正了卞氏。

卞氏走對了她人生路上最重要的一步棋，如果她背叛了曹操，以曹操的剛戾性格，卞氏肯定沒好果子吃。人生就是這樣，在最關鍵的時候賭贏了牌面，所得的紅利足夠贏家吃一輩子的。還是那句老話：可以罵錯人，但千萬別站錯隊，否則一切歸零。

卞氏把自己所有的賭注都押在了曹操身上，結果賺了個盆滿缽溢，贏得了下半輩子的榮華富貴。隨著曹操的政治地位不斷高升，卞氏也跟著丈夫風光無限，所有人都在羡慕這個女人。

但在家天下時代，在官場混的女人，如果要確保下半輩子的幸福，不僅要在丈夫心裏有地位，更重要的是要生出家族事業的繼承人。如果做不到這一點，很可能就會被其他生了繼承人的女人幹掉，歷史上這樣的例子非常多，就不詳舉了。

卞氏非常地幸運，她嫁給曹操後，接連給曹操生下了四個兒子：曹丕、曹植、曹彰、曹熊。更重要的是，曹丕在諸兄弟中行二，僅次於早死的長子曹昂，是實際上的嫡長子，曹植也很得曹操的寵愛。

此外還有重要的一點，就是曹操極喜歡的小兒子曹沖早逝，讓曹丕、曹植自動少了一個強勁的政治對手。雖然後來曹丕和曹植為了奪儲打得頭破血流，但無論誰最後勝出，卞氏都是名正言順的皇太后，旱澇保收，穩賺不賠。

當然，卞夫人畢竟是個做母親的，看到兩個兒子烏眼雞似的死掐，她心裏也不好受，但又不能插手。後來曹丕戰勝了曹植，準備對曹植進行政治清算，是卞太后心疼曹植，拼盡全力，說服了曹丕給弟弟一次重新做人的機會。曹丕看在老娘的面子上，沒有殺曹植，不然曹植早完了。

對卞太后來說，兩個兒子，手心手背都是肉，傷了哪一個，當娘的心裏不疼？換成曹植勝利後報復曹丕，卞太后一樣會出面說情的。卞太后性格溫婉，意志堅強，她和曹操的脾氣性格正好互補，她和曹操的結合，是一場雙贏的感情故事。

在曹操死後，卞太后實際上就自動填補了曹魏統治集團內部的威望缺失，在一定程度上繼續發揮著曹操式的作用。從卞太后本人的綜合素質來看，她也有能力擔當丈夫生前的角色。

客觀來說，卞太后不是一個貪圖物質享受的女人，雖然她有資格享受這一切。當時天下連年戰亂，經濟低迷，為了減少對國家造成的經濟負擔，卞太后下令不允許身邊出現金銀器物，讓這些值錢的物件在合適的地點，發揮出它們合適的價值。

能做到這一點非常重要，卞太后所處的政治地位，決定了她將成為官場道德品德的風向標。如果她帶頭享受，下面人就會跟風。孔子有句名言：「己身正，不令則從；己身不正，雖令不從。」最好的命令是以身作則，這比每天發出一千道強硬的命令都更能服眾。

卞太后還有一點做得非常好，就是特別的重親情，這給冰冷殘酷的魏國官場吹進了一絲暖風。有一次卞夫人隨曹操出征，在路上遇到了幾位白髮老人，卞夫人都會下車和他們交談，送給他們禮物，並淚流滿面的告訴他們：「看到你們，我就想到了我早逝的父母……」

這並不是卞夫人在演戲，而是她的真情流露，人都是有感情的。即使一個人再殘暴，在他心中都會有一絲溫馨的空間，沒有誰可以例外。從早期丁夫人的為人行事風格來看，她不如卞夫人更適合擔當這樣的道德權威角色。

丁夫人脾氣剛烈，而卞夫人則溫和圓潤，在平衡大家族的各方利益上，更需要的是卞夫人這樣的人物。老子說「過剛易折」，是有大道理的。

打個比方，丁夫人就像是女人世界中的項羽，而卞夫人就像是劉邦。像雞蛋一般光滑的劉邦最終戰勝了有稜有角的項羽，不是歷史的誤會，而是歷史的必然。

卞太后很高壽，在魏太和四年（二三〇）五月去世，時年七十一歲。

從某種角度上來講，卞太后是曹魏帝國中最受尊敬的女人，但她並不是曹魏最知名的女人。三國幾個最知名的女人，蔡文姬更準確的身分是東漢才女，很難把蔡文姬算成魏人。其他的，比如大喬、小喬，外加一個孫尚香，都是東吳人。

要說曹魏最知名的女人，除了魏文帝曹丕的前妻、陳思王曹植的夢中情人、魏明帝曹叡的生母甄氏，恐怕找不出第二個，下面就講一講甄氏。甄氏的出名，很大程度是因為那場著名的愛情戰爭，至於她的社會地位，倒不是她出名的主要原因。

甄氏和她的第二任婆婆卞夫人出身寒微不同，甄氏出身豪門，她是新莽王朝的太保甄邯的後人，自甄邯之後，甄家世代為中層官僚。關於甄氏的名字，歷來有很多種說法，比如：甄宓、甄洛。這兩個名字均出自曹植那篇千古名賦《洛神賦》，為統一名稱，以下皆稱甄宓。

甄宓生於漢靈帝光和五年（一八二）十二月，與孫權同年出生，比曹丕大五歲，比曹植大十歲。中國史家有個傳統，凡是貴人出生，都會天花亂墜地胡吹一通，說什麼黃龍出、甘露降、產房起火、烏龜爬、兔子蹦蹦，亂七八糟的什麼版本都有。

甄宓的出生也被一些無聊文人加上了一層虛幻的光環，說甄宓生下來後，家人經常看到有神人拿著一件玉衣蓋在她的身上。這等笑談不值一提，但甄宓確實有些與眾不同，不是因為所謂的神人披衣，而是甄宓在文學上的才華。因為家教的原因，再加上甄宓的天資聰穎，她從九歲開始，有系統地學習文化，喝了一肚子的墨水，被家人親切地稱為「女博士」。

古代有句老話，「女子無才便是德」，這是天大的謬論，女人為什麼不可以讀書？女人讀了書，照樣能成為一代文學大家，不信請看班昭、蔡文姬、謝道韞、李清照、管道昇。她們隨便哪一個放在當時的文化圈，都是頂級名士。

甄宓不僅學問好，最重要的是人品也非常好，用現在的行話講，是德藝雙馨。東漢末年軍閥連年混亂，百姓餓不飽食，為了活命，百姓們準備賣掉家裏值錢的珠寶換糧食。正好甄家有餘糧，甄老夫人準備吃進這些珠寶。

當時只有十幾歲的甄宓說了一通很感人的話：「現在鄰里都沒有飯吃，我們與其和他們交換錢糧，不如把這些糧食捐給他們，讓他們留下珠寶，日後需要時還能用得上。」甄宓的話感動了母親，決定照甄宓的話去做。甄宓得到的，肯定是無數感激涕零的淚眼和感慨……

像甄宓這樣長得漂亮、有學問、人品好的女孩，到了談婚論嫁的時候，肯定是異常搶手的。不過甄家的社會地位很高，等閒的人家是娶不到甄宓這等極品美女的。

古代「門當戶對」的思想是非常嚴重的，在當時能有資格娶甄宓的，也就是東漢末年那幾大高等名門，比如汝南袁氏、潁川荀氏、弘農楊氏、太原王氏這幾家。甄宓不出意外地嫁給了當時天下第一豪門汝南袁氏的代表——河北王袁紹的二兒子袁熙，這是袁紹的決定。

限於史料的稀缺，我們不知道甄宓嫁給袁二公子後，他們之間的感情如何。只是知道後來袁熙被袁紹調往幽州做刺史，甄宓留在鄴郡婆家，沒有跟著袁熙上任。

甄宓也知道他的公公袁紹現在正緊張地和南邊的曹操周旋，雙方將爭奪一個活下來的名額。也許甄宓不知道，曹操以及曹氏家族，對自己來說將意味著什麼……

從袁紹和曹操的綜合實力來看，袁紹笑到最後的可能性最大，這一點甚至連曹操都沒有懷疑。但讓所有人意外的是，最終拿走所有蛋糕的，卻是相對弱勢的曹操。這一年是西元二〇〇年，著名的官渡之戰後，袁紹輸掉了自己的未來，兩年後袁紹病死。

袁紹的死，是曾經威赫一時的袁氏軍事集團覆滅的重要象徵事件，曹操吃掉河北四州，已經不可避免。西元二〇四年，曹操攻下河北的政治軍事中心鄴都，以一個勝利者的身分來到這個陌生的城市。曹操的二兒子，時任五官中郎將的曹丕也隨軍來到鄴都。

曹丕進城後，第一件事就是直奔袁府，可能曹丕並不知道甄宓的存在，但他相信袁府裏一定有價值連城的寶貝。果然，在破亂不堪的袁府裏，曹丕發現了正跪在袁紹夫人劉氏膝下戰慄的甄宓，曹丕眼都綠了。

劉氏是個順杆爬的女人，袁家破敗後，她的命運也在風雨飄搖之中，天知道她的未來在哪裏。現在曹丕的突然闖入，讓劉氏敏銳地發現了博取榮華富貴的機會，絕對不能錯過。劉氏修練得都快成精了，她一眼就看出曹丕的心思。

劉氏強行抬起甄宓的下頷，請曹公子慢慢欣賞這朵美麗的鮮花，說得刻薄些，就是請曹公子驗貨。當曹丕「驗完貨」後，立刻傻掉了，口水都流出來了。十八歲的曹丕正當情竇初開，哪架得起劉氏這般撩撥，饞得抓耳撓腮。

講到這，順便插一個八卦小道消息，和曹操有關。據《世說新語》記載，曹操早在破鄴城之前，就已經知道袁熙的媳婦是個超級美女，曹操是個色中餓鬼，哪有見色不起意的道理？曹操剛破鄴城，就下令火速將甄宓接過來，自己要給袁熙戴一頂大號的綠帽子。

結果還沒等曹操做完和甄宓紅帳銷魂的春秋大夢，身邊人就當頭給了曹操一棒：「五官中郎將（曹丕）已經搶先下了手，您老還是歇著吧。」曹操聽說兒子居然敢搶老爹的盤中餐，氣得大罵曹丕是個白眼狼，老子辛辛苦苦種樹，你倒伸手把果子摘了去。曹丕已經把生米煮成熟飯，曹操沒有辦法，只好不尷不尬地做了甄宓的公公，打消了調戲甄宓的念頭。

二十三歲的甄宓作為戰利品，被十八歲的曹丕笑納了，這是亂世中美麗女人不可避免的悲劇。有一個很典型的例子，宋太祖趙匡胤滅後蜀之後，只用了七天，就送蜀後主孟昶上了西天，然後霸佔了孟昶的女人花蕊夫人……

曹丕雖然年紀小，卻是一個花心大蘿蔔。他娶甄宓，一方面是為了享受生理上的快感，一方面也為了傳宗接代，至於感情，恐怕沒有多少。

甄宓委身曹丕不久，就生下了曹魏帝國的第三代繼承人曹叡，也就是後來的魏明帝。

曹叡是曹操的長孫，極受祖父的喜愛，但甄宓卻沒有因為生下了曹家的長孫，而贏得丈夫曹丕的寵愛，對甄宓依然是不冷不熱。曹丕這時已經有了新寵，就是小甄宓七歲的美女郭女王，曹丕是個薄情寡義的男人，也許他從來就沒有愛過甄宓。

甄宓是一個正當年的女人，有著正常的生理需求和心理需求，在曹丕不能滿足她的時候，寂寞的甄宓很自然的就和她的小叔子曹植走得很近。曹植是個感情外露的才子，看到曹丕對甄宓冷鼻子冷臉，曹植非常同情嫂子。時間一長，這種同情就會演化成愛情，當然由於她特殊的身分，她不可能和曹植發生最直接的身體接觸，但「柏拉圖」式的精神戀愛是少不了的。

精神戀愛很偉大，但同樣很痛苦，這是一種交錯在時空中的靈魂碰撞，雖然沒有迸出激情的火花，但這份愛卻深深地刻在靈魂的深處，這是一種巨大的折磨，同時，也是一種巨大的享受。

自從被曹丕實際上拋棄之後，甄宓對榮華富貴已經看得非常淡了，人生一世，草木一秋，何必戀棧如此！郭女王贏得了一切，那就讓她這個勝利者去享受她的戰爭紅利吧。甄宓未必會對曹丕的冷落而傷心，也許真正讓她傷心的是：與曹植近在咫尺，卻遠隔天涯！

甄宓是個感情豐富的女人，郭女王是個純物質的女人，而曹丕雖然是文學家，但他更像是一個冰冷油滑的政客，這一點就決定了甄宓和曹丕的所謂愛情是一場悲劇。刻薄一些講，甄宓富有感情的生命，早在曹軍破鄴城，前婆婆劉氏捧起她的臉給曹丕看的時候，就已經結束了。

甄宓的死因很簡單：因為她對曹丕拋棄她非常的怨恨，「有怨言」，曹丕正愁找不到除掉甄宓的藉口。既然甄宓自己送上門了，那曹丕就沒理由客氣了，於魏黃初二年（二二一）六月，「遣使賜（甄宓）死」，時年四十歲。

甄宓的死，對兩個男人的打擊最為沉重，一個是她的兒子曹叡，一個是經常在她夢中縈繞徘徊不去的曹植。對於當時十八歲的曹叡來說，母親被父親無情賜死，是他從懵懂走向成熟的一個重要標誌。

曹丕雖然嫌棄甄宓，卻沒有嫌棄長子曹叡，依然疼愛這個兒子。有一次曹丕帶著曹叡去郊外打獵，曹丕先射殺了一頭母鹿，然後讓曹叡射殺母鹿旁邊的小鹿。曹叡不肯，流著淚說了句讓人辛酸不已的話：

「陛下已殺其母，臣不忍復殺其子。」

曹叡的話外之音，曹丕當然能聽得出來，兒子這是藉殺鹿之事譴責自己對甄宓的薄情。對於甄宓的問題上，曹丕確實有負於前妻，還算曹丕有點人情味，因為曹叡這句話，堅定了曹丕立曹叡為皇太子的決心，算是給前妻最後一次補償吧。

關於曹植那篇千古名作《洛神賦》，以後會在《三國文學篇》中具體講到。

講完了曹魏的后妃，接下來要講的是蜀漢宮廷和東吳宮廷。

作為一個小國，而且沒有著名的花邊八卦，蜀漢的宮廷相對曹魏宮廷來說比較乏味，誰喜歡看沒有市場賣點的新聞？劉備的個人生活沒有曹操那樣豐富，曹操僅正史明載的大小老婆就有十四個，還不包括和曹操一夜風流的張繡叔母鄒氏……

劉備在早期雖然比較落魄，但也畢竟是一方諸侯，身邊也有不少女人。早在劉備納甘夫人之前，就已經「數喪嫡室」，天知道有幾個老婆，是典型的剋妻命。說得刻薄些，嫁給劉備的女人，多半沒有好下場，不是早死，就是被「退貨」，比如孫尚香。

不過劉備「剋妻命」最終還是被一個女人給打破了，她嫁給劉備後，終於不負眾望地剋死了劉備，而且還多活了二十三年，可喜可賀。這個了不起的女人就是劉備最後一任正妻——穆皇后吳氏。

吳氏在歷史上沒有留下芳名，生於哪一年也不清楚，只知道她是陳留人（今河南開封周邊地區），她的哥哥叫吳懿，弟弟叫吳班。吳氏的父親很早就去世了，但吳太公和當時權傾一方的益州牧劉焉是多年舊交，吳懿為了討生活，就帶著妹妹和弟弟舉家入蜀，跟著劉焉混飯吃。

當時的吳懿剛剛進入益州官場，名望甚低，但吳氏的名聲遠遠在哥哥之上。原因很簡單，因為有個算卦的先生曾經給吳氏八了一卦，說吳氏面相大貴，前程不可限量。在古代的政治隱語中，「大貴」實際上就是指當帝王，當然吳氏是女人，自然就是當皇后的命了。

劉焉野心很大，一直就不太老實，聽說吳氏以後貴不可言，口水立刻就流下來了。有種說法，說劉焉想娶有「旺夫命」的吳氏，因為劉焉想當皇帝。但因為吳氏是自己的世交晚輩，沒好意思霸佔吳氏，就把吳氏嫁給了自己的兒子劉瑁。

劉焉的盤算打得很精明，劉瑁娶了吳氏，以後自然就能當上皇帝。劉瑁的帝位是自己傳的，說來說去，劉焉自己就應了天命，這買賣划算。讓劉焉沒有想到的是，他猜中了開頭，卻沒有猜中結尾。劉瑁很早就死了，吳氏悽楚地當起了寡婦，守盼著一個虛幻縹渺的未來……

類似劉焉這樣想的，歷史上還有另外一例，就是後周的宣懿皇后符氏，幾乎和吳氏的軌跡一模一樣。符氏早年也被相士歎為大貴不可言，被有野心的後漢河中節度使李守貞娶為兒媳，結果李守貞後來造反被殺，而符氏卻改嫁給一代聖主周世宗柴榮……

命運就是這樣喜歡捉弄人，劉焉想當皇帝他爸的美夢破滅了，但吳氏的美夢卻依然甘甜如飴。建安十九年（二一四），荊州牧劉備消滅了益州牧劉璋，也就是吳氏的前小叔子，成為新任蜀王。劉備進川時的身分，除了荊州牧的頭銜外，還有另外一個身分，就是黃金老光棍。

劉備的新任押寨夫人孫尚香在他入川時就被孫權給接回去了，劉備空手白條地來到了天府之國。劉備作為天下三大軍閥之一，身邊沒有押寨夫人，傳出去實在不雅，劉備的弟兄們開始張羅，給老大尋一個能過日子的女人。

論身分，吳氏是前益州牧劉焉的兒媳婦，以劉備草根出身，如果將吳氏許配給劉備，並沒有辱沒他。劉備應該是見過吳氏的，雖然不知道吳氏容貌如何，但想必不會太差，對吳氏應該是滿意的。

不過因為劉備和吳氏的前夫劉瑁同族，劉備有些猶豫，此公向來是注意自己名聲的。好在他的帳下頭號紅人法正舉了晉文公姬重耳娶侄子晉懷公的夫人懷嬴為例，說老大你和劉瑁再親，有文公和懷公的血緣關係近嗎？何況老大你什麼時候見過劉瑁？劉備被法正說服了，最終還是娶了吳氏為夫人，至於回娘家的孫尚香，劉備早就拋到九霄雲外了。

劉備娶吳氏，當然一方面是因為吳氏是中年熟女，風韻猶存；另一方面，吳氏背後站著原劉璋手下的益州系人馬。這些人強烈要求劉備娶吳氏為夫人，其實就是變相要求劉備給益州系寫保證書，保證維護益州系的政治、經濟利益。對於這一點，劉備和法正心裏都門清。

劉備和吳氏的結合，依然沒有擺脫上一場與孫尚香政治婚姻的影子。不過孫尚香代表的是與劉備對立的江東集團，而吳氏代表的卻是隸屬於劉備軍政系統的益州系人馬，這一點保證了吳氏不會被劉備猜忌。同床異夢的婚姻，是非常痛苦的。

吳氏嫁給劉備之後，正式身分是劉備的嫡妻，但吳氏卻沒有生育，劉備的三個兒子劉禪、劉永、劉理都不是吳氏生的。不過吳氏在蜀漢官場上的政治地位卻沒有受到任何動搖，不說別的，吳氏的哥哥、弟弟吳懿和吳班可都不是吃閒飯的。

吳懿和吳班都是蜀漢軍界的一線人物，他們在蜀漢軍界的深厚人脈，是吳氏屹立蜀漢官場三十年而不倒的重要原因。人都是勢利的，如果不是吳氏娘家的背景深厚，誰能瞧得上她？皇太后又如何？漢靈帝的母親董太后是怎麼死的？

在天崩地裂的大亂世中，被命運拋棄的，不僅有男人，而且還有女人。女人是弱者，在男權時代是沒有疑義的，但這是非常不公平的。吳氏運氣不錯，她的家世好、丈夫好、兒子好，甚至丞相也好，身邊幾乎都是好人，吳氏的下半輩子就這麼平平淡淡地過來了，這是一種幸福。

如果按歷史的知名度來講，曹魏後宮的曝光率最高，卞氏、甄宓、郭女王鼎鼎大名，蜀漢的吳后和大小張后次之。知名度最低的要屬孫權的幾個老婆，比如謝夫人、徐夫人、步夫人、兩個王夫人，倒是孫權晚年最寵愛的潘貴妃知名度稍高一些。

之所以東吳後宮走馬燈似的換人，根子就出在孫權的見異思遷上。此公就像是竄入玉米地的黑熊，不停地掰棒子，掰一個丟一個，結果混到最後，這頭可愛的熊手上永遠只有一根棒子。

孫權第一個夫人是謝氏，是奉母親吳太夫人之命明媒正娶的嫡妻，身分貴重。剛開始孫權還很喜歡謝氏，但沒過多久，孫權的魂都被新寵徐氏給勾走了。孫權想讓謝夫人下臺，把位置讓給徐氏，這等丟面子的事，謝氏當然不肯。結果孫權大怒，強行廢掉了謝夫人。

新上位的徐夫人從輩分上算，其實是孫權的表侄女，徐夫人的祖父徐真是孫權的姑父。孫權是個天不怕地不怕的主，他才不管什麼倫理道德，只要自己爽就行了。

最搞笑的是，孫權正式迎娶徐氏後，就讓徐氏以嫡母的身分撫養長子孫登。孫登是徐氏的表弟，卻要把表姐當母親一樣供著，真不知道孫登心裏是個什麼滋味。不過孫權和徐氏的血緣關係不算特別近，娶了也沒什麼，至少要比漢惠帝迎娶親外甥女張嫣更能說得通。

但徐夫人並不是孫權感情之路的終點站，後來孫權又掰了一個棒子，就是步夫人。按慣例，孫權把徐夫人給甩了，理由是徐夫人愛吃醋。其實不僅女人愛吃醋，男人同樣愛吃，誰家炒菜不放醋？

其實真正的醋罈子正是孫權，他身邊所有女人吃的酸醋，都是從孫權那裏舀來的。孫權又愛上了步夫人，一腳將徐夫人踢開，一切家庭內部矛盾的源頭都是孫權。

步夫人本來差一點成為孫權感情之路的終點站，在孫權稱吳王之後，以及後來當皇帝，步夫人都是當仁不讓的王后和皇后人選。但孫權可能是顧忌到步夫人的同族——丞相步騭的勢力，有意壓制外戚，不能讓步騭的勢力範圍過分擴張，這會危及到皇權的安全。

所以孫權雖然很寵愛步夫人，但就是不給步夫人正式的名分，步夫人這一等就是十幾年。可孫權是鐵了心要壓制步氏，直到步氏去世，也沒撈到皇后的名分。

步夫人的人品非常好，「性不妒忌」，屬於賢妻良母型的女人。步夫人這輩子是對得起孫權的，她給丈夫生下了兩個著名的女兒——全公主孫魯班、朱公主孫魯育。

三國的后妃相對於其他時代某些會折騰的后妃來說，還算是比較安分的，比如呂雉、賈南風、北魏文明馮后、宣武胡后、武則天、楊玉環、萬貞兒、慈禧等人。

從權力角度來說，三國的后妃沒有一個掌權的，但也許正是她們的幸運之處。三國的開國皇帝中，沒幾個是善茬，哪個不是在刀山火海中拎著腦袋拼殺出來的。如果三國的后妃夢想奪權主政，恐怕是沒有機會的，曹操、劉備、孫權是被女人玩弄於股掌之間的男人嗎？

她們生活得很平淡，甚至有些乏味，但人這輩子，何必一定要鬧得轟轟烈烈，平淡的生活其實最容易回歸人性的本真。

二六、蜀漢兩名相

說完了三國的女人，咱們接著聊三國的男人。

三國的男人，從政治職責來說，可以分為以下幾個類型：

一、帝王型，比如曹操、劉備、孫策、孫權、司馬師、司馬昭，也包括那些失敗的割據軍閥，如董卓、袁紹、劉表、劉璋等人。

二、相臣型，比如荀彧、荀攸、諸葛亮、蔣琬、費禕、張昭、顧雍等人。

三、統帥型，比如周瑜、魯肅、關羽、司馬懿、姜維、鄧艾等人。

四、武將型，比如張趙黃魏、諸曹夏侯、甘凌、周蔣等那幫拎刀玩命的。

五　邊臣型，比如梁習、張既、李恢、

六、刺頭型，比如孔融、禰衡、彭羕、虞翻、

七　龍套型，比如孫簡糜、二丁楊修。

如果從性格來說，可以分為以下幾個類型：

一、豪爽型，比如曹操、孫策。
二、悶騷型，比如劉備、孫權。
三、淑男型，比如荀彧、楊修。
四、張牙舞爪型，同上一類的第六種刺頭型。
五、中庸型，比如蔣琬、費禕、顧雍。

所謂中庸，其實是中國古代知識份子所恪守的一種生存原則，不強出頭，不剛不屈，在兩個極端之間走中間路線。在三國人物中，上面提到的蔣琬、費禕、顧雍都是「守中庸、行大道」的典型人物。顧雍之前已經講過了，下面專門講一講蜀漢兩大名相蔣琬和費禕。

我們對蔣琬和費禕並不陌生，西元二三四年，諸葛亮在五丈原彌留之際，告訴朝廷派來的使者李福：「我死之後，公琰（蔣琬字）可繼吾任。公琰之後，文偉（費禕字）繼之。」蜀漢的第二任、第三任首席執政官，被第一任首席執政官提前內定好了。

下面把蜀漢各時間執政時期做一個簡單的表：

執政官	執政時間
劉備	西元二一四—二二三年
諸葛亮	西元二二三—二三四年
蔣琬	西元二三四—二四六年

費禕　西元二四六—二五三年
劉禪（黃皓）　西元二五三—二六三年
姜維主管軍事

如果從東漢建安十九年（二一四）劉備主政西川開始，蜀漢政權共存在五十年。在蜀漢五代執政官中，蔣琬的執政時間最長，為十三年，再加上費禕執政的七年，共二十年。

蔣琬和費禕執政的二十年，諸葛亮時代轟轟烈烈的北伐擴張政策在他們手上終止了，取而代之的是一種穩健保守的發展方向，可以說是進取不足，自守有餘。不過在這二十年裏，蜀漢的國勢並沒有明顯的頹勢，至少還有能力繼續給曹魏集團添噁心，這就是能力的體現。

蔣琬是荊州零陵人，生年不詳，從蔣琬在蜀漢的從政資歷來看，他不應該劃進蜀漢第一代執政集團，他和費禕實際上都是蜀漢第二代執政集團的首腦。從派系上講，蔣琬出自劉備的荊州系，但不是嫡系，最多是個打下手的雜牌軍，龐統和馬良才是劉備的荊州嫡系人馬。

在初出江湖的時候，蔣琬只是一個底層的吏員——書佐，跟著劉備進入了西川。蔣琬早期並不得志，只混到了廣都長（今四川成都南），級別依然不高。漢制：一縣人口過萬，縣執政官稱縣令，不過萬則稱縣長。

蔣琬對這份工作應該是不滿意的，認為劉備這麼安排他是浪費人才。到任之後，蔣琬學習當年的龐統，成天胡吃海喝，當起了甩手大掌櫃。後來劉備來到廣都視察，看到縣內事務亂成了一鍋糊塗粥，老劉氣得臉都綠了。一怒之下，劉備準備殺掉蔣琬，以儆效尤。

對於蔣琬的才能，蜀漢頭牌諸葛亮是清楚的，所以第一個站出來替蔣琬求情的就是諸葛亮。諸葛亮一方面稱讚蔣琬是國家級的人才，做縣長是屈才了。另一方面，諸葛亮認為人才往往重大事、輕小節，我們不能以貌取人。

鑒於之前龐統在耒陽的搞笑執政，再加上諸葛亮的面子不能不給，劉備半信半疑地給蔣琬一次自救的機會。雖然不久後蔣琬遷任什邡縣令，但依然算不上重任，游離在官場二線之外。也許劉備的潛意識認為，龐統只有一個，蔣琬的分量還沒有資格與龐統相提並論。

在劉備執政時期，蔣琬一直沒有得到充分發展的空間，真正讓蔣琬走進蜀漢一線官場的，是在諸葛亮執政後。有了諸葛亮這位伯樂，蔣琬這匹千里馬終於可以仰首長嘶，一馳千里了。人才最需要什麼？機會！

其實諸葛亮在執政之初，就已經有了尋找培養下一代接班人的考慮。從諸葛亮得到姜維之後，有意讓姜維主掌蜀漢日後軍事系統來看，蜀漢的下一代執政官應該是以內政外交為主要方向。而蔣琬，文治長於軍事，諸葛亮在幾年的考察之後，基本確定蔣琬來接班了。

諸葛亮在建興五年（二二七）北伐後，就留下時任參軍的蔣琬配合長史張裔駐守成都，權攝府事，開始系統培養蔣琬。三年後，張裔去職，蔣琬接替張裔做了益州長史，並加撫軍將軍，實際上成為蜀漢官場的二號人物，蔣琬接班已經沒有任何疑問了。

在諸葛亮北伐期間，蔣琬在大後方擔當起了後勤最高長官的職責，負責前線軍需糧草的供應，「足食足兵」。諸葛亮在前線沒有後顧之憂，蔣琬出色的政治才能讓諸葛亮備感欣喜，諸葛亮經常在大庭廣眾之下替蔣琬吹喇叭，生怕別人不知道蔣琬是他的事業接班人。

在西元二三四年，諸葛亮病逝五丈原後，蔣琬不出意外地接過了諸葛亮特意留給他的權杖，帶領蜀漢在迷茫不確定的未來時空中穿行……

蔣琬的正式頭銜非常多：尚書令，隨後加行都護、益州刺史、大將軍，錄尚書事，整個蜀漢地位最尊崇的，除了劉禪，也就是蔣琬了。劉禪的個人動手能力不怎麼樣，所以也樂意把擔子交給蔣琬去挑，諸葛相父提名的人選，想必是錯不了的。

蔣琬執政之後，他面臨的第一個問題就是如何帶領蜀漢走出後偶像化的時代。諸葛亮在其執政期間就已經被神化了，他是蜀漢當之無愧的精神領袖。現在精神領袖沒了，蜀漢現在人心惶惶，史稱「新喪元帥，遠近危悚」。穩定蜀漢軍民的情緒，事關重大。

從性格上來分析，在偶像逝去之後，偶像的替任者多數都是性格沉穩的，比如霍光之於劉徹、曹丕之於曹操、李治之於李世民、趙匡胤之於柴榮、朱高熾（朱瞻基）之於朱棣、胤禎之於玄燁。蔣琬也是如此，沉穩的性格往往能最大限度地穩定人心，這是歷史發展的必然規律。

為了穩定軍民情緒，蔣琬現在最需要做的不是在諸葛亮的北伐未竟事業上勇攀高峰，而是讓蜀漢軍民相信自己有能力帶領他們走出歷史的泥沼。蔣琬在這方面非常下功夫，史稱「（蔣琬）處群僚之右，既無戚容，又無喜色，神守舉止，有如平日」。

有句話說得非常好：有穩定才有發展，尤其是在一個相對弱勢的歷史條件下，這一點尤為重要。不論蔣琬心裏對諸葛亮的逝世如何傷心難過，但在大庭廣眾下，絕不能流露出來，否則人心就亂了。

蜀漢官場見蔣琬如此老成持重，大家的情緒也逐漸穩定了下來。時間可以沖淡記憶的傷痕，隨著時光的流逝，蜀漢軍民對諸葛亮逝世的傷痛，已經漸漸地淡去了。他們現在最需要做的，就是跟著蔣琬穩步前行，史稱「眾望漸服」，蔣琬出色地完成了初步穩定人心的任務。

在偶像過渡的時代，第二代繼承者在收攏人心上往往有一個共同點，就是改變第一代的嚴刑峻法的治政思路，以寬仁待人，從而平穩地度過後偶像時代。像蔣琬這種地位的人物，他的一言一行都深深影響著整個朝局的發展，對於這一點，蔣琬心裏非常清楚。

自從諸葛亮死後，蜀漢官場最需要的就是團結，蔣琬當然知道團結人心的重要性。在《三國志．蜀書．蔣琬傳》中，陳壽記載了這麼一個故事：督農楊敏曾經在背後說蔣琬的壞話，罵蔣琬是個糊塗蟲子，「作事憒憒」，根本沒資格和諸葛亮相比。

不知道哪個馬屁蟲子把楊敏這話告訴了蔣琬，請蔣琬治楊敏的罪，誹謗當朝執政，那可不是小罪。如果換成法正這號錙銖必較的，十個楊敏也完蛋了，但蔣琬不是法正，他聽完來人的話，淡然一笑：「楊敏說的沒錯，我確實不如諸葛丞相，楊敏說的是實話，沒道理治他的罪。」

後來楊敏不知道犯了什麼事，鋃鐺入獄，吃起了牢飯。官場中人都知道楊敏曾經罵過首席執政官，天知道蔣琬會不會在背後給楊敏捅黑刀子。人心隔肚皮，別看蔣琬嘴上說得這麼感人，誰知道他肚子裏有幾條蛔蟲？楊敏的命運很快就明朗化了，蔣琬不但沒有對楊敏下辣手，反而替楊敏圓場，楊敏安然出獄。蔣琬的老大風範很快就折服了官場中人，做老大的如果要讓手下弟兄們服他，不僅要立威，更要立德，以德服人才是根本。

蔣琬不是聖人，難說蔣琬對楊敏說的那些話不反感，但他知道他現在的身分，是不可以公報私仇的，否則拿什麼來服人？如果從私心角度來講，蔣琬急於這麼樹立寬仁的形象，也是想讓蜀漢軍民走出諸葛亮的神話時代，從而確定自己「蜀漢一哥」的地位。

穩定任務完成了，接下來蔣琬要做的是制定蜀漢下一步的發展戰略目標。在三國鼎立的歷史大格局下，脫離這個歷史環境空談發展是不現實的，蔣琬在事關蜀漢生死存亡的對魏戰略上，基本繼承了諸葛亮的北伐思維，不過他們的對魏戰略還是有不同之處的。

諸葛亮對魏態度非常堅決，第一次北伐不成功，就來第二次，直到生命列車駛到終點。蔣琬也是主張滅魏的，他也基本上繼承了諸葛亮的北伐思路，不過二人的北伐戰略還是有所區別的。

蔣琬根據自己的戰略判斷，他認為諸葛亮經山路北進，容易造成糧食運輸的斷鏈，從而影響前線戰局。諸葛亮五次北伐均告失敗，除了主觀因素外，客觀因素主要有兩點：一、糧食運輸困難；二、山路崎嶇，影響行軍速度。

蔣琬改正了諸葛亮北伐走中路的戰略思維，放棄中路進攻，改走東線的水路，也就是河道比較暢通的上庸三郡。這裏曾經是蜀漢的地盤，後來孟達叛蜀降魏，成為保衛魏都洛陽的西南重要屏障。

魏軍的實力，蔣琬心裏是有數的。無論是走祁山，還是走上庸，蜀軍都會啃到硬骨頭，沒有絕對的必勝把握。蔣琬東出漢、沔，主要的戰略考慮是解決前線的糧食運輸，從戰術角度來看，蔣琬的這個方案在一定程度上還是可行的。

至於如何攻取漢、沔三郡，蔣琬的計畫是偷襲，以奇兵東下。如果能攻克三郡，就等於在魏國的腹地插進一把尖刀，因為這裏離洛陽實在太近了。可惜還沒等蔣琬開始動手，蔣琬前些年患上的舊病再次發作，身體狀態非常差，蔣琬只好忍痛放棄了東下計畫，回到漢中養病去了。

雖然東線奇襲計畫沒有實施，但蔣琬抱定了放棄中路，專打兩邊的戰略思維不放，主張狂攻西線涼州地區。如果說攻取漢、沔三郡更多的是一種對魏的政治威懾，那麼攻取涼州更多的是軍事上的考慮，斬斷魏的戰略右臂。

蔣琬在戰略上繼承了諸葛亮的北伐思維，但在具體戰術上卻沒有重複諸葛亮北出祁山的老路。無論是走東線還是走西線，都比走中線更能節約國家戰略成本，蜀是小國，國力有限，經不起翻山越嶺的折騰。隴西與蜀漢接壤，因為歷史的原因，蜀漢與當地羌胡有著非同尋常的關係，用現在的話講，就是有相當的人脈資源。蔣琬也意識到了蜀漢具有的這個戰略優勢，至於具體的負責人選，除了涼州人姜維外，再沒有第二個選擇。

這次蔣琬似乎下定決心了，上次沒來得及在東線鬧出大動靜，這次蔣琬卯足了勁，準備在西線大幹一場。在亂世靠軍功吃飯的年代，沒有軍功是絕難服人的。為了這次能在西線撈點肥肉，蔣琬準備拖著病重的身軀，做姜維的後線接應，蔣琬知道自己時間不多了，拼了老命也要上。

可惜上天已經不打算再給蔣琬機會了，給他的時間已經夠多了，整整十三年！蔣琬卻什麼也沒做，上天的耐心是有限的。蜀漢延熙九年（二四六）十一月，已經病入膏肓的蔣琬在涪城溘然長逝，留下一個弱小的帝國，在歷史的長河中隨風搖擺，沒有人知道未來在哪裏。

接替蔣琬做蜀漢首席執政官的，是十三年前，諸葛亮在臨終前內定的隔代接班人費禕。

從輩分上來看，費禕和蔣琬其實是同一代人，費禕在蜀漢官場廝混的時間甚至還早於蔣琬。如果從性格來講，二人的區別則比較明顯。蔣琬性格穩重，不苟言笑；而費禕性格外向，活蹦亂跳，像個猴子。

費禕和蔣琬還有一個不同，就是費禕更善於交際，也就是外交能力比較強。當年蜀漢頭牌大佬許靖的兒子許欽病故，成都所有的達官貴人全部到場弔唁，費禕蹭了一回好友董允的車，來到許府溜了門子。

董允沒見過這麼大的場面，表現有些拘謹，「神色未泰」。費禕是前益州老大劉璋的表侄，早就見慣了大場面，在這群高官顯貴面前，費禕「晏然自若」，跟沒事人一樣。這份淡定從容，讓董允的父親董和大為驚歎：這小子終究會做出一番大事業，我兒子不如費文偉！

雖然從某種角度來講，蔣琬代表著底層草根，而費禕則代表著中上層的精英，但費禕的能力卻是當時蜀漢官場公認的。精英群體和草根群體出人才的機率基本上是相當的，都說草根出人才，其中精英中也出人才，就看當政者如何用人了。

對於費禕，諸葛亮是非常欣賞的。在諸葛亮征服南中回京後，蜀漢高層百官全都出城迎接諸葛丞相，論官銜，費禕不過是個黃門侍郎，但諸葛亮卻作出一個驚人決定：邀請費禕上他的專車，其他大佬全都步行入城，眾人皆驚。

南征回來的諸葛亮已經四十四歲了，天知道他還能活幾年？諸葛亮開始有計劃地培養事業接班人。諸葛亮在選定蔣琬做二代接班人的時候，就同時敲定了費禕來接蔣琬的班，不然諸葛亮不會無頭無腦地以極高規格來對待費禕。傻子也知道，諸葛亮這麼給費禕面子，用意是什麼。

費禕被諸葛亮確定為第三任首席執政官以後，開始有意識地培養費禕的參政能力。接班人需要與眾不同的歷練，要多放出去，接受大自然的殘酷洗禮，溫室裏的花朵是經不起風吹雨打的。

諸葛亮為了北伐曹魏，不計前嫌地和孫權結成戰略聯盟，至於出使東吳的人選，諸葛亮選擇了費禕。其實這非常好理解：與東吳的利益同盟穩定與否，事關蜀漢北伐成敗。諸葛亮派費禕擔這個差使，實際上是給未來費禕執政方向定下了基調，就是繼續與吳聯盟，共同抗魏。

費禕性格外向，機智多變，由他出面和孫權周旋再合適不過了。孫權和費禕一樣，都是活蹦亂跳的猴子性格，費禕在出使東吳期間，和孫權非常地投脾氣。孫權對費禕的印象非常好，每次費禕來到東吳，孫權都把費禕當成自己的哥兒們，好吃好喝好招待。

費禕是個能守住底線的人，無論和孫權的私交如何，在國家尊嚴上，費禕是半步不讓的。在孫權給費禕舉辦的接風宴會上，東吳政壇精英諸葛恪、羊衜，也包括孫權本人，經常藉天下大勢對費禕發難。費禕見過大場面，並不怵東吳精英，席間「辭順義篤，據理以答，終不能屈」。

在當時吳強蜀弱的形勢下，費禕出色的外交才能在一定程度上替蜀漢掙得了不少面子，讓孫權看到蜀漢雖弱猶不可欺，對鞏固吳蜀聯盟起到了很重要的作用。在諸葛亮北伐的這十幾年間，他欽定的兩大接班人蔣琬、費禕分別負責內政後勤和外交聯絡，在兩條不同的戰線上為國效力，費禕實際上是蜀漢的「外交部長」。

在諸葛亮執政晚期，費禕的工作重點從外交轉向了內政，但從費禕調解魏延和楊儀之間的對立關係來看，這時的費禕還在某種程度上成為蜀漢的「聯絡部長」。人才之用，貴在發揮其特長，費禕善於溝通人際關係，好鋼就要用在刀刃上。

在諸葛亮死後，蔣琬上臺，這時蜀漢的主要歷史任務就是伐魏，所以蔣琬長駐漢中前線。雖然蔣琬全權負責蜀漢內政、軍事，但蔣琬主要還是側重於軍事，內政方面交給了費禕打理。

蔣琬、費禕的這種分工關係與明成祖朱棣、明仁宗朱高熾的關係非常相似，朱棣在位二十二年，主要精力都用在了和蒙古的軍事對抗上，朱高熾實際上才是永樂朝內政的大總管，當了十年的「監國」。蔣琬和朱棣把內政都交給欽定的接班人，也是有意識地培養他們的從政能力。

費禕能被諸葛亮選定為隔代接班人，能力絕不是吹出來的，而是實打實歷練出來的。在蔣琬長駐漢中期間，費禕作為蜀漢實際上的首席執政官，充分發揮了自己的才幹，為日後完全執政打下良好的基礎。

費禕的智商很高，他不僅記憶力驚人，不論什麼樣的文件只要被費禕看過，就被複印在他的腦海中，隨時可以調閱。這還不算是最牛的，費禕可以在和朋友說笑、飲食、下棋的同時處理公務，沒有出現過誤差。正事咱不耽誤，該玩的咱還得玩，把工作當成副業，這是一種境界。

再肉麻一些講，費禕的工作方式簡直就是一門藝術。有時不得不承認，人的天賦是存在一定差異的。費禕的髮小（注：兒時玩伴）董允接任尚書令，董允也想學費禕把工作當成藝術，結果董允忙了幾天，弄得暈頭轉向，累了個半死，而且失誤不斷。董允長歎：「費文偉的天賦確定在我之上！」

名聲是靠真才實學拼出來的，費禕通過這幾手漂亮的絕活，迅速在官場鞏固了自己接班人的地位，這一點沒有任何人否認。在蔣琬病逝之前，費禕就已經全盤接替了蔣琬的內政職權，什麼大將軍，錄尚書事，益州刺史，都是費禕的囊中物。

從某種角度看，蔣琬擔當的是蜀漢精神領袖的角色，而費禕才是蜀漢真正意義上的首席執政官。在延熙九年（二四六）蔣琬病逝之後，費禕正式走上歷史的前臺，成為蜀漢毫無爭議的帶頭大哥。

蜀漢統治五十年間，可以明顯地分為兩個階段，一是絕對君權（相權）階段，一是弱勢相權階段。從西元二一四年至西元二三四年這二十一年間，屬於絕對君權（相權）時期，劉備和諸葛亮擁有至高無上的權力和威望。

自諸葛亮星落五丈原後，蜀漢的強人時代徹底結束，無論是蔣琬還是費禕，他們的執政集體都是典型的文官政府。當形勢趨於穩定之後，由強人政治過渡到文官政治是歷史的必然選擇。

在諸葛亮時代，皇帝劉禪幾乎就是一個高級的政治花瓶，除了名分外，一無所有。但在諸葛亮死後，劉禪開始收回權力，蜀漢的權力格局從一超獨大變成了君權和相權的互相制約。

由於蔣琬和費禕沒有諸葛亮頭上的那層神一般的光環，所以他們也沒有在劉禪面前擺譜的資格。如果說諸葛亮是劉禪的父親，那蔣、費二人就是劉禪聘用的職業經理人。

蔣琬和費禕對自己的地位非常清楚，他們絕不會效仿諸葛亮那樣對劉禪居高臨下。在二人鎮守漢中期間，雖然他們是當朝執政，但無論作出什麼決定，他們都事先向劉禪請示，得到皇帝批准後才具體實施。

雖然這是明顯的走過場，劉禪除了鬥蛐蛐、玩鳥也沒別的本事，但這個過場是必須要走的。蔣琬和費禕沒有諸葛亮那樣的絕對權威，至少在軍界是如此，所以他們要想順利地施政，必須舉起劉禪這塊黃金招牌，用皇帝的名義來鎮住軍界強人，這也是文官政治中不可避免的現象。

至於這個所謂的軍界強人，且不說蔣琬時代，在費禕時代，這個軍界強人實際上指的就是大將軍姜維。前面說過，姜維是諸葛亮在軍事上的繼承人，所以姜維對北伐有著一種天然的衝動。

在對待魏國的戰略問題上，費禕和姜維有著明顯的衝突，姜維是堅決的主戰派，而費禕則是個主和派。費禕曾經對姜維說過一段非常有名的話：「伯約成天鼓動北伐，我們比諸葛丞相何如？諸葛丞相五次伐魏，猶不能勝，何況我們？不如保境安民，守住咱這一畝三分地，就是天大的成功。至於北伐，交給子孫們辦吧。如果伯約一味主戰，萬一失敗，後果可不是你我等輩能承擔起的！」

從整個蜀漢五十年歷史上來看，費禕的戰略主張是蜀漢伐魏大目標的一種「逆退」，背離了蜀漢立國的根本。但現實一點講，費禕的保守又是非常明智的，魏蜀兩國實力懸殊實在太大，蜀滅魏的可能性有多大？估計差不多是猴子打敗老虎的可能性。諸葛亮時代五次北伐，消耗了大量國力資源，對國力弱小的蜀漢來說是沉重的負擔，當初蔣琬放棄走中路的考慮，也是從蜀漢國力弱小的現實出發的。

但姜維卻堅持認為北伐可取，每每攘臂大言，要借羌胡之力，一舉克平隴右。費禕很討厭這個愣頭青，在他執政的五年裏，有意識地限制姜維的好戰思想。

蜀漢的大掌櫃是費禕，軍政財權一把抓，費禕每次撥給姜維的軍隊數量，沒有超過一萬人的。如果你姜伯約有本事，那就以弱勝強去吧，反正別想從我這裏拔毛。終費禕執政時代，姜維始終被費禕牢牢壓制，姜維窩了一肚子的火，但又無可奈何。

費禕執政的這八年（二四六—二五三），正是三國時代相對比較平和的時期。三國之間沒有發生大規模的戰爭，都把注意力集中在內政上，比如魏司馬懿殺曹爽奪權，東吳孫和、孫霸爭儲都發生在這個時期。

在諸葛亮、蔣琬執政時代，蜀漢國力沒少被折騰，確實需要一個喘息的機會。比賽還有中場休息呢，對一個國家來說，一味好戰是非常危險的，要知進知退。和平與戰爭的時機選擇，是一門藝術。

費禕作為諸葛亮欽定的隔代接班人，在歷史上的評價很高，王夫之就說：「蔣琬死，費禕刺，蜀漢之亡必也，無人故也。」但蜀漢時代對費禕的評價卻不是很高，在延熙九年（二四六）九月蔣琬剛死後，費禕濫施寬仁，無故大赦，遭到大司農孟光好一頓罵。

由於有了諸葛亮這塊政治範本，無論費禕做什麼，時人都會拿他們作比較。諸葛亮走的是法家路線，輕易不言赦，蜀人好評如潮。費禕站在了諸葛亮的對立面，自然不受當時人的好評。「蜀人稱亮之賢，知禕不及焉」。

費禕濫施仁政，這和他的性格有很大的關係，費禕性格開朗，不拘小節。可以這麼講，諸葛亮信奉法家「人之初，性本惡」的人性思維，他懷疑一切，從不輕易相信別人。

而費禕恰好相反，他信奉儒家的「人之初，性本善」信條，他相信世界上只有好人，沒有壞人。不管是什麼人，也不管人家底細如何，只要費禕瞧得上眼的，就和人家勾肩搭背，稱兄道弟，好不親熱。

費禕的這種性格最終為他帶來了殺身大禍，延熙十六年（二五三）春，費禕在漢壽舉行新春宴會，所有頭面人物都到場吃喝。席間有一個前不久被姜維俘獲的魏國將軍郭循（也稱郭修、郭隨），趁費禕喝醉了酒，執刀上前，當場刺死費禕。

費禕為人過於豪爽，不察細務。郭循當初被俘後，本來是想刺殺蜀主劉禪的，但被劉禪身邊人發現了，沒能得手。以費禕的地位，應該是知道這件事的，怎麼就半點不設防？還是在於他相信一切的人性本能，尤其是新附降人，幾乎都可以不費力地接近費禕。

對於費禕這種不論親疏皆可近之的性格，越嶲太守張嶷就曾經敲打過費禕：「老兄你不要輕易相信那些降人，誰知道他們是不是魏國臥底？萬一他們要在你面前使壞，你能防得了嗎？」費禕把張嶷的善言當成耳旁風，最終喪命。

費禕時代就這麼稀裏糊塗地結束了，留下了滿地雞毛。剛才講過，費禕的死，導致選才範圍狹窄的蜀漢無人可用。而好戰派姜維則擺脫了費禕的壓制，獲得了軍權，從此走上了一條和魏國血拼到底的不歸路，最終國亡身死，悲乎！

不過蜀漢的滅亡，最主要的責任方是姜維、劉禪、陳祇、黃皓等人，和費禕的關係不是很大。如果不是費禕適時地改變擴張戰略，休養生息，恢復元氣，以蜀漢的國力基數，恐怕滅亡時間還要更早。

南朝宋人裴松之就客觀地評價過（蔣琬）費禕：「蔣費為相，克遵畫一，未嘗徇功妄動，有所虧喪，外卻駱谷之（魏）師，內保寧緝之實，治小之宜，居靜之理，何以過於此哉！」

最後再說一句：戰爭是把雙刃劍，在謀取自己利益最大化的同時，也有可能傷及自己的利益。輕易不言戰，不等於懼怕戰爭，戰爭要適時而動，看準機會，一劍封喉，才是上策。

上卷完

三國原來是這樣／姜狼著. -- 一版.-- 臺北市：大地, 2012.11
面：　公分. --（History：52-53）
ISBN 978-986-6451-57-7（上卷：平裝）
ISBN 978-986-6451-58-4（下卷：平裝）
1. 三國史　2. 通俗作品
622.3　　101022120

三國原來是這樣（上）

HISTORY 052

作　　者	姜狼
發 行 人	吳錫清
主　　編	陳玟玟
出 版 者	大地出版社
社　　址	114台北市內湖區瑞光路358巷38弄36號4樓之2
劃撥帳號	50031946（戶名　大地出版社有限公司）
電　　話	02-26277749
傳　　眞	02-26270895
E - mail	vastplai@ms45.hinet.net
網　　址	www.vastplain.com.tw
美術設計	普林特斯資訊股份有限公司
印 刷 者	普林特斯資訊股份有限公司
一版一刷	2012年11月

大地

定　　價：250元